NHK BOOKS
1253

図説 日本のメディア［新版］
伝統メディアはネットでどう変わるか

fujitake akira　takeshita toshio
藤竹 暁　竹下俊郎【編著】

NHK出版

はじめに

　1990年代後半から今日までの四半世紀は、メディアの激変期である。伝統メディアはネットメディアの登場と躍進によって、その活動に大きな衝撃を受け、対応に追われてきた。

　本書『図説　日本のメディア［新版］——伝統メディアはネットでどう変わるか』は、ネットメディアの進出が、既存のメディア秩序をどのように揺さぶり、対応を迫ったのかを視野に入れつつ、本書の第1版が生まれた1980年時点での編者の志を追い続けるものである。『図説　日本のマス・コミュニケーション』（1980年）以来の本書編集は、1945年の日本の敗戦から現在までの社会におけるマスメディアの歩みを、データを基にして解析することを目的としてきた。本書はネットメディアによって変動する伝統メディアの諸相を、描いている。

　伝統メディアという用語は、馴染みがないかも知れない。ここではいわゆる既存のメディアを伝統メディアと呼ぶことによって、本書の編集意図を明確にしたいと考えた。なぜ伝統メディアなのか。既存のマスメディアは日本社会の変容過程で、一例をあげるとテレビの登場に見られるように、秩序を大きく揺さぶられる変化を経験してきた。新しいメディアのインパクトは、既存の秩序を組みなおし、新しいメディア秩序の構築を迫る。

　もちろん、ネットメディアの出現は、既存のメディア秩序に対して構造変化を迫るのだが、その変化の次元は大きく異なっている。テレビが要求した変化は、従来の秩序内での組み換えであった。ネットメディアが既存の秩序に与える衝撃は、秩序そのものの変化を要求し、ネットメディアを含めた新しいメディア秩序の

構築を要求している。こうした現実的要請を反映して、挑戦的な試みとして、伝統メディアという用語を採用した。

既存メディア秩序について、われわれは誰もが、ほぼ同じようなイメージを描いて、考え、議論してきた。しかし、ネットメディアによってもたらされる秩序変化は、まだ誰もが共通のイメージを描けるにいたっていない。ここから、既存のメディアを伝統メディアと呼びなおし、ネットメディアの登場を従来の秩序に対する挑戦として位置づけることで、本書編集の立場を示すことにした。

本書では共編者として畏友竹下俊郎氏を迎え、さらに執筆者を一新した。竹下氏の参加によって本書の志を再び確認し、各章の構成にも、執筆者の選び方にも、新しい考え方が加わった。まず、基本的なマスメディアの分類に従って、第1章「新聞」、第2章「放送」、第3章「雑誌」、第4章「広告」、第5章「映画・音楽」が記述されるが、その内容は一新している。なかでも「雑誌」の章はいままで「出版」として書籍にも力点を置いていたのだが、書籍は少数のベストセラーを除くと、1冊あたりの生産部数がほぼ1万部程度に過ぎないことから、今回はマスメディアとして注目するには雑誌を優先させ、記述することにした。

さらに第6章を「ケータイからスマホへ」として、ネットコミュニケーションの成立と展開を、主としてコミュニケーション機器や端末の変化に注目して分析した。そして第7章「ネットメディア」では、ネットコミュニケーションの実際を、インターネットとジャーナリズムの可能性という視点を中心に考察した。

こうして本書は従来の思考の殻を破ることができたのではないかと思っている。時代に沿った書物となることができたとともに、読者にピリピリとした刺激を与えるに違いない。〔藤竹 暁〕

目次

はじめに 3

本書を読む人のために
── マスメディアと人間を考える 13

1 日本のマスメディアの盛衰 13
2 マスメディアを享受する人間像の変化 20

第1章 新　聞 27

1 概　観 27
新聞の起源
世界的にも新聞普及率の高い日本
新聞は衰退しつつあるのか

2 新聞の種類 31
新聞の分類軸
一　般　紙
スポーツ紙
専門・業界紙
フリーペーパー

3 一般紙の発達と市場構造 36
「大新聞」「小新聞」から商業的報道新聞へ
一県一紙体制と地方紙の統合
戦後の新聞市場の二重構造

4 通　信　社 40
外国の通信社
日本の通信社

全国紙と共同通信

5　新聞社の組織と取材・製作過程　45
新聞社の組織
取材と紙面製作
業務効率化へ組織を分離・統合
記者クラブ

6　新聞社の経営　49
メディア・コングロマリットとしての新聞社
新聞社の収益状況
上流から下流まで――垂直統合モデルの強みと弱み
新聞社の労務事情

7　新聞紙の流通と販売　56
緊急時の新聞発行
新聞販売店が抱える問題
再販制度と特殊指定

8　新聞社のネット戦略　61
ニュースサイトから電子版へ
ニュース以外のデジタル事業
ビジネスモデルの模索
ライバルとしてのネットメディア
フレネミーとしてのプラットフォーム
デジタルならではの報道表現

9　読者・利用者　69
ミレニアル世代の新聞「紙」離れ
多メディア化・マルチモード化する「ニュースを得る手段」
「新聞」ブランドへの信頼度
フェイクニュースとの戦い

第2章 放　送　75

第1節 テ レ ビ　75

1 概　観　75
テレビ放送の概要
放送制度
生活におけるテレビの位置づけ

2 発達過程　82
テレビ放送の歴史
地上テレビ放送の発達過程
視聴時間の推移

3 成熟したテレビ放送　90
放送市場の現況
NHKの概要
民放（地上テレビ放送）の概要
衛星放送の概要
ケーブルテレビの概要
現代のテレビの見られ方

4 最近の動向　101
放送制度の見直し
テレビ放送のデジタル化・高精細化
放送事業者による動画配信サービス
デジタル化が視聴者に与えた影響
変わるテレビの位置づけ
放送番組をめぐる規律

第2節 ラ ジ オ　115

1 概　観　115
ラジオ放送の概要と放送制度
経営状況

2 発達過程　117
　　ラジオ放送の歴史
　　テレビの普及とラジオの変化
　　ネットワークの形成
　　地元密着型メディアとしての発達

3 最近の動向　124
　　聴取者の動向
　　災害とラジオ
　　インターネット展開
　　経営基盤強化に向けた制度改正

第3章　雑　誌　131

1 概　観　131
　　出版の売上推移
　　書籍のメディア特性
　　雑誌のメディア特性

2 日本の出版流通　136
　　日本の出版流通の特徴
　　出版流通を支える出版取次の役割

3 雑誌の現況　140
　　雑誌の銘柄数と売上と部数
　　雑誌のジャンル
　　二重構造の雑誌市場

4 雑誌の歴史的盛衰　145
　　ニッチからマスへ［1870年代から1940年代：揺籃期］
　　マス雑誌群の出現［1950年代から1960年代：大部数大衆
　　　　誌勃興期］
　　クラスマガジンの出現［1970年代：個性化期］
　　雑誌の時代を謳歌［1980年代から1990年代：絶頂期］

マス雑誌の終焉［2000年代：衰退期］
　　　激変したメディア環境への対応［2010年代以降：変革始動期］

5　産業としての雑誌　154
　　水平分業化した雑誌産業
　　デジタル化した製作工程
　　雑誌に欠かせない広告
　　広告会社の役割
　　様々な雑誌宣伝
　　付録は販促の王道

6　雑誌のあらたな展開　161
　　拡張する雑誌ビジネス
　　始まったばかりの電子雑誌
　　多角化で変化する出版の収益構造

7　雑誌の将来展望　166

第4章　広　告　169

1　概　　観　169
　　拡張する"広告"のかたち
　　広告情報の現在位置

2　マスコミ広告の現在　177
　　新聞広告――価値向上に取り組むとともに、電子版発行が進む
　　雑誌広告――各誌固有の資産をソリューションに生かす
　　テレビ広告――首位を保つも転機を迎える
　　ラジオ広告――下げ止まりの様相を見せる
　　交通広告、屋外広告――デジタルサイネージが普及

3　インターネット広告の伸長と課題　193
　　多様性を増し、拡大したインターネット広告
　　ターゲティングを可能にしたアドテクノロジー
　　動画広告がブランディング利用を促進

信頼性、透明性に課題も

4 SNS、オウンドメディア利用の定着　200
"トリプルメディア"を活用したコミュニケーションがさかんに

5 広告産業への新規参入　204
デジタル広告分野で躍進するコンサルティング会社

6 広告への AI（人工知能）活用の期待　206

第5章 映画・音楽　209

1 概　観　209

2 映画メディアの変遷　211
現　状
誕生と発展

3 映画産業　216
好調な映画興行
映画産業構造
製　作
配　給
興　行

4 映画コンテンツの展開　224
ウィンドウ戦略
パッケージと配信
定額制動画配信サービス

5 音楽メディアの変遷　229
現　状
誕生と発展

6 音楽産業　236
　音楽産業構造
　レコード会社
　プロダクション
　音楽出版社と著作権管理団体

7 音楽コンテンツの展開　241
　パッケージと配信
　定額制音楽配信の可能性
　ライブコンサートの隆盛

第6章　ケータイからスマホへ　247

1 概　観　247
　携帯電話普及の現状
　スマートフォンの普及状況
　スマートフォン利用の現状

2 自動車電話からスマートフォンまで　252
　第1世代――携帯電話の登場
　第2世代――デジタル方式の登場
　第3世代――高速化
　第4世代――ブロードバンド
　携帯電話進化の諸相

3 政策や制度の推移　263
　通信の自由化
　競争を促進する施策
　携帯電話をめぐる規制

4 ユーザーとメディアの関係性の変遷　268
　文字コミュニケーションの活性化
　ユーザーの参加を前提とするサービス
　複合的メディア端末としてのスマートフォン利用

第7章 ネットメディア　275

1　概　観　275
インターネットの黎明
紙からネットへ――爆発的に増える情報
個人による情報発信
どんなサービスが利用されているか
広告型ビジネスモデルが主流

2　伝統メディアに対するインパクト　286
マルチメディア性
生産と流通の分離
アンバンドリング
固定デバイスからモバイルへ

3　インターネットがジャーナリズムにもたらした課題　292
ページビュー至上主義
フィルターバブル
フェイクニュース

4　ネットネイティブなニュースメディア　299

参考文献　303

あとがき　308

執筆者紹介　310

校　閲　河津香子
ＤＴＰ　㈱ノムラ

本書を読む人のために
―― マスメディアと人間を考える

1 日本のマスメディアの盛衰

　マスメディアと人間の関係を考えるのが、本書の目的である。本書は第二次世界大戦を敗戦で迎えた1945年から、今日までのマスメディア環境の変化の態様（それぞれのマスメディアの発展と衰退、そして自らの変革による生き残り）を、データに基づいて考察し、現代におけるマスメディアの立ち位置を明らかにするものである。

　日本社会の発展を振り返ると、それぞれのメディアが社会において、時代を特徴づけた場面は異なっている。メディアの盛衰を、日本社会の発展と関係させて描こう。

　第1場――日本の敗戦とともに、すべてのメディアが息を吹き返し、言論の自由を謳歌した。敗戦によって始まった日本社会の民主主義への革新は、戦前、戦中における厳しい言論統制からの解放という空気の中で始まった。といっても、連合国軍総司令部による占領統制には承服せざるを得なかった。食糧難の時代ではあったが、巷には解放と自由の空気が充満していた。

　日本のマスメディアは日本社会の民主化を旗印に掲げて、いずれも手探りで人々の知りたい情報を発掘し、提供していた。これらのメディアは戦後復興期を乗り切り、情報産業として、あるいは娯楽産業として、それぞれの発展と衰退を経験した。

　第2場――1945年から50年代にかけて日本の情報環境を特

徴づけたのは、出版と新聞であった。なかでも出版は、比較的小規模の個人的経営によって事業を始められることから、多数の出版社が創業あるいは再建した。出版界は、戦後の開放的気分を発散させて、この時代を特徴づけた。戦時中の統制は次々と撤廃されていったが出版用紙の統制は続いており、こうした状態のもとで統制外のくず紙をすきかえした粗末な用紙を使った雑誌（その代表例にカストリ雑誌がある）や書籍が流通し、人々の活字への飢えを充たした。それは人々の、それまで抑圧されていた知りたい欲求、読みたい欲求の貪欲な表現であった。用紙が潤沢に出回るようになると、これらの刊行物は影を潜めるとともに、雨後の竹の子のように出現していた小出版社の多くは、姿を消した。

　1945年から50年にかけて、戦時中休刊を余儀なくされていた『中央公論』などの総合雑誌が相次いで復刊、あるいは新たに創刊されて、80種を数える盛況であった。いわゆる総合雑誌ブームである。総合雑誌は1950年代から60年代前半にかけて、日本の言論界をリードし、日本の戦後体制についての熱い議論を展開した。しかし総合雑誌の言論・評論の社会的影響力は、日本社会が高度成長期に入るとその力を鈍化させた。政治の時代から経済の時代へと変わる中で、出版界が発揮してきた言論で社会をリードする力は、急速に衰えた。

　新聞は占領期から日本の独立へと歩む過程で人びとの情報環境を形成し、リードする力を発揮していた。安保闘争をめぐっては、新聞が提供する情報環境と、総合雑誌を中心とする"言論"との対立がもっとも先鋭化した。革新的な考え方をする知識人や労働者層では、新聞が提供する情報環境に対する不信感が浸透していた。

　代わって豊かな社会の到来を予告するかのように、映画や放送できらびやかに展開されるスターの動向や先端的な話題を取材し、社会の流行や風俗に関する最新情報を記事にする『平凡』や『明星』などの雑誌が人気を集め、やがて週刊誌ブームを迎えた。1955年

末までに刊行された週刊誌は20誌に上った。こうして戦後の日本人が求めた表現欲求を、まず受け止めたのは書籍や雑誌であり、出版界が社会で華やかさを見せた時期は1945年から60年代前半までであった。復興期から高度成長期へと書籍および雑誌の出版点数は伸び続けた。しかし映像メディアの興隆とともに書籍を読む人口は減少してきた。出版が社会で占める力は衰微している。

第3場——1945年から60年代は、映画が日本人の娯楽を代表し、娯楽の王座を誇っていた。映画は戦前も戦後も人々の貪欲な娯楽欲求を満たした媒体であった。急速な復興を遂げた映画は、1958年には映画館入場者総数が11億人を突破した。日本人は1人当たり1年間で12.3回も映画館に通っていた計算になる。1960年には全国の映画館数は7,457館で、年間邦画封切り本数は547本で、当時戦後最大であり、まさに映画の隆盛期であった。

ところが外出して映画を見るという日本人の代表的な娯楽行動は、テレビの登場によって、大きな打撃を受ける。映画観客は減少し始める。1965年には映画館数は4,649館に落ち込み、1975年には2,443館となった。入場者数も1965年に3億7000万人、1970年には2億5000万人、1975年には1億7000万人と減少した。日本人の代表的娯楽として映画が占めていた王者の椅子は、家庭で見るテレビに奪われた。映画が日本人に娯楽を提供する主要な力を発揮したのは、1960年後半までである。映画は衰退期を迎えた。その後も映画は日本人の娯楽の主要媒体であり、若者の支持を得て、全盛期には劣るが復活している。また、テレビによる映画の放映、さらにビデオ、DVDなどの普及で、映画の生きる道は多様になった。

第4場——ラジオに民間放送が誕生し、そしてテレビが登場して、とくに1950年代中葉から20世紀の終わりまで、日本人の生活の中心を占めるようになった。1951年、民間放送局が誕生し、日

本の放送はNHKと民放局の2本立ての制度となった。日本人の日常生活は、CMのあるのが普通となった。日本人はラジオとテレビの世界を通して絶えず欲望をかきたてられながら生活している。そして1953年、テレビ放送が始まった。テレビ受像機は高価で、普通の世帯の人々には手の届かない財であった。そのため人々がたくさん集まる場所に設置された街頭テレビが人気を呼んだ。またテレビのある友達の家に、テレビ見物をさせてもらう子どもが群れをなすテレビジプシーという流行語も生まれた。ラジオの全盛期からテレビの発展期へと移行する局面であった。

　1959年の皇太子（今上天皇）ご成婚儀式とパレードの実況中継はブームを呼び、受像機のNHK受信契約数は400万に達し、1960年代前半には白黒テレビ受像機の普及率は90％に達していた。また1960年にはカラー放送が開始され、カラーテレビ受像機は目覚ましい勢いで普及し、1970年代中葉には90％に達している。テレビはカラー時代を迎えた。ラジオも1970年代後半には1億1300万台となった。ラジオはほぼ1人に1台の時代を迎え、またテレビも各家庭の茶の間で家族メンバーがそろって楽しむメディアとなった。テレビ時代の到来である。テレビの内容は低俗であるとの批判から、「一億総白痴化」（大宅壮一）という悲観的な論調も風靡した。とくにテレビが子どもに与える効果と影響を憂慮する声が高まった。テレビは子どもにダイレクトに様々な悪い影響を与えるという見方である。

　テレビの普及は、また、日本人の生活における合理化の先端を担っていた。人口5万人以上の都市世帯と全国農業世帯における耐久消費財の普及状況は、1959年ごろからテレビに続いて電気洗濯機が、そして電気冷蔵庫が急激な普及の波に乗り、1960年代後半には、それぞれ90％台に達した。電化製品を利用し、快適な生活を営む感覚が当り前になった。

　一億総中流化の時代が進行するとともに、一世帯当たりの平

均人員は、1920年には4.9人、1930年には5.0人であったのが減少傾向を見せ始め、1960年は4.5人、1970年は3.4人、1980年は3.3人、1990年は3.0人、2000年は2.7人、2010年は2.4人、2015年は2.3人にまで減少した。少子高齢化の傾向のもとで、日本人の家族は縮小し、生活は個人化の傾向を示している。

第5場——つねに日本人の情報環境形成の主導者を演じてきたのは新聞であった。しかし21世紀になると、やがて新聞を読まずにテレビやインターネットでニュースを知る人口が増えてきた。

戦後、新聞は極端な用紙不足からスタートし、1945年は全国で1418万部、東京3紙の1日平均ページ数は1951年でも5.93ページに過ぎなかった。1955年には2269万部で、12.58ページとなった。以後、総発行部数は、1975年に4051万部と成長し、1997年には5377万部に達してピークを迎え、それ以後は減少傾向となり、2017年には4213万部まで減少している。また東京3紙の1日平均ページ数は1965年には26.75ページへと増加し、以後さらに伸びた。一世帯あたりの新聞普及率は、1955年に1.24部であったが、1990年代後半から低下し、2004年には1.06部となり、2017年には0.75部になった。今日では、新聞を購読しない家庭が増えている。新聞が社会の主軸であった時代は終わりつつある。

第6場——20世紀最終場面の特徴として、マスメディアと人間の関係における享受の個人化が進行したことに注目したい。

1955年に国産トランジスタラジオが発売された。1960年代には、トランジスタラジオの普及に対応するために、民放ラジオ各局は番組編成における音楽番組の比率を高めた。ラジオは一家の中心としての位置を失い、個人聴取する時代が始まった。家庭でテレビの複数所有が進むと、茶の間やリビングで見る1台目には大きなテレビが、2台目には個室で見る小型のテレビが求められ

た。さらにテレビ受像機の画面は、その後も大型化の方向をたどり、4K、8Kの時代になった。テレビ受像機はもはやテレビの受信だけではなく、DVDやブルーレイの再生、さらにはインターネットの受信など多様な利用が可能な、映像と音声の舞台なのである。テレビも一家だんらんの財ではなくなり、個人化した。

　1985年、放送大学が開学した。放送大学はテレビ・ラジオで放送される講義を視聴し、スクーリングなどの面接授業を受けて所定の単位を取得すると、大学卒業の資格が与えられる制度である。こうして、マスメディアを利用した教育の平等化が実現し、個人が自由に、いつでも高等教育を受けられる制度が生まれた。場所を選ばない学習の時代がやってきたといえよう。

　音楽の分野では、1970年代にデジタル録音方式が実用化した結果、1982年にCDが発売され、1987年にはCDアルバムは、生産金額においてアナログディスクを上回った。久しく慣れ親しんできたレコード鑑賞の時代は徐々に終わった。代わって音楽を聴きながら生活する時代がやってくる。1992年には私的な保存と再生のメディアとしてMD（ミニ・ディスク）が登場し、カセットテープで音楽を聴いたり、録音したりする習慣も変わった。デジタル化によって、インターネットで音楽配信がなされ、パソコン間での音楽ソフトの交換ができ、音が劣化しない複製が可能となった。

　1979年にソニーは音楽プレーヤーの「ウォークマン」を発売し、外出の際に音楽をバッグやポケットに忍ばせ、楽しむという行動様式が一般化し始めた。2001年にはアップル社のiPodが発売され、ダウンロードした音楽を保存し、携帯することが可能になり、いつでもどこでもイヤホンを耳に音楽を聴く生活が当たり前になった。

　第7場——1990年代に始まり21世紀になるとその姿を鮮明にしてきたのは、人間が情報機器を装備する時代である。1985年に

「通信の自由化」が実現し、通信の分野における日本電信電話公社の独占時代は終わった。日本の電話は競争時代に入ったのである。1987年には軽量化した端末が登場し、携帯電話の時代を迎えた。さらに小型化と軽量化が進み、1999年、iモードのサービスが開始され、携帯電話とインターネットの融合が進んだ。2000年には、携帯電話とPHSの普及台数が固定電話を上回った。2002年、インターネット利用人口は50％を超えた。固定電話の時代は、家庭やオフィスなどの場所に縛られた遠距離コミュニケーションであったが、ケータイからスマホへと移行する時代を迎え、職場以外の場所で仕事をするテレワークや、また職場を、席を固定しないフリーアドレスにする会社がめずらしくなくなりつつある。固定電話の時代は終わったのである。

携帯電話は音声通信のほかにメールやコンテンツを画面で処理できるようになり、音声や映像の配信サービスを利用できるようになった。2008年にはソフトバンクがスマートフォンのiPhone 3Gを発売した。従来のボタン操作からタッチパネル操作に代わり、アプリをダウンロードすることで様々なサービスを利用でき、さらに通信手段としても多様な利用ができるようになった。ガラケー（フィーチャーフォン）は文字通り過去の遺物となり、スマートフォンの時代となった。

人間はSNSを通じて日常的に、不特定多数の他人に対してコミュニケーションを発信し、また受信できる手段を手に入れるようになった。2003年ごろからブログが普及し始め、2005年にYouTubeが、2006年に一般向けのFacebook、Twitter、そして2010年にInstagramのサービスが利用可能となり、いわゆるソーシャル・メディアがわれわれの日常的なコミュニケーションにおいて、必要かつ不可欠なチャネルとなっている。われわれはコミュニケーションの主要な舞台を、インターネットへと移しつつある。

展望——インターネット時代は、人間の個人的次元での環境適応能力が拡大する時代である。プログラミングされた制御装置によって多様な変化に対応できる情報装置を手にした人間は、情報装置をパワードスーツとして駆使することができるようになった。今後も、人間の視聴覚とも連動して、環境制御能力を拡張しつづけるであろう。

2 マスメディアを享受する人間像の変化

略述してきた戦後日本社会におけるマスメディアの盛衰のなかで、われわれはマスメディアを享受する人間を、どのように描いてきたのであろうか。

人間はたとえマスメディアの活動を享受することができなくても、社会的な情報環境から逃れることはできない。マスメディアは情報環境を規定する社会的作用力を発揮しており、この作用力をどうとらえるかが、マスコミュニケーション研究の基本的課題であった。

1. **大衆**としての人間のとらえ方の支配。日本のマスコミュニケーション研究は、マスメディアと人間との関係を、まず、次のように考えていた。大衆社会論の強い影響のもとで、人間はバラバラな個人（大衆）であり、マスメディアの影響力に圧倒されると論じられてきた。当時、日本社会はまだ米軍の占領下にあり、基地反対闘争などアメリカの支配下から脱しようとする社会運動が続いていた。こうした社会状況を反映して、マスメディアについての議論は日本政治の批判と結びつき、その影響力は原子爆弾のように人々の心を覆ってしまうと論じられた。

大衆社会論を基礎としたマスメディアと人間の関係は、第1に、マスメディアは人間にとって、必要な環境情報を提供する組織体

である。とくに報道機関としてのマスメディアは、社会にとって必要な情報を、その重要度にしたがって取捨選択して提供する専門的組織体として大きな作用力を持っている。第2に、大衆は互いにバラバラに、しかしマスメディアが提供する情報を、共通の注目の焦点として見つめる不特定多数の個人の集合体である。マスメディアとの関係において人間は"受け手"であり、人間は周囲にいる人々からあたかも切り離されたかのように、孤立した心理的状態でマスメディアの情報をうけとる受け身の存在として論じられた。

2. **公衆**としての人間のとらえ方の出現。日本社会が高度成長期を迎えると、人々の気持ちは政治から経済へと移っていった。マスコミ研究も政治批判の色を薄くし始めた。「コミュニケーションの2段階の流れ」仮説が研究者の注目を集めた。人間はその人が生活している現実環境における人間関係のネットワークのもとで生活をしており、マスメディアの作用力は人間関係の網の目によって強固になることもあるが、一般的には薄められるという仮説である。

人間の生活においては、人々はつねに小集団の活動を基礎としており、小集団におけるコミュニケーションの網の目がマスメディアの影響を増幅したり、また逆にブロックしたりすることが注目された。人間は決して個々バラバラに孤立した、孤独な存在ではないことが再認識された。マスメディアの影響力（1段階目）はダイレクトに人間に達するのではなく、小集団ないしはコミュニティにおけるコミュニケーション・ネットワークのもとで、濾過されて、享受される（2段階目）と考えられた。人間は"受け手"としての位置を脱して、マスメディアをはじめ社会に対して情報の発信者としての役割を持たなければならない。そのためには、マスメディアと人間との関係はどうあるべきかが議論された。マ

スメディアに対して人間は、「公衆」としての社会的役割を演じなければならないという考え方である。

だからといって、マスメディアが社会的情報環境を規定している事実を否定することはできない。マスメディアの情報伝達力は甚大であるのに対して、その影響力は人間の生活環境で薄められる。しかしマスメディアの情報環境を規定する力が依然として大きいことは、「マスメディアの議題設定力」に関する研究業績によっても明らかであろう。

さらに、人間を取り巻くコミュニケーションの網の目という考え方の延長上に、現代における携帯型の、あるいは身体密着型の情報機器の日常化を考えよう。パワースーツとしての情報機器の登場である。人間は身近な知り合いばかりではなく、見ず知らずの他人とであっても、興味をひき、関心をそそられる情報については、簡単にメッセージの交換ができるようになった。情報機器を駆使することによって、われわれのコミュニケーション・ネットワークは見知らぬ他人ばかりでなく、国境を越えた他人にも広がった。われわれは公衆として、社会の動きに積極的に携わることができるようになった。

公衆はマスメディアが報じる社会の重要な問題について、理性的な議論を通して社会の判断すべき方向を決定する人間像である。公衆は社会の在り方についての決定を、社会的な討論によって導き出す、世論を形成する人間の集合体である。公衆の特質は、マスメディアが作り上げる情報環境を舞台にして、互いに議論を交わしあった結果、社会的問題の帰趨についての意見を表明し合い、世論を形成するところに求められる。

こうした人間像は、かつて大衆社会論で語られたような、マスメディアの影響力に対して無防備な存在ではない。現代の人間は、大衆に代わる公衆の概念によって説明するのが相応しい、と位置づけることができる。「公共圏」（人々が、政治的なことなど共通

の関心事について議論する場）に関する理論は、公衆を考えるうえで重要である。

　では、情報機器をパワードスーツのように使って相互的コミュニケーションを行う人々の集合体は、公衆と呼べるのであろうか。たしかに新しいインターネットの世界は、理性的な世論を形成する可能性に満ちている。Twitterによる社会情報の伝達力は、災害時に大きな力を発揮している。しかし、Twitterやブログ上では、討論よりも感情的な反応や反発、罵声(ばせい)などの応酬に終わることも多い。

　Twitterやブログには、とかく人々の情動が渦巻きがちである。それは情報を発信する人々が、社会に開かれた討論の場を、匿名の立場を利用して自分の欲求や不満を発散する場としてしまうからである。インターネットの世界は、現状では私的で、匿名性を保つことができる状態を生み出し、ともすれば自我の拡張手段に利用されがちである。こうした人間像は、公衆の概念からは程遠い。

　3. **群集**としてのとらえ方もできる。われわれは大衆とは違い、今や十分な発信と受信の手段を活用することができる。しかし公衆に期待されている社会的発言という点では、発信と受信が持つ社会的な力を活用していない。こうした現象に接すると、集合体のもう1つの形態である群集概念にも注意する必要が生じてくる。群集は、劇場や公会堂などの建造物に集まり、あるいは街頭など屋外に集まった集合体で、互いに肩と肩が接するように近接した関係にあり、この密集状態で互いの呼吸や体臭を感じ合うことから、興奮を共有し、感情や情緒を交換し合う集合体である。群集は独自の群集心理の虜(とりこ)となり、気持ちの攪拌(かくはん)状態を作り、自分であることを失い、興奮状態のおもむくままに行動してしまう。暗示の作用が働き、リーダーの指示のもとに盲目的に行動したり、暴走の引き金となる人間の言動に追従したりする。革命的群集は

社会の変革力を発揮するが、破壊的群衆は社会にマイナスの作用を与える。

　Twitterの炎上という事例は、情報機器をパワードスーツとして身につけた人間が、離れた場所に居て、画面を通して情緒や興奮を交換しながら盛り上がり、引き金となる発言によって心理的な群集状態を生み出していることを示している。ここではかえって、インターネットが社会的にバラバラな人間を群集心理に巻き込む場を提供している。インターネットは新しい群集の出現を予見させる。

　現代の人間は、マスメディアに対して受け身の状態に立つことを脱している。ところがかえって、インターネットに依存することから群集心理に陥りやすい状態を生み出しがちである。人間はこのジレンマから、どうしたら抜け出すことができるのであろか。

　4．インターネット時代に相応しい**市民**としてのとらえ方が必要である。われわれは、集合体の3つの形態である大衆、公衆、群集の概念によっては解明できない新しい集合体を形成しなければならない段階に立っている。マスメディアと人間の関係を探るためには、市民としての新しい人間像を掘り起こすことが求められる。このためには、インターネット・コミュケーションの体系的分析が必要である。情報装置をパワードスーツとして駆使できる人間は、民主的社会に相応しいコミュニケーション作法を確立しなければならない。

　課題1——ニュース編集機能の社会的信頼性を考える。従来、マスメディアは現実環境の変動の中から、ニュースとして報道する価値があるものを取材し、整理し、編集して、その日のニュースとして提供することに、専門的に従事する職業的組織体として考えられてきた。われわれは自分でじかに現実的環境の変動を把

握できないから、マスメディアを社会的に認められた代理的な専門組織体として信頼し、その活動に依存して、社会の出来事を知り、環境に適応してきた。そこではマスメディアの編集機能に対する信頼性が作用している。ところが今日では、マスメディアによっては着実かつ迅速にとらえることのできない社会的出来事が出現している。

現代では、マスメディアのほかに、インターネット上にはいろいろなニュースサイトが生まれている。ニュースサイトの利用を日常的に、当たり前にしている人々も多くなった。すでに現代のニュースは、マスメディアのニュースと、刻々に変化する出来事を伝えることのできるネットメディアによるニュースの2本立てとなっている。これらのサイト・ニュースの特徴の1つは、現状に関する限り、それがマスメディアの根幹であった、ニュースの編集機能を持たないことである。このことは、ネット上における自由なニュースの流通によって、社会の規範から自由なニュースを送り出すという新しい状態を創造する利点を発揮する。それはわれわれに新鮮な、さらには革新的な"ものを見る眼"を与えるに違いない。コミュニケーションの意欲をかきたて、新しい社会をつくる行動を生み出すかもしれない。しかし残念ながら現状では、それはニュースの信頼性を保証する力を、まだ社会的に作り上げていない。かえって、社会的混乱の芽となりやすい。新しい時代におけるニュースの構造を理論的に考察する必要がある。

課題2——Twitterの政治機能に注目する。トランプ米大統領はTwitterによって新しい政治現象を生み出した。トランプ大統領はマスメディアとの定例記者会見を拒否し、Twitterを大統領の公式な見解表明の場として使っている。Twitterは一般人のフォロワーを持っている点で、私的な（場の）発言としての特色を発揮する。にもかかわらずマスメディアは、見逃せない発言（公的

な発言）として、Twitterをニュース源扱いし、注視している。

　トランプ大統領は、従来マスメディアが堅持してきた大統領府との社会的関係に挑戦している。大統領のTwitterによる発言は、報道の自由（と編集の自由）を侵し、融解させる危険性を示している。国家の指導者のTwitter発言が、注目の焦点提示の役割を演じてしまうと、マスメディアが従来発揮してきた"信頼性のある情報環境の提供"という社会的信頼性を侵してしまうからである。インターネットの出現は、出来事とわれわれとの間にあった距離を限りなく縮小し、メディアが発揮してきた出来事に対する編集機能を無力にしている。ネットメディアによる公衆の成長を論ずるには、ニュースと政治に関する緻密な理論的考察が求められる。マスメディアについての伝統的考え方は挑戦を受けている。

　われわれは現在、ニュースをマスメディアに依存する状態から脱する新しい舞台を目前にしている。ネットニュースの今後の展開次第では、われわれが従来抱いてきたニュース概念に再検討を加えなければならなくなる。ここでも、マスメディアと人間の関係は書きなおさなければならない。インターネットの時代における人間像の構築は急務である。

　人間は情報環境を制御する責任と義務を求められている。人間が「情報パワードスーツ」を駆使できる度合いが高くなると、それだけ感覚の拡張によって生ずる経験が増大する。しかし反面、人間の五感によって素朴に実体験できる人間的要素は希薄になる。「感覚の拡張」によって得られる経験と、五感によって味わう実体験との落差の存在が、どのような作用を社会にもたらすのかを確認しなければならない。　　　　　　　　　　〔藤竹　暁〕

第1章
新　聞

1　概　観

新聞の起源

　新聞（newspaper）とは、「固有の題号をもち、不特定多数の人々に時事的事柄やその論評を集めて伝える定期的な刊行物」と定義される（土屋礼子「新聞」、『現代社会学辞典』）。15世紀に活版印刷術が発明された後、世界最初の週刊新聞がドイツで発行されたのが17世紀初め、ロンドンで最初の日刊新聞が出たのが18世紀初め、そして、現在見られるような体裁の新聞ができあがったのが19世紀半ばだといわれる。

　新聞の起源を機能的に見たとき、次の3つのルーツを指摘できる。第1に広義の宣伝のための手段（たとえば、古代ローマや唐の時代の官報）、第2にビジネスやその関連情報を伝達する手段（たとえば、16世紀ドイツの富豪フッガー家のニュースレター）、そして第3に犯罪や災害などを報じながら読者に社会規範を示唆する手段（たとえば、16〜19世紀イギリスのブロードサイド・バラッド）として新聞の原型は生み出された。現代の新聞はこうした機能をある程度総合的に継承しながらも、幅広い時事的情報の伝達に、より重点を置く形態のものが多い。

世界的にも新聞普及率の高い日本

　今の時代に目を転じると、日本が世界的に見ても高い新聞普及

率を誇っていることが分かる。2016年のデータで新聞の総発行部数が多い順に各国を並べると、日本は3位である(図表1-1)。インド(1位)や中国(2位)の人口が日本と桁違いであることを考えると、かなりの健闘といえる。さらに、成人人口1,000人あたりの新聞発行部数の国別ランキングでは日本は1位のオーストリアに次いで僅差で2位である(図表1-2)。加えて、日本は題号別に見

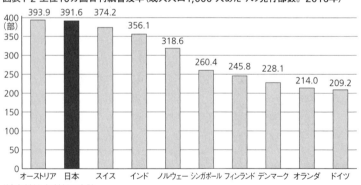

図表1-1 上位10カ国日刊紙発行部数(2016年)

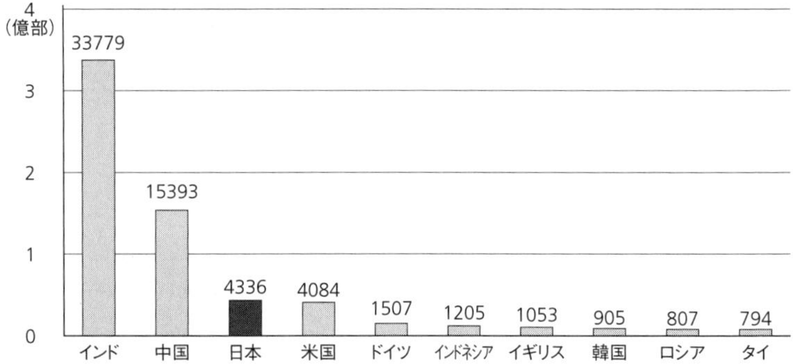

注)有料紙、無料紙の合計
資料)世界新聞・ニュース発行者協会「World Press Trends 2017」

図表1-2 上位10カ国日刊紙普及率(成人人口1,000人あたりの発行部数。2016年)

注)有料紙、無料紙の合計
資料)世界新聞・ニュース発行者協会「World Press Trends 2017」

ても大部数を擁する新聞が目立つ。2015年のデータになるが、日刊紙発行部数ランキングでは、およそ10位までに日本の全国紙4紙が含まれている（図表1-3）。

ちなみに、成人人口1,000人あたりの発行部数で2010年に世界1位の国はスウェーデンであった。もともとスウェーデンやノルウェーといった北欧諸国

図表1-3 世界の日刊紙（有料紙）発行部数ランキング（2015年）

順位	新聞名	国	言語	発行部数（千部）
1	読売新聞	日本	日本語	9101
2	朝日新聞	日本	日本語	6622
3	USA Today	米国	英語	4139*
4	Dainik Bhaskar	インド	ヒンディー語	3818
5	Dainik Jagran	インド	ヒンディー語	3308
6	毎日新聞	日本	日本語	3166
7	参考消息	中国	中国語	3073
8	Amar Ujala	インド	ヒンディー語	2935
9	The Times of India	インド	英語	2836
10	日本経済新聞	日本	日本語	2729
11	人民日報	中国	中国語	2603

注）USA Todayは電子版を含めた部数
資料）世界新聞・ニュース発行者協会「World Press Trends 2016」

は、政府が様々な新聞助成策を講じていることもあり、他国と比べても新聞普及率が軒並み高い傾向があった。しかし、世界新聞・ニュース発行者協会の報告書（2017年版）によると、2012年から2016年にかけて、北欧諸国で新聞の総発行部数が大幅に減った国が見られる。代表例がスウェーデンで49％減である（有料紙・無料紙の合計；有料紙のみでは33％減）。しかしこれは、新聞離れが進んだというよりも、読者が紙版から電子版へと移行したことが一因のようである。図表1-3では『USA Today』が電子版を含めた読者数を公称部数として申告しているが、紙版の発行部数だけで新聞の勢力を論じることが、しだいに難しくなりつつある。

新聞は衰退しつつあるのか

このように、日本が「新聞大国」であることは自他共に許すところであるが、しかし、新聞の総発行部数は近年逓減傾向にある。図表1-4は日本新聞協会加盟紙の発行部数合計を1945年から2017年までグラフ化したものである。ちなみに2017年の紙数は、朝夕

刊セット紙35紙、朝刊単独紙69紙、夕刊単独紙13紙の計117紙であるが、セット紙は1部として計算している。

　日本の人口も2010年代から減少傾向を見せはじめるが、新聞の発行部数のピークはそれよりも早く1990年代後半にあり（1997年が最多で5377万部）、2000年代に入ると逓減傾向に転じる。1世帯あたりの発行部数も1980年には1.29部あったものが、1990年代から下降し始め、2017年には0.75部まで減った（図表1-5）。後述するように、人々の新聞閲読（えつどく）の減少がその背景にある。もちろん、紙版の発行部数の減少傾向は日本だけのことではなく、他の先進国でも共通に見られる。たとえば、イギリスや米国、カナダでも、有料日刊紙の発行部数は1990年代に入ると減少傾向がはっきりと

図表1-4 新聞発行部数と人口の変遷

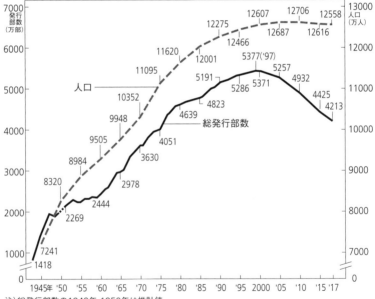

注）総発行部数の1949年-1950年は推計値
資料）日本新聞協会の調査

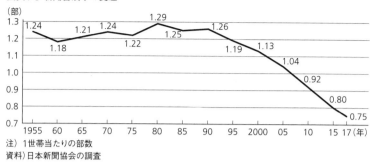

図表1-5 新聞普及率の変遷

注) 1世帯当たりの部数
資料) 日本新聞協会の調査

現れる (Communic@tions Management, *Sixty Years*)。

　目下新聞業界は、紙版から電子版へとビジネスモデルの拡張もしくは転換を模索しているように見える。本章は、こうした日本の新聞メディアの将来について考察するうえで前提となる基礎データの提供に主眼を置く。20世紀後半に完成した、社会システムとしての新聞メディアがどのようなものであり、またそれがどう変わりつつあるのかを紹介していきたい。

2　新聞の種類

新聞の分類軸

　日本では多種多様な新聞が発行されている。ここでは新聞を分類するための主要な軸として、内容の〈非限定性―限定性〉のモノサシを考えてみよう。日常生起する幅広い事件・出来事に目配りし、人々の一般的な関心や興味に訴求する編集方針であればあるほど、その新聞の内容は非限定性の極に近づく。逆に人々の専門特化した関心・興味に訴求するものであればあるほど、その新聞の内容は限定性の極に近づく。ここでは〈非限定的→限定的〉

第1章　新　聞　　31

の順にいわゆる「一般紙」「スポーツ紙」「専門・業界紙」を取り上げよう。また、新聞の分類軸としては、ほかにも〈有料紙─無料紙〉の区分がある。この関連で「フリーペーパー」についても触れたい。さらには発行頻度による分類も可能である。具体的には、日刊紙（より細分すれば、朝刊紙・夕刊紙・朝夕刊セット紙〔セット紙は日本独自の形態〕）、週刊紙、月刊紙といった区分である。ほかにも、少年層向けに分かりやすく編集した「子ども新聞」や、翻訳記事や独自記事で構成された「英字紙」など、じつにさまざまなバリエーションを見出すことができる。

一　般　紙

　一般紙とは、政治、経済、社会、文化など広範な領域で発生したさまざまな事件・出来事を収集し、総合的に編集した日刊紙である。広く一般家庭で読まれることを想定している。一般紙はその配布エリアに応じて「全国紙」「地方紙」「地域紙」に大別され、地方紙はさらに「ブロック紙」「県紙」に細分される。

　全国紙　慣例的にこう呼ばれるのは『朝日新聞』『毎日新聞』『読売新聞』『日本経済新聞』『産経新聞』の5紙であり、販売部数は2018年時点では100万台から800万台である。全国紙の部数は巨大であり、日本で発行される日刊紙部数全体の半分強を占める（図表1-6）。しかも1980年代以降、全国紙全体の部数の約3分の2は『読売新聞』と『朝日新聞』という"二強"が占めている（図表1-7）。各全国紙は発行本社に近い地域では朝夕刊セット（セット版）を、また少し離れた地域では朝刊（統合版）のみを配布してきた。しかし、セット地域内でも購読者が夕刊をとらない「セット割れ」という現象が近年増加しているため、セット地域の一部であっても夕刊を廃止し、統合版に切り換える社が2000年代以降相次いでいる。

図表1-6 日刊紙発行部数の推移

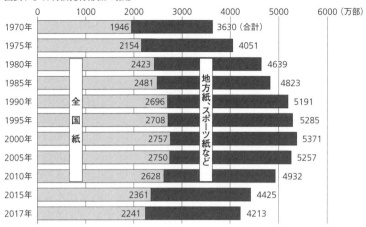

注）全国紙の部数は日本ABC協会が調べた販売部数（各年4月）
資料）『全国新聞ガイド』、『日本新聞年鑑』、日本新聞協会ホームページ

図表1-7 全国紙の発行部数の推移（朝刊）

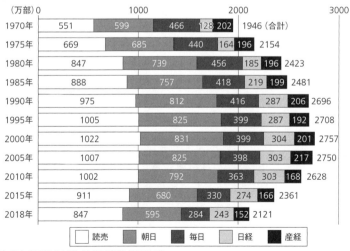

注）日本ABC協会が調べた販売部数（各年4月）
資料）『全国新聞ガイド』、『日本新聞年鑑』、『ABC REPORT』

第1章 新聞　　33

ブロック紙　配布エリアが特定地域に限られるのが「地方紙」であるが、北海道のような広範な地域、あるいは複数の都府県にまたがって発行されている新聞をブロック紙と呼ぶ。慣例的には『北海道新聞』（販売部数はABCレポート2018年4月で98万部）『中日新聞』（同227万部）『西日本新聞』（同61万部）がこれに相当する。なお、『中日新聞』は『東京新聞』（同47万部）や『北陸中日新聞』（同9万部）も発行している。

　県紙　地方紙のうち、特定の県域を配布エリアとする日刊紙が「県紙」である。販売部数は数万台から多くても50〜60万台である。後述するように、県紙の誕生には戦時統制策としての「一県一紙体制」が大きく関わっている。なお、もともと朝夕刊セット版を発行していた新聞社が「セット割れ」で夕刊を廃止するという現象は、県紙レベルでも近年続出している。

　地域紙　地方紙のうち、特定の県域全体ではなく、内部の市町村を配布エリアとする新聞は便宜上「地域紙」と呼ばれる。近隣社会のきめ細かな生活情報を提供するもので、「郷土紙」と称されることもある。

スポーツ紙

　スポーツ紙はプロ野球、サッカーなどのスポーツニュースを中心としながら、芸能、ギャンブル、レジャー、社会ニュースなども扱う新聞である。全国的に配布されている主なスポーツ紙としては『日刊スポーツ』（朝日新聞社系）、『スポーツニッポン』（毎日新聞社系）、『スポーツ報知』（読売新聞社系）、『サンケイスポーツ』（産経新聞社）、『デイリースポーツ』（神戸新聞社系）、『中日スポーツ』（中日新聞社）および『東京スポーツ』がある。各ブランドの公称部数は50万台から百数十万台である。一般紙と系列関係にあるスポーツ紙では、およそ6割以上の部数が宅配で販売

され、残りはコンビニや駅売店などの即売で売られる。一般紙と系列関係にない『東京スポーツ』（夕刊紙）では大部分を即売に依存するが、同系列で唯一の朝刊紙である『九州スポーツ』では宅配もある（各紙媒体資料による）。

なお、スポーツ紙に準じるものとして、大都市圏のサラリーマンを対象に主に即売で売られている夕刊紙（『夕刊フジ』『日刊ゲンダイ』など）も存在する。タブロイド判で娯楽色の強い新聞である。

専門・業界紙

経済の特定領域や特定の産業分野の専門的なニュースを提供するのが専門紙・業界紙である。戦前（1945年以前）に創刊され現在まで続いている主な専門紙・業界紙としては、『日刊工業新聞』、『日本農業新聞』（販売部数はABCレポート2018年4月で33万部）、『日本工業新聞（2004年から『フジサンケイ ビジネスアイ』に改題）』、『日本海事新聞』（海運・造船・港運業専門）などがある。また日本経済新聞社は『日経産業新聞』、『日経MJ（流通新聞）』、『日経ヴェリタス』（投資金融専門）などで本紙よりも専門化した経済情報を流している。専門紙の業界団体である日本専門新聞協会（http://www.senmonshinbun.or.jp/）には、2018年現在83社が加盟している。

フリーペーパー

読者から料金をとらず、広告収入のみで運営されているのがフリーペーパーである。新聞スタイルだけではなく雑誌スタイル（フリーマガジン）も含めてこう総称されることが多い。業界団体である日本生活情報紙協会（http://www.jafna.or.jp/）は、フリーペー

パーを「特定の読者を狙い、無料で配布するか到達させる定期発行の地域生活情報紙誌で、イベント、タウン、ショップ、求人求職、住宅・不動産、グルメ・飲食店、ショッピング、演劇、エステ・美容、レジャー・旅行、各種教室など多岐にわたる生活情報を記事と広告で伝える」ものと定義している（具体例については同協会のサイトを参照）。

フリーペーパーの配布は、①自社組織や委託業者による宅配（ポスティング）、②公共施設や駅にラックなどを設置、③新聞折り込み、④希望者への郵送、⑤街頭や駅前での配布といった方法で行われる。

3　一般紙の発達と市場構造

「大新聞」「小新聞」から商業的報道新聞へ

われわれが現在見る新聞のスタイルに近い、わが国最初の日刊紙は、1871年に創刊された『横浜毎日新聞』である。1872年には『東京日日新聞』『日新真事誌』『郵便報知新聞』などが創刊される。これらの新聞は判型が大きく、漢語調の文語体で書かれた記事は、政治問題の論評が主であった（政論新聞）。判型から「大新聞」と呼ばれる。1874年に板垣退助らが民撰議院設立建白書を提出し自由民権運動が始まると、大新聞の多くは民権派の主張を掲げ政府批判を繰り広げた。また、1881年国会開設の詔勅が出され、自由党・立憲改進党・立憲帝政党といった政党が結成されると、大新聞は政党の機関紙となった。大新聞の主たる読者は、役人、教員、士族、豪農、豪商といった知識人階層である。

ほぼ同時期にまったく対照的なタイプの新聞も登場する。判型は小さく、記事は口語体で漢字にはルビ（ふりがな）が振られている。社説や論評は載せず、市井の出来事や花柳界、役者、力士

の噂話、戯作（通俗的な読み物）などを掲載したこうした娯楽本位の新聞は「小新聞」と呼ばれ、商人、職人といった庶民階層が主たる読者であった。その代表例は1874年創刊の『読売新聞』（東京）や1979年創刊の『朝日新聞』（大阪）である。

　大新聞と小新聞の二層構造は、帝国議会が開設された1890年頃には崩壊する。明治政府の過酷な言論統制や政党間の内ゲバに幻滅した読者の離反によって大新聞が衰退する。他方、小新聞は娯楽よりも報道を強化し、社説さえも掲載するなどして、大新聞の読者を取り込み発展していく。政党色を排し報道を強化する動きは『時事新報』（1882年創刊）や『郵便報知新聞』といった大新聞の側からも試みられたが、しかし、大新聞と小新聞の中間型ともいえる報道本位の商業新聞のスタイルを確立し成功を収めたのは、小新聞として生まれた『朝日新聞』であった。『大阪日報』（大新聞）と『浪華新聞』（小新聞）とを一本化して1888年に誕生した『大阪毎日新聞』もこの商業的報道新聞のスタイルを踏襲した。『朝日』と『毎日』はじきに大阪の新聞市場を席巻し、さらには東京にも進出し（『大阪毎日』は1911年『東京日日』を併合）、巧みな販売戦略や関東大震災による東京紙のダメージにも助けられ、東京の新聞市場をも制圧する。東京紙では『読売新聞』（1924年に正力松太郎が買収）のみが、ソフトニュース重視の編集やプロ野球などのイベント事業で大阪2紙と差別化し、大部数を獲得して存在感を示すことができた。ただし、市場拡大で先行する『朝日』『毎日』と比べると、『読売』が実質的に全国紙化するのは戦後の1950年代以降である。

一県一紙体制と地方紙の統合

　第二次世界大戦後の新聞の市場構造に決定的な影響を与えたのが、1938年から42年にかけて、効果的な言論統制および資源の節

減を目的に実施された新聞の整理統合政策である。当初は法的根拠が曖昧なまま、1941年末からは国家総動員法にもとづく新聞事業令を法的根拠にして「一県一紙」を目指した地方紙の整理統合が進行した。ただし、大都市圏は例外的に大手紙の併存が認められた。東京圏では『朝日新聞』『毎日新聞』『読売報知(読売新聞と報知新聞が合併；1946年に分離)』『東京新聞(都新聞と国民新聞が合併)』『日本産業経済(中外商業新報に業界紙を統合；のちの日本経済新聞)』の5紙が、また大阪圏では『朝日新聞』『毎日新聞』『産業経済新聞(業界紙を統合；のちの産経新聞)』の3紙が存続を認められた。1937年末1,422紙あった日刊紙数は、一県一紙体制が完成した1942年末には55紙にまで減少した。

また、新聞事業令の下、新聞統合の実務を担う統制団体として設立された日本新聞会は、その統制規程において「新聞社の法人化と社外持ち株の禁止」を定めた。この「社内持ち株制」は戦後、法的根拠を与えられる。新聞業界の働きかけによって、1951年以降商法(現・会社法)の特例法で新聞社の株式の譲渡・保有制限が容認されてきた。

戦後の新聞市場の二重構造

一県一紙体制は主に言論統制を企図するものであったが、副産物として統合後の地方紙に強固な経営基盤をもたらした。ちなみに地方紙(県紙・ブロック紙)は、それぞれの配布エリアで強い影響力を誇り、戦後各地で民放ラジオ局が設立されるときには中核的な役割を果たすことが少なくなかった。また、社内持ち株制も新聞社を外部資本の影響から保護する効果を持った。結果として、戦時統制のために生まれた一県一紙体制は、わが国の一般紙の基本的な市場構造として戦後も存続することになる(図表1-8)。

すでに述べたように全国紙の発行部数は巨大で、日刊紙部数全

図表1-8 戦時中の新聞統合で生まれた新聞と現在の新聞の分布図

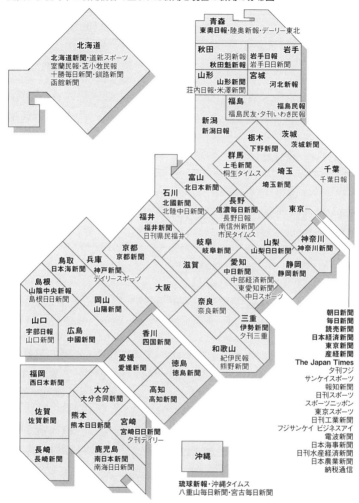

注) 新聞は日本新聞協会の会員社が発行しているもの。太字の新聞名は1942年に完成した新聞統合で生まれた新聞 (名前は現在のもの)。全国紙は東京に記載
資料) 日本新聞博物館『新聞のあゆみ』、日本新聞協会ホームページ

体の半分強を占める。これだけ見ると全国紙による一種の寡占構造が存在しているようである。しかし、全国紙が高いシェアを占めているのは東京や大阪といった大都市圏だけであり、地方に行くとそれぞれの道府県のブロック紙や県紙がそ

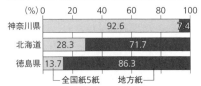

図表1-9 全国紙と地方紙の販売部数の比較

注）各道県における全国紙5紙と最大手の地方紙（神奈川新聞、北海道新聞、徳島新聞）の販売部数の合計を100％とし、それぞれの比率を示したもの。世帯普及率とは異なることに注意
資料）日本ABC協会「ABC REPORT 新聞 半期」（2017年7〜12月平均）

の配布エリア内で最も高いシェアを占めていることが多い。一例を示したのが図表1-9である。全国紙はたしかに取材網や販売網を全国展開しているが、購読者の分布に関して言えば、関東と関西の大都市圏に偏っている。

4　通信社

外国の通信社

　どんなニュースメディアであれ、取材に割ける人員や経費には限度があり、自力で収集したニュースだけで読者・視聴者の幅広いニーズに応えることは難しい。そこで、多くのニュースメディアは何らかの通信社から配信を受けている。通信社とはいわば「ニュースの卸売」であり、自らが収集したニュースを新聞、放送などのニュースメディアや民間企業に提供する組織である。「世界の通信社研究会」によれば、2017年2月現在、世界で活動する通信社として119カ国の138社がリストアップされている。

　とくに海外ニュースは、ニュースメディアにとって通信社への依存度が高まる領域である。通信社の中でも100を超える国の都市に支局などの取材拠点を持つとともに多言語でニュースを配信

し、歴史と伝統によって世界的に高い信頼を得ている大手国際通信社としてトムソン・ロイター（所有はカナダ資本、本社は米国）、AP通信社（米国）、そしてフランス通信社（AFP）が挙げられる（図表1-10）。また、これらに準ずる存在としてはドイツ通信社（DPA）やタス通信社（ロシア）、スペイン通信社（EFE）、新華社（中国）などがある。

図表1-10 主要な国際通信社の取材拠点数と記者数

通信社名 (本社所在地)	取材拠点数	記者数（人）
トムソン・ロイター （米国）	115カ国　200	約2,500
AP通信社 （米国）	101カ国　254	約2,000〔推定〕 （記者数は非公表）
フランス通信社 （フランス）	151カ国　201	1,513

資料）『挑戦する世界の通信社』および各社ホームページの記載

　トムソン・ロイター、AP通信社、フランス通信社はそれぞれ経営形態が異なる。トムソン・ロイターが営利企業であるのに対し、AP通信社は非営利の会員制法人である。すなわち、会員であるメディア企業からの出資金・分担金で支えられている。また、フランス通信社は第二次世界大戦の終わりに国営通信社として発足したが、現在では半国営の通信社であり、国から多額の補助金を受けている。

　ロイターは1851年、ポール・ジュリアス・ロイターによってロンドンで創設された通信社である。当初は欧州の相場情報を証券取引所、銀行、証券会社、貿易会社などに販売したが、やがて新聞社に一般ニュース配信も行うようになる。19世紀の後半には大英帝国の勢力拡大を背景に世界市場へと事業を拡張した。1970年代から80年代にかけて金融情報サービス部門が同社の稼ぎ頭となり、1984年には株式を公開する。ところが1990年代後半から業績不振に陥り、結果としてカナダを拠点とする情報サービス企業トムソンに身売りする。かくして2008年にニューヨークに本社を置く新会社トムソン・ロイターが設立された。トムソン・ロイターは金融、法務、知財・科学、税務・会計などといった分野の専門家を顧客とする専門情報サービス企業だが、報道部門に関して

は「ロイター通信」のブランドを継続して使っている。ちなみに、2016年のトムソン・ロイターの総収入は112億米ドルであるが、報道部門の収入は3億ドル余り、全体の約3％に過ぎない。

AP通信は1846年、ニューヨーク市の新聞数社が情報収集費用の分担と記事の共有に合意したことに端を発する。その後シカゴにも類似の連合組織ができ、東西の両AP組織や他の通信社との競争を経て、1900年にAP通信は非営利の会員制法人として再編成される（本社はニューヨークだが、母体となったのはシカゴのウェスタンAP）。1920年代までのAP通信社は、ロイターとの従属的な契約にもとづき米国外へのニュースの配信や販売を禁じられていた。しかし1933年には、ロイターに対して同じ境遇にあった日本の新聞聯合社（後述）とニュース交換契約を結びロイターに挑戦。以後世界市場へと乗り出していく。APの発展は、第一次世界大戦後、覇権国が英国から米国に交代するのと軌を一にしている。

フランス通信社（AFP）の母体はシャルル・ルイ・アバスが1835年に創業したアバス通信社である。これは近代的通信社の元祖ともいえる。実はポール・ロイターも自らが起業する前にはアバスの下で働いていた。ロイターはアバスが考案したビジネスモデルを別の地域に応用して、アバス以上に成功を収めたのである。アバス通信社は第二次世界大戦中に国有化され、さらに1944年にフランス通信社へと社名変更する。現在は完全な国営ではなく、半国営の業態である。

日本の通信社

日本の主要な通信社としては一般社団法人「共同通信社」と株式会社「時事通信社」が挙げられる。共同通信社は全国の有力新聞社とNHKでつくる新聞組合主義の通信社であり、AP通信社と

似た非営利法人である。他方、時事通信社は商業主義的ビジネスモデルをとり、トムソン・ロイターと同じ業態である。両社の概要を図表1-11に示す。

図表1-11 日本の主要通信社の支社局数・従業員数・契約メディア数

通信社名 (本社所在地)	支社局数		従業員数(人) (うち編集部門)	契約メディア数
共同通信社 (東京都)	国内	51	1,634 〔1,466〕	新聞社:加盟社 56 契約社 10 放送局 110
	海外	41		
時事通信社 (東京都)	国内	77	1,012 〔455〕	約140
	海外	28		

資料)『日本新聞年鑑2018』および各社ホームページの記載

　ここで、共同通信社と時事通信社が誕生するまでの歴史を概観しておこう。わが国で、国際的な情報発信を意図して最初に設立された通信社は「国際通信社」である。日露戦争後の国力伸張を背景に1914年に生まれた。しかし、当時の国際ニュース市場は、ロイター(英国)、アバス(フランス)、ウォルフ(ドイツ)の3通信社がそれぞれ縄張りを決めて独占的に管轄する協定を結んでいたので、日本の場合、国際情報を受信する際も発信する際も、(東アジアを管轄していた)ロイター以外の通信社と契約を結ぶことはできなかった。

　国際通信社の事業を継承する形で1926年に創立された「日本新聞聯合社(1928年から新聞聯合社)」は、日本で初めて新聞組合主義という業態を採用した。同時に、AP通信社と対ロイターで共同戦線を張り、両社間でニュース交換契約を結び、ロイターに対しては従属的な契約の改定を迫った。ロイターも最終的にはこれに応じる。

　1931年の満州事変勃発以降、政府内では欧米通信社と対抗できる国策通信社の設立が構想され、具体的には新聞聯合社と「日本電報通信社(1906年設立、国内ニュース専門)」の合併が政府によって進められることになった。そして1936年、両社の通信業部門を合併して「同盟通信社」が設立された。また両社の広告代理業部門(通信社が広告代理業を兼営することは当時よく見られた)

は日本電報通信社（電通）が受け継ぎ、電通は広告代理業専門として存続することになった。同盟通信社は東アジア地域を中心に、国家宣伝の重要な機関となった。

敗戦後の1945年10月、同盟通信社は連合国軍総司令部（GHQ）の解散命令を見越して自主的に解散し、社団法人共同通信社と株式会社時事通信社とに分割された。前者は「新聞社やNHK向けのニュース配信」、後者は「個人・企業向け経済情報や出版」といった業務分担を決めた協定が両社の間で結ばれたが、GHQから独占協定にあたるという指摘を受け、協定は解消。その後両社は全分野で競い合うこととなった。

全国紙と共同通信

新聞組合主義の共同通信社は加盟社からの社費によって運営されている。全国紙は広範な取材網を持ち通信社への依存度が低いにもかかわらず、発行部数が多いため社費の負担額が大きい。1952年、朝日新聞、毎日新聞、読売新聞の全国紙3社が共同通信社から脱退を表明したのもそれが理由であった。3社の脱退で総収入の約4分の1が消えるという、共同にとっては衝撃的な出来事であった。しかし、全国紙といえども通信社に頼らざるを得ない情報があり、1956年には外信ニュース受信に関して共同と再契約し、翌57年から受信を再開することになる。

大手全国紙の共同通信脱退は、主要地方紙——販売上のライバルであり、かつ共同通信への依存度が高い県紙やブロック紙——に間接的にダメージを与えるという意味合いもあっただろう。ちなみに2012年には、朝日と読売は、共同と締結していた外信ニュースとスポーツ記録の受信契約を解除した（市況データの受信だけは契約を続行）。朝日と読売は、時事通信社の協力を得てスポーツ記録処理システムの運用を開始した。他方、2010年には毎日新

聞社が58年ぶりに共同通信に再加盟した。日経や産経も共同に加盟し続けている。全国紙の間でも共同へのスタンスは一様ではない。

〔竹下俊郎〕

5　新聞社の組織と取材・製作過程

新聞社の組織

　日本の新聞社は株式会社の形を取っているものの、上場はしておらず、株式は非公開だ。このため、株式を公開して四半期ごとに経営の成果を株主から求められる欧米などとは異なり、市場の論理の影響を比較的受けにくい特徴を持つ。

　とはいえ、「社会の公器」と呼ばれる新聞社も営利企業であり、取材やキャンペーン、事業活動を継続するためにも、良好な経営状態を維持することが不可欠である。

　新聞社は「職種のデパート」と呼ばれるほど、多様な職種が混在する組織だ。全国紙の場合、報道の中核を担い、主力商品である記事を生み出す編集局があり、その成果を印刷・輸送するインフラを担う制作局がある。これらのコストを支える収益は、販売局や広告局、事業局などの営業部門が生み出し、円滑な業務を推進するための人事、経理、総務部門なども存在する(図表1-12)。

　加えて近年は、厳しい経営環境を打開するため、経営本部など戦略立案部署の存在感が高まっている。紙離れが進む中、将来を支えるデジタル部局にも期待がかかるほか、新聞無購読家庭が増える状況で、将来の読者を育てるためのNIE（Newspaper in Education：教育に新聞を）活動を実践する教育関連部署にも、各社注力している。

　全国紙は通常、東京本社、大阪本社、西部本社、中部支社、北海道支社など複数の本支社体制をとり、本社ごとに紙面編集が行

われる。同じ新聞であっても、東京本社版と大阪本社版では1面トップが異なることは珍しくなく、ブロック紙に近い「大都市圏域紙」の集合体の側面も持ち合わせている。

図表1-12 新聞社の機構と新聞製作の流れ

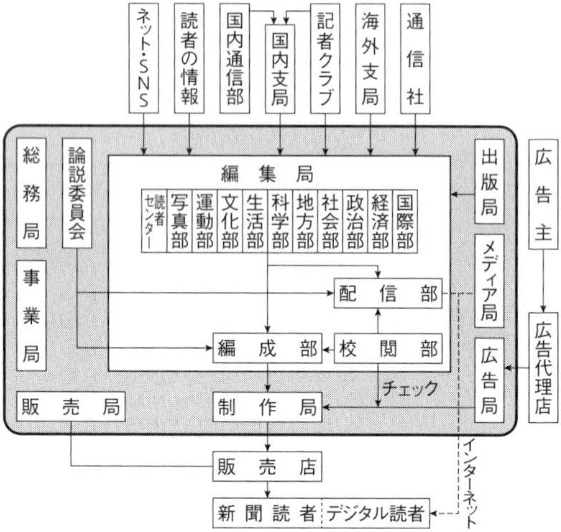

取材と紙面製作

　取材と紙面製作の中心を担うのが編集局だ。全国紙の編集局には、一般に政治部、経済部、国際部、社会部、科学部、文化部、生活部、運動部、地方部、写真部などの取材セクションがある。各部の記者は、それぞれの部門に応じた対象やテーマを取材するが、年間テーマやキャンペーン企画では、部を横断した取材チームを作ることも多い。

　一方、記事の重要性を判断し、扱いやレイアウトを決めるのが編成部で、かつては整理部と呼ばれていた。紙面製作においては、各部デスクが出稿メニューを編成部に提出し、吟味する。また、原稿の内容や表現の妥当性をチェックする校閲部もある。

　編集局では朝・夕刊ごとに編集会議を開き、取材部と編成部のデスクが出席して、ニュースの価値判断や紙面への割り振りを話し合う。編集局次長が司会する編集会議は、日々の紙面製作の責任を持つ重要な会議で、新聞社ごとに「立ち会い」「土俵入り」「交番会議」など独自の名称で呼ばれる。

業務効率化へ組織を分離・統合

　厳しい経営状況を背景に、組織改革も加速している。業務の効率化や目的に応じて、組織を分離する動きと統合する動きの両方が、混在しているのが特徴だ。

　人件費抑制や編集ノウハウの継承を目的に、編成・校閲業務を外部に切り出す動きでは、産経新聞が2013年に産経編集センターを設立して外部化した。読売新聞は2014年から読売プラスに、朝日新聞も2016年には朝日新聞メディアプロダクションを立ち上げ、地方版などの編成・校閲作業を委託している。また、デジタル事業分社化の流れもあり、産経は2005年に「産経デジタル」を設立し、デジタル業務の多くを移管した。朝日や西日本は新規ビジネス開発のための「メディアラボ」を開設、秋田魁も子会社「さきがけデジタル」に、デジタル部門の業務を委託している。

　一方、紙とデジタルの編集機能を統合する動きも盛んだ。従来は本紙制作を最優先し、そこからネットに素材を転用する社が多かったが、紙とデジタルを対等な出力先として扱う流れだ（図表1-13）。朝日新聞は2016年、2度目の編集局統合を実施し、デジタル部隊の経験を編集に生かす。デジタル版の記事PV（ページビュー）などをランキング表示する分析ツール「Hotaru（ホタル）」を開発し、全国の記者が自分のPCで見られるようにした。2018年4月には、出稿機能を持つ報道局と編成機能を持つ編成局を、8年ぶりに編集局として統合してもいる。

　さらに大きな統合と変革に挑むのが毎日新聞だ。「コンテンツ・ファースト」を標榜し、2018年にシステムと業務フローの改革を断行。IT企業のフューチャーアーキテクト社と組み、新聞製作システムを含む全社的な次期CMS（コンテンツ管理システム）「MIRAI（ミライ）」を、クラウド上で開発する。本紙の締め切り時間に縛られない出稿管理と、デジタルファーストによる

図表1-13 ニュース製作の変化

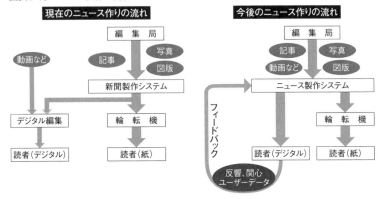

ニュース更新を重視し、読者の反応や関心も即座にフィードバックする。同社は2017年に統合デジタル取材センターを開設し、動画などコンテンツの改革を進めてきたが、今回はシステムと業務フローを、大手ベンダー以外と初めて組んで開発することで、業界の注目を集める。

記者クラブ

　編集局各部の記者は、それぞれ取材の担当分野が割り当てられている。例えば社会部の場合、事件、司法、行政、遊軍（無任所の記者）、調査報道チームなどがある。事件担当記者は警視庁や所轄署の、司法担当記者は検察庁や裁判所の、行政担当記者は官庁などの記者クラブに所属し、そこを拠点に取材活動を展開する。

　日々の紙面のニュースは、こうした記者クラブでの発表をもとにしたものも多い。記者クラブは次のような公的組織・民間組織に設けられており、全国で800程度あると見られる。

　中央レベル　首相官邸、国会、政党、官庁、業界団体・経済団体、

民間企業など

都道府県レベル　都道府県庁、警視庁、道府県警本部、商工会議所など

市町村レベル　市役所、町村役場など

その他　空港、JR、放送局、文化団体、スポーツ団体、大学など

　日本の記者クラブは取材・報道のための自主組織として、公権力の監視機能を果たしてきたが、同時に国内の大手新聞・通信・放送以外のメディアに対しては閉鎖的だと、批判されてきた。特に、「記者会見・記者室の閉鎖的体質」と「記者室の無償提供」の2点が挙げられるが、日本新聞協会編集委員会は2006年、ネットの普及や多メディア状況をふまえ、記者クラブは「開かれた存在」であり、外国報道機関を含む一定の実績を有するジャーナリストに門戸を開くべき、との見解を表明。記者室についても「公的機関内に設けられたジャーナリストのワーキングルーム」と規定し、報道側が応分の負担をするとの基本的姿勢を確認、諸経費など実費を負担する記者クラブが増えているという。

6　新聞社の経営

メディア・コングロマリットとしての新聞社

　日本の新聞社の主力事業は新聞だが、これ以外にもグループ企業を通じて様々な事業を展開し、テレビ局との系列関係も形成している。日本の新聞社は、メディア・コングロマリット（複合体）であるとも言える。

　例えば読売新聞の場合、新聞事業のグループ本社、東京・大阪・西部の3本社に、プロ野球の読売巨人軍と出版社の中央公論新社を加えて基幹6社と位置づける。グループ企業も販売、印刷、広告など新聞と関連する分野から、旅行や交響楽団、遊園地、文化

センターなど多岐にわたる。

　一方、民間放送の誕生に新聞社が深く関わったことから、全国紙とテレビ局の系列関係もある。読売新聞社がNNN系列各局（30局、日本テレビがキー局）、産経新聞社がFNN系列各局（28局、フジテレビがキー局）、朝日新聞社がANN系列各局（26局、テレビ朝日がキー局）、日本経済新聞社がTXN系列各局（6局、テレビ東京がキー局）と系列関係にある。毎日新聞社とJNN各局（28局、TBSテレビがキー局）の間に資本関係はないが、役員人事などで緩やかな系列関係にある。県紙・ブロック紙も地方局に出資することで、系列関係を持つ例は多い。

新聞社の収益状況

　日本新聞協会がまとめた売上高推計調査によると、2016年度の協会加盟日刊新聞社の総売上高（92社）は1兆7675億円で、前年度比1.3％（231億円）減だった。新聞産業のピークは1997年度の2兆5293億円（98社）で、その後は長期低落傾向に入り、2010年度には2兆円の大台を割り込んだ。11年度にいったん下げ止まるものの、その後は5年連続で前年割れし、現在の売上はピーク時の7割以下となっている（図表1-14）。

　その内訳は、販売収入が1兆208億円（前年度比2.5％減）で全体に占める割合は57.8％、広告収入が3801億円（同4.6％減）で同21.5％、その他収入が3667億円（同6.1％増）の同20.7％。10年前の2006年と比べると、販売収入が18.5％減にとどまるのに対し、広告収入は46.3％減とほぼ半減した。新聞は1975年に広告媒体1位の座をテレビに奪われ、2009年にネットにも抜かれており、広告収入の落ち込みは深刻だ。

　一方、日本新聞協会が加盟40社をサンプル抽出し、経営動向について調査したところ、2016年度の各段階の利益動向は営業利益

図表1-14 新聞社の総売上高の推移と内訳

年次（社数）	販売収入	広告収入	その他収入	総売上高
1997年(98)	12903	9127	3264	25293
1998年(97)	12927	8584	3337	24848
1999年(96)	12876	8448	3365	24688
2000年(96)	12839	9012	3372	25223
2001年(98)	12858	8687	3345	24890
2002年(99)	12747	7709	3265	23721
2003年(98)	12640	7544	3392	23576
2004年(96)	12573	7550	3674	23797
2005年(96)	12560	7438	4191	24188
2006年(96)	12521	7082	3720	23323
2007年(97)	12428	6646	3416	22490
2008年(97)	12317	5674	3396	21387
2009年(96)	12087	4785	3152	20024
2010年(94)	11841	4505	3029	19375
2011年(93)	11642	4405	3487	19534
2012年(93)	11519	4458	3178	19156
2013年(92)	11309	4417	3274	19000
2014年(91)	10762	4186	3313	18261
2015年(92)	10466	3984	3455	17906
2016年(92)	10208	3801	3667	17675

注）2002年度以降、調査期間を暦年から年度に変更。年次の後のカッコ内の数字は調査対象となった社数
資料）日本新聞協会の調査

が前年度比30.5％減、経常利益26.0％減、当期純利益も21.3％減と大きく落ち込み、2期ぶりの最終減益となった。

　2008年のリーマンショック直後も、広告売上は大きく落ちたが、この時は各社の費用削減が進んだ。人件費を抑え、製作工程の合理化や別会社化を行い、夕刊の休刊や各社間での印刷受委託、共同輸送も広がった。これらの努力の結果、多くの社が何とか利益を確保した。本業の稼ぐ力を表す「売上高営業利益率」（売上高に占める営業利益の割合）は、2009年度に0.3％まで落ちたものの、その後4％台にまで回復させていた。

　しかし、今回は広告費減に加え、2014年には消費増税を嫌って

図表1-15 デジタル関連事業売上の構成比率分布(発行部数クラス別)

		社数	デジタル売上構成比率						平均
			0.1%未満	0.1%以上 0.5%未満	0.5%以上 1%未満	1%以上 5%未満	5%以上 10%未満	10%以上	
セット発行紙社	発行部数 約80万部以上	8	1	2		4*		1	3.488%
	発行部数 約40万部以上	9	1	3	4		1		1.407%
	発行部数 約20万部以上	7	1	6					0.226%
単独発行紙社	発行部数 約20万部以上	14	2	4	6	2			0.552%
	発行部数 20万部未満	25	7	6	4	6	2*		1.082%
総平均		63							1.221%
スポーツ紙		4				3		1	5.709%

*は連結決算社を含む
資料)『新聞研究』2017年11月号

読者離れが起きた結果、販売収入も減っているのが大きい。売上高営業利益率は、2016年度は2.6%と再び下降している。

　販売と広告の2本柱の不調に苦しむ中、各社はデジタルなど新たな成長分野の開拓を模索している。しかし、日本新聞協会が2016年度に初めて行ったデジタル関連事業売上調査によると、デジタル事業の総売上高に占める割合は、まだ平均で1.2%に過ぎない。半数以上が「0.5%未満」で、部数80万部以上の8社のうち「10%以上」が1社、「1%以上5%未満」が4社あるものの、ほとんどの社では、デジタル事業はまだ業績に寄与できていない状況だ(図表1-15)。

上流から下流まで——垂直統合モデルの強みと弱み

　新聞ビジネスはこれまで、上流(取材・編集・編成)から中流(印刷)、下流(輸送・宅配)に至るまで、自社と系列の販売店で完結した「垂直統合のプラットフォーム」を持っていた。高速輪転機による印刷網、トラックなどの輸送網、全国津々浦々に伸び

る宅配網を擁したインフラ産業の側面が強かった。

参入障壁は高く、これまで業界内部の競争は厳しいものの、外部からの新規参入はほとんどなかった。新聞社の2大収入は販売と広告で、販売店の収入は主に折り込み広告だ。発行部数が伸びれば新聞社の販売収入は増え、広告単価も上がる一方、販売店も折り込みの売上が増える「Win-Win」の関係にあり、高度経済成長時代に新聞産業は急成長を遂げた。

だが、ネットの普及で情報発信コストが劇的に下がった結果、IT企業のニュース産業への新規参入が可能となった。ヤフーやスマートニュース、LINEなどが読者との接点を押さえ、ニュースを届け始めると、新聞社はネットの上流域、つまり一次情報の取材という最も高コストで労働集約的な役割だけを担うこととなる。読者とつながり収益性の高い中・下流域は、技術に長けたIT企業に押さえられ、かつてのようなプラットフォームを構築できなかった。

しかも、新聞は十分な対価をネットから得られないため、今は取材のコストを紙の収益でまかなわざるを得ない。IT企業とのアンバランスな役割分担が、新聞の苦境を招いている構造は、長期的には持続可能ではないため、早晩大きな変化が起きそうだ。

一方、新聞社自身の課題は、高コストながらも高収益な本紙ビジネスと、低コストだが収益が薄いデジタルビジネスが、カニバリゼーション（共食い）関係にあると見られ、移行が難しい点にある。デジタルに一気にシフトすると、既存の主力読者やインフラを傷つけるため、特に販売部局の懸念は大きい。

新聞部数の数字の裏には、毎月相当数発生する「止め」（契約終了）を、販売店の営業努力で得た「入り」（契約獲得）で補う厳しい現実がある。デジタルに注力して販売店を傷つけ、営業努力が減ると部数急減は避けられないため、多くの新聞社は紙とデジタルの併読モデルを推奨せざるを得ない。

だが、社会のデジタル化は不可逆的に進行しており、デジタル事業の開発は、新聞社にとって必要不可欠だ。世界に類を見ない巨大発行部数を持つ日本では、移行の厳しさは欧米の比ではないが、一方でデジタルコンテンツのビジネスには、一度商品を売る仕組みが整えば、低い追加コストで増産できる利点もある。紙の読者と今の収益をある程度守りつつ、若い世代が「読んでみたい」と思うようなデジタルの新商品を開発し、ビジネスとして成立し得るニュース市場の創設が、まだ余裕がある新聞産業には今、求められている。

新聞社の労務事情

新聞・通信社の従業員数は1992年の6万7,356人をピークに減少を続け、日本新聞協会の調査では、2018年は4万1,509人だった。回答97社における従業員の比率は、部門別に、編集が51.8%、営業15.4%、統括・管理8.5%、製作・印刷・発送8.0%、電子メディア3.4%、出版・事業3.2%、その他が9.7%だった(図表1-16)。

構成比率では「編集部門」が過去2年ほど減る一方、機械化の進展で減っていた製作・印刷・発送部門は、テクノロジー重視と技術の内製化に向け、増える傾向にある。また、デジタル戦略を担う電子メディア部門の従業員数に大きな変化はないものの、やはり技術の重要性が強く認識され、エンジニア採用意欲を各社が強め、IT業界との獲得競争が激しくなっている。

一方、年齢構成は40〜50歳代が多く、平均年齢43.4歳と高齢化が進んでいる。ただ、新規採用数は2011年を底に6年連続で増え、2018年は1,236人が採用された。かつて典型的な「男社会」だった新聞社も、近年は女性記者の採用が増え、18年の女性記者率は20.2%と5人に1人が女性という状況だ(図表1-17)。人材の流動性は依然低いものの、最近はネットメディアへの転職事例も増えてい

図表1-16 従業員総数と部門別人員配置割合の推移

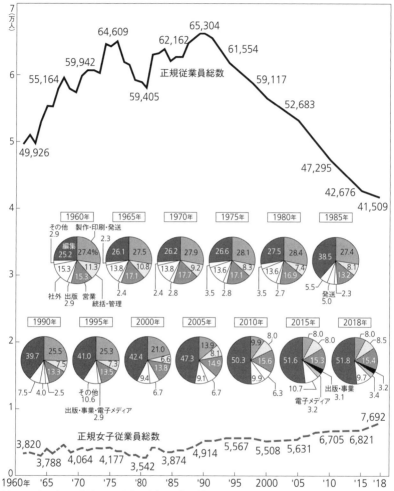

注）1985年調査から社外配置の人員の大部分が「編集」に吸収されている。また、部門別人員配置割合は四捨五入の数値であるため合計が100％にならない場合がある
資料）日本新聞協会の調査

る。現場取材から執筆までこなせる人材を、ネットメディアだけで育てるのはまだ難しく、ヤフーと西日本新聞などで人事交流も行われ始めている。〔松井 正〕

7　新聞紙の流通と販売

緊急時の新聞発行

　新聞によるニュースの伝達は、刷り上がった新聞紙が最終的に読者の手元に届いてようやく完結する（電子版を除く）。その意味で、新聞における印刷・流通段階の重要性は強調してもし過ぎることはない。平時にはあたりまえのように行われているこうした作業が、しかし緊急時にはうまくできないことがある。

　2011年3月の東日本大震災では、東北各地の新聞社自体が被災した。宮城県石巻市を拠点とする地域紙『石巻日日新聞』は、被災直後の停電でパソコンも輪転機も使えない中、ロール紙にフェルトペンで手書きした「号外」の壁新聞を3月12日から17日にかけて毎日6部作成し、避難所に貼りだした。一連の壁新聞は、極限状態でジャーナリストたちが地域情報の提供に貢献した活動として高く評価され、うち1セットが米国ワシントンDCにある報道博物館ニュージアムに展示されている。

　同じく3月11日、仙台市の『河北新報』本社では、輪転機は動くものの組版システムのサーバーが使えなくなった。そこで、相

図表1-17 新聞・通信社記者数の推移

年	記者数（人）	うち女性記者数（人）	女性記者の比率（%）
1993	20,741	1,620	7.8
94	20,925	1,679	8.0
95	20,166	1,636	8.1
96	19,788	1,690	8.5
97	20,228	1,851	9.2
98	19,888	1,893	9.5
99	20,232	2,062	10.2
2000	19,434	1,976	10.2
01	20,679	2,200	10.6
02	20,851	2,384	11.4
03	21,311	2,458	11.5
04	20,979	2,450	11.7
05	20,315	2,436	12.0
06	20,773	2,642	12.7
07	19,124	2,631	13.8
08	21,093	3,108	14.7
09	21,103	3,129	14.8
10	20,406	3,180	15.6
11	20,305	3,235	15.9
12	20,121	3,325	16.5
13	19,666	3,277	16.7
14	19,208	3,134	16.3
15	19,587	3,450	17.6
16	19,116	3,520	18.4
17	19,327	3,741	19.4
18	18,734	3,781	20.2

資料）日本新聞協会の調査

図表1-18 新聞・通信社間の災害・障害発生時相互援助協定

◯ 日本新聞協会会員社　◯ 関連会社

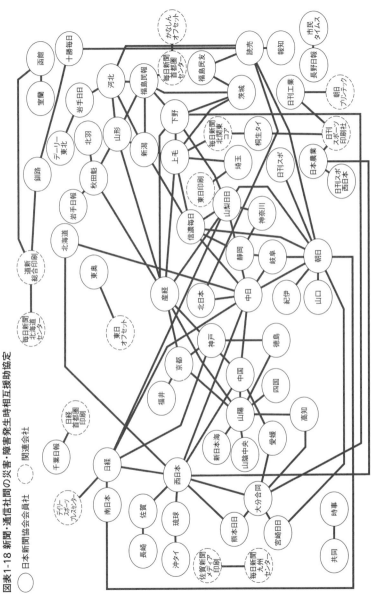

注）日本新聞協会会員社間で結んでいる2社間の協定（2018年2月現在）。このほか3社間以上の協定が18件締結されている
資料）日本新聞協会［データブック日本の新聞2018］

第1章　新聞　57

互援助協定を結んでいる『新潟日報』のサーバーを借りて紙面データを作成し、当日の号外と翌日の朝刊発行にようやくこぎつけた。このように、ふだんはライバル同士である新聞各社も、大規模災害などの緊急時に読者へのサービスが断絶しないよう、さまざまな相互援助協定を結んでいる (図表1-18)。たとえば、もしある新聞社や印刷拠点が被災し新聞印刷ができなくなった場合、協定相手の新聞社が新聞の製版・印刷を代行するという取り決めがある。

新聞販売店が抱える問題

　新聞紙の流通経路は、販売店から各戸に配られる「戸別配達（宅配）」、コンビニや駅の売店での「即売」、および「郵送・その他」に大別できるが、日本では戸別配達の割合が圧倒的に多い。日本新聞協会経営業務部が協会加盟紙に対して調査した結果では、2017年で全体の95.0％が戸別配達、4.4％が即売、0.6％が郵送・その他を経ていた。これは10年前の2007年の数値（それぞれ、94.3％、5.1％、0.6％）からほとんど変化していない。この戸別配達率の高さが、日本の新聞普及率の高さを支える一因だといわれてきた。戸別配達は月決め購読契約を前提としているので、新聞社にとっても経営が安定する。

　戸別配達を担っているのが新聞販売店である。販売店にもいくつかのタイプがあり、特定の1紙を主に扱う「専売店」、特定の複数紙を主に扱う「複合専売店」、すべての新聞を扱う「合売店」である。このうち、戦後になって主流となったのが専売店である。たとえば、朝日や読売の専売店扱いの部数は発行部数全体の9割を超えている。また、複合専売店もたいていは1つの新聞社の系列に入っており、さらに、地方の合売店も実質的には地方紙の専売店とみなしうるところが多い（畑尾一知『新聞社崩壊』）。

　専売店制度は、1つの地域で異なる新聞ブランドを担った販売

店同士が購読者を求めて競い合うことを意味する。敗戦直後から1970年代までの購読者市場が急成長した時代には、拡販競争に適した制度であった。しかし、市場の拡大が頭打ちになるどころか市場が縮小傾向に入った時代には、専売店制度の非効率さが目立つようになる。

　図表1-19は新聞販売店の従業員数や店数の推移を示したものである。従業員数、店数ともに2017年までには1970年の水準を割り込み、とくに2010年代以降かなり急なペースで減少していることがわかる。また、かつては「新聞少年」と呼ばれた18歳未満の従業員が、いまやほとんどいなくなってしまった。

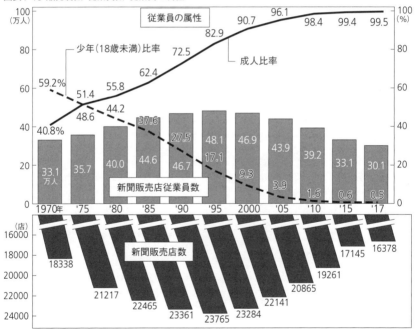

図表1-19 販売店数・従業員数・従業員の属性

資料）日本新聞協会の調査

新聞販売店を悩ませているもう一つの問題が「残紙（予備紙）」である。残紙とは「押し紙」と「積み紙」を合わせたものである。「押し紙」とは、新聞社が注文部数を超えて販売店に押しつけた新聞であり、「積み紙」とは販売店が自ら必要とする部数を超えて注文した新聞である。残紙の内の押し紙と積み紙の区別については、新聞社側と販売店側とで見解が異なることが多い。いずれにしても、残紙は販売店の仕入れ部数と実売部数との間に少なからぬ乖離をもたらしており、市場が縮小しつつある現在ではそれが販売店の経営を圧迫する一因となっている。朝日新聞東京本社で販売管理部長を務めた畑尾一知は「発行本社の経営者や販売責任者で10パーセント単位の残紙の存在を否定する人はまずいないのではないか」と指摘する（『新聞社崩壊』）。

再販制度と特殊指定

　書籍・雑誌・新聞・レコード盤・音楽用録音テープといった著作物は、1953年の独占禁止法改正で「再販売価格維持契約」の対象となっている。すなわち、メーカーが小売店に対し顧客への販売価格を指定する契約を結んでもよいということであり、新聞社は販売店に対し新聞紙の定価販売を義務づけている。さらに新聞は、独占禁止法にもとづき「特殊指定」の対象にもなっている。これは新聞販売店が、購読料の値引きや高額な景品の供与といった不公正な取引を行うことを禁じるもので、1955年に発効した。再販制度は新聞社と販売店との関係を規定するものであり、特殊指定は販売店同士の関係を規定するものであるが、販売店に対し新聞を定価販売するよう二重の縛りをかけている。

　ただし、公正取引委員会は著作物再販に関しては1950年代末から断続的に調査を行い、しだいに再販制度の廃止を指向するようになる。1992年に公取委は「〔再販価格維持の対象となる〕著作

物の範囲の見直しは法改正による」と発表、さらに1995年には、公取委が諮問した再販問題検討小委員会が中間報告で再販全廃を提言し、これには新聞業界が猛反発する。その後90年代後半には国会の場でも侃々諤々の議論がなされた。論戦は決着がつかず、2001年公取委は「著作物再販制度を当面存置」するという見解を発表する。一時休戦であるが、公取委と新聞業界との綱引きはいまだに続いている。同時に公取委は、新聞特殊指定についても見直しを検討している（1999年に一部修正）。

　新聞社が販売店に定価販売の厳守を求める理由は、新聞間で過当な値下げ競争がおこると、結果的に、経営体力の弱い新聞社が市場から撤退を余儀なくされ、市場の寡占化や独占化が進行するからであろう。言論空間における多元性を確保するという意味で、再販制度や新聞特殊指定を維持すべきだという主張も正当化できる面がある。ただし、紙の新聞の流通体制をこのように堅持しようとすればするほど、電子版への移行がしづらくなるというジレンマに直面する。

〔竹下俊郎〕

8　新聞社のネット戦略

ニュースサイトから電子版へ

　「インターネット元年」と呼ばれた1995年、日本の新聞社は相次いでウェブサイトを開設し、ニュースを無料で速報し始めた。ネット発祥の地・米国の新聞業界を追う動きで、「紙で有料のニュースを、ネットに無料で出して良いのか？」という根源的な議論はあったものの、急成長するネットへの期待感がそれを上回った。以来、無料広告モデルはネットニュースのビジネス標準となった。

　だが、2008年の世界同時不況を機に、欧米の新聞社は無料広告

モデルの脆弱性に気づき、課金へとカジを切る。日本は元々、販売収入の比率が高く、無料広告モデルには懐疑的だっただけに、有料電子版の取り組みが一気に本格化した。

2010年に日経新聞が「日経電子版」を立ち上げると、翌年朝日が「朝日新聞デジタル」、さらに1年後には読売も「読売プレミアム」で続いた。日本新聞協会の「デジタルメディアを活用した新聞・通信社の情報サービス現況調査」によると、2017年4月現在、新聞35社が電子新聞を発行し、有料ニュースサービスは170件と、既に無料の153件を上回っている。

電子版の値付けからは、紙を減らしたくない各社の意図がくみ取れる。電子版単独では高価だが、本紙購読者には安く提供する"併読推奨"の価格体系を、日経と朝日が採用。読売は電子版単独では販売せず、代わりに併読時の価格を162円（税込み）と安く抑えた。毎日の「宅配購読者無料プラン」では、本紙購読者には無料で電子版を提供している（図表1-20）。

その理由は、紙とデジタルのカニバリゼーションを避けるためだ。日本の新聞社は1社当たりの発行部数が世界でも際だって多く、収益の源泉は本紙の販売・広告収入である。本紙は欧米ほど衰退しておらず、その維持がまずは至上命題となっている。無料

図表1-20 全国紙各社の電子版の価格体系 （2018年9月現在）

新聞社	サービス名	購読料(月額、税込み)			サービス開始日
		電子版のみ	紙+電子版	紙への追加額	
日経新聞	日本経済新聞電子版	4,200円	5,900円	1,000円	2010年3月23日
朝日新聞	朝日新聞デジタル	3,800円	5,037円	1,000円	2011年5月18日
読売新聞	読売プレミアム	単体なし	4,199円	162円	2012年5月14日
毎日新聞	デジタル毎日（プレミアムプラン）	3,456円	4,577円	540円	2015年6月1日
産経新聞	産経電子版	1,944円	4,978円	1,944円	2016年12月1日

注）サービス開始日は有料電子版の開始日。廉価版として朝日にはシンプルコース（980円）、毎日にはスタンダードプラン（1,058円）や宅配購読者無料プランがある。紙は、産経は朝刊のみ、その他は朝・夕刊セットの価格
資料）各社のサービス価格データ

ニュースがあふれるネットで、読者にお金を払ってもらうハードルは高く、ネットの広告単価も紙に比べれば格段に低いため、急激なデジタル移行を避けているのが現状だ。

新聞社で唯一、ネットに無料ニュースを多く出さず、ポータルサイトにも配信しなかった日経は、2018年6月現在の電子版有料会員数が60万人を超え、数少ない成功事例と見られている。続く朝日新聞デジタルは30万人弱、その他の社は数字を公表していない。

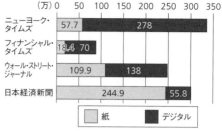

図表1-21 課金成功事例とされる新聞社の紙と有料デジタル購読の数

注)集計時期は異なる
資料)各社の発表など

これに対し、2011年に課金を導入した米ニューヨーク・タイムズは、その後有料会員を劇的に増やし、2018年3月時点で278万人となった。経済紙の米ウォール・ストリート・ジャーナルが138万人、英フィナンシャル・タイムズも70万人と、いずれも紙を大きく上回っている。紙の部数が元々少ないことも幸いし、危機感をバネに電子版へ果敢にチャレンジした結果といえる（図表1-21）。社会のデジタル化が不可逆的に進む以上、電子版の成功は日本の新聞社にとっても重要だが、紙の巨大部数と販売店網の存在が、デジタル化では逆に足かせとなりかねないジレンマに、新聞社は苦しんでいる。

ニュース以外のデジタル事業

日本の新聞社は将来の収益源として、ニュース以外にも目を向けている。現在は不動産事業などが支えだが、近い将来はデジタ

ル事業の収益化が不可欠だろう。

　コンテンツ面では、より狭いジャンルに特化した「バーティカルメディア」が注目されている。バーティカルとは「垂直」「縦割り」の意味で、専門ジャンルに絞った深い情報を提供し、よりコアな読者を対象とするのが特色だ。

　読売新聞は医療健康サイト「ヨミドクター」や女性向けサイト「OTEKOMACHI（大手小町）」、女性向け掲示板「発言小町」を運営し、一部機能やコンテンツに課金する。毎日新聞も医療と政治、経済分野の記事をプレミアムなコンテンツと位置づけ、付加価値化した。朝日新聞は2018年に「バーティカルメディア・プラットフォーム」を立ち上げ、5メディアを運営する。

　一方、地方紙は地域情報の収益化を目指す。四国新聞は経済情報サイト「ビジネスライブ」を、本紙（月額3,093円、税込み）より高額な月額5,400円（同）で課金する。西日本の「qBiz」など、地域経済情報の課金を目指す社は増えている。ほかにも、お悔やみ情報や教員人事など、地域で重要な情報の収益化を目指す地方紙は多い。

　コンテンツ以外では、イノベーション（技術革新）分野での事業開拓が盛んだ。第四次産業革命とも呼ばれる中、AI（人工知能）を活用した決算発表記事の自動配信などを日経が実用化し、AmazonやGoogleのAIスピーカーには、地方紙含め多数がニュースを提供する。また、地域経済の活性化につながることから、ITを活用した資金調達サービス「クラウドファンディング」にも、朝日や毎日などの全国紙、静岡や秋田魁など地方紙が参入し、地銀や自治体と共同の取り組みを始めた。

ビジネスモデルの模索

　新聞社は紙媒体においては、販売と広告という2つの収入源を

持っていた。だがネットでは初期の15年間、無料広告モデル1本でほぼ突き進んだ。日本にはiモードという世界でも珍しいモバイルコンテンツ販売の成功事例があったが、ニュースビジネス全体に波及することはなかった。

　だが2010年以降、ネットでも課金（販売）の重要性が再認識され、広告との両輪モデルが増えつつある。この過程で判明したのが、いったん無料としてネットに出したニュースコンテンツに、再度課金することの困難さだ。経済情報は法人需要も含め、ある程度金を払って読む動機付けがあるが、一般ニュースは無料の情報が大量にネットに存在することもあり、ハードルが高い。各社は、無料から高機能なサービスへと誘導する「フリーミアム」や、一定量以上は課金する「メーター制」などを駆使して課金に挑むが、まだ成功事例は少ない。

　一方、2017年のネット広告市場は1兆5094億円と4年連続で2桁成長を続けるものの、フェイクニュース問題などもあり、広告主が安心して広告を出せる媒体はまだ少ない。そこで、信頼できる新聞コンテンツが流通する場で、新聞社の強みであるコンテンツ制作力を生かし、企業の「コンテンツマーケティング」を支援することで新たな収益を開拓する動きもある。

　消費者が関心を持つ記事スタイルの広告（ネイティブ広告）を作る取り組みで、日経は「N-BRAND STUDIO」、読売もデジタル制作会社5社と組む「YOMIURI BRAND STUDIO」を設立した。新聞のコンテンツ制作力の高さを、顧客に提供したい考えだ。

ライバルとしてのネットメディア

　新聞社の多くがデジタル分野でビジネスモデルを描けず苦労する一方、ニュースを「集め」「選別し」「届ける」ことに最適化することで、大きな収益を上げる新規参入者も誕生した。読者との

接点を、IT（情報技術）の力で獲得したネットニュース企業だ。

　2000年代初頭までのPC時代は、Yahoo! JAPANの独壇場だった。「ポータル」と呼ばれる情報の玄関を自認し、ニュースを作らず新聞社などから買うことに徹し、圧倒的な地位を築いた。

　スマホ時代になると、ニュースをコンピューターが計算する手順（アルゴリズム）で選別し、アプリで提供する「キュレーションアプリ」が台頭。コスト効率の高いビジネスモデルを成立させた。新聞社にとっては、ニュースに対価が支払われる配信事業だが、その料金は取材コストを支えるには至らず、本紙の補完的サービスとして行われている。

　これらのニュースサービスでは、新聞ブランドがユーザーに意識されにくい課題もある。新聞通信調査会が、ネットニュースの出所を気にするか尋ねたところ、「気にする」と答えた人は42.5%で、「気にしない」の57.1%を下回った（「第10回 メディアに関する全国世論調査（2017年)」）。性別、年代別にかかわらずこの傾向は強く、新聞ブランドのネットでの認知は大きな課題となっているが、一方で、紙の新聞が届かない若い世代へのリーチ手法としては貴重なため、新聞社側は配信を行わざるを得ない状況とも言える。

　一方、ニュースを作るネットメディアも少しずつ生まれている。2013年に米ハフィントンポスト（現ハフポスト）が、朝日新聞と提携して日本に進出。2016年にはヤフーと提携して米バズフィードが、2017年にはメディアジーンの運営で米経済サイトのビジネスインサイダーが、日本に進出した。ネット生まれのニュースメディアの日本参入だ。

　編集部の体制は多くても数十人と小規模で、第一報を扱うことは少なく、重要な話題やネットで読まれそうなテーマを扱うことが多い。既存メディア出身の記者も多く、東日本大震災やフェイクニュースに関する硬派な報道も増えている。上記3社の編集長

が、いずれも元朝日新聞記者である点は、ネットニュースの立ち位置を考える上でも示唆に富む。

ただ、主に無料広告モデルで運用され、バズフィードは記事に似た体裁の広告「ネイティブ広告」を主な収益源とする。各社、ソーシャルメディアでの拡散に注力するが、人手や金がかかるものの読まれにくい調査報道などをどこまで支えられるか、真価が問われている。

一方、経済分野では企業データベース事業を持つベンチャーのユーザベースが、NewsPicksを2013年に開設した。初代編集長は東洋経済オンラインの元編集長で、記事の選別やコメントを行う「ピッカー」制度を導入し、活発なコミュニティを形成している。月額1,500円の有料課金制で、2018年2月時点で有料会員が6万人を超え黒字化したとされる。

各社が最も重視するのは技術力やデザイン力で、システムを内部で開発できる体制を持つ。既存メディアでも、朝日新聞の「withnews」は、ニュースの続報やネットならではの話題を展開するユニークな取り組みで、ユーザーを増やしている。

フレネミーとしてのプラットフォーム

ポータルやアプリ以上に、ネットで強大な存在感を示すのが、検索エンジンやSNSなどの「情報プラットフォーム」だ。前者はGoogle、後者はFacebookやTwitter、日本で市場を寡占するメッセンジャーのLINEなどだ。メディア企業の味方（フレンド）にも敵（エネミー）にもなり得ることから、「フレネミー」とも呼ばれる。莫大な広告収益を上げ、メディア企業の経営を悪化させた一因ともされるが、フェイクニュース問題を機に、近年はニュースの支援を表明しているのが特徴だ。

メディア側にとっても、SNSは有用な武器にもなっており、朝

日新聞は2012年に「つぶやく記者」制度を打ち出し、研修を受けた記者に公認アカウントを与え、情報発信を許可した。提携紙の米ニューヨーク・タイムズにならい、同年にソーシャルメディア・エディター職を新設し、SNSの発信方法やリスク管理などを考えている。情報の拡散やリーチ力を高める一方、事件・事故の発生をいち早く知るツールとして活用が進んでいる。

デジタルならではの報道表現

　新聞社にとってデジタル媒体は、紙を補完する存在に過ぎなかった。だが、グラフや動画などを使う「デジタルならでは」の表現の進歩で、文字と並ぶ重要な素材となり始めている。

　その1つが、イマーシブ（immersive：没入型の）・ジャーナリズムだ。読者が長編の記事をスクロールしていくと、適切な場面で動画や写真を提供する新たな表現手法で、米ニューヨーク・タイムズが雪崩事故を追跡・再現した「Snow Fall（スノーフォール）」は、2013年ピュリツァー賞を獲得した。朝日新聞は2014年2月のソチ五輪で、フィギュアスケートの浅田真央選手を特集した「ラストダンス」を公開、3日間で閲覧数100万超を獲得する人気を呼んだ。

　一方、膨大なデータを可視化することで、わかりやすく社会問題を読者に伝えるデータジャーナリズムの手法も、急速に普及している。1990年代に始まった「コンピューター援用報道（CAR：computer-assisted reporting）」を発展させたもので、公開された膨大なデータからグラフや地図、アニメーションを作るビジュアル手法だ。

　日本では東京新聞と中日新聞が、2007年参院選の民主党の躍進ぶりを地図で表現した「07参院選データブック　膨張民主　列島染める」が知られる。得票数を面積で表現するカルトグラムの手法を用いて、ビジュアルに躍進ぶりを表現した。また、沖縄タイム

スは首都大学東京などと共同で、第二次世界大戦の沖縄での戦いと、戦争体験者の動きを地図と立体的な航空写真で表現した「沖縄戦デジタルアーカイブ」を作成。神戸新聞は阪神・淡路大震災20年を前に「阪神・淡路大震災デジタルマップ」を出した。日本記者クラブでは2016年から、新聞社の枠を越えて、データを活用するツールの使い方や分析手法を学ぶ勉強会を、「記者ゼミ」の中で開いている。

9　読者・利用者

ミレニアル世代の新聞「紙」離れ

　読者の新聞の読み方は、どう変化しているのだろうか。日本新聞協会は2001年から隔年で「全国メディア接触・評価調査」を2015年まで続け、新聞やテレビ、ネットなどがどのように利用されているかを調べてきた（2017年からは「新聞オーディエンス調査」となりサンプリング方法が変更されたのでここでは扱わない）。

　それによると、「新聞を毎日読む人」の割合は2003年以降減り続け、2015年には半数を割り込んだ。性別では女性の方が新聞を読む人が少ない傾向にある。

　また、年齢が下がるほど読者の数は減る傾向にある。70歳代ではいずれも半数

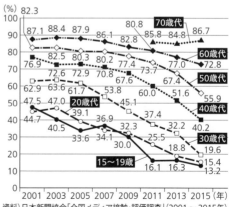

図表1-22　新聞を「毎日読む」人の年代ごとの割合

資料）日本新聞協会「全国メディア接触・評価調査」（2001〜2015年）

以上が新聞を毎日読んでいるが、40歳代になると半分以下に低下。それより下のいわゆる「ミレニアル世代」（1980年代から2000年代初頭に生まれた人）においては、いずれも2割を切る状況となっている。各年齢層で毎日読む人の割合が下がる中で、特に40歳代以下の紙の新聞離れが大きく進んでいる（図表1-22）。

多メディア化・マルチモード化する「ニュースを得る手段」

　それでは、人々はどうやって、ニュースと接触しているのだろう。前述の「第10回メディアに関する全国世論調査（2017年）」によると、全体で今回初めて、ネットニュースの閲覧率が、新聞の閲読率を上回った。新聞朝刊の閲読率が2010年度の82.9%から、今回は68.5%へと低下した一方、ネットニュースは57.1%から71.4%へと上昇した（図表1-23）。また、その際に使う端末はスマホ・携帯電話が80.3%と圧倒的に多く、パソコン（40.4%）やタブレット（13.4%）を大きくリードした。特にミレニアル世代でその傾向は顕著で、70%以上はモバイルのみでニュースを消費している結果となった。

　一方、総務省の「平成28年情報通信メディアの利用時間と情報行動に関する調査」によると、テキスト系ニュースの分野では、LINEなどソーシャルメディアのニュース配信を使う人が32.5%と前

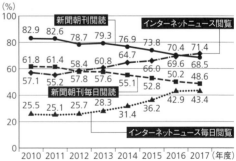

図表1-23 新聞とインターネットニュースの閲覧状況

資料）新聞通信調査会「第10回メディアに関する全国世論調査」

年の14.2％から急速に伸びた。紙の新聞は56.3％（前年61.5％）に減り、Yahoo! JAPANやGoogleなどのポータルサイトの60.4％（同59.1％）にやはり初めて抜かれた。スマートニュースなどキュレーションサービスは8.9％だった。

　スマホではアプリがニュース利用の中核となっていることが、ICT総研の「2017年モバイルニュースアプリ市場動向調査」でわかった。国内ニュースアプリの利用者数は、2014年3月の1294万人が、2016年3月には3378万人へと拡大し、2020年には5410万人に達すると予測される。その一方、ブラウザ利用は2014年の3412万人が、2020年には3385万人に減少すると予測される。現時点で利用が多いのはYahoo!ニュース（アプリ版）の25.8％で、以下LINE NEWS（21.8％）、スマートニュース（14.4％）、グノシー（11.7％）、Googleニュース（9.3％）と続く（第7章の図表7-10参照）。

　また、動画による情報摂取も増えており、前述の総務省調査では、ユーチューブなどの「オンデマンド型動画共有サービス」の利用率が、10代から30代まででではほぼ9割と極めて高い。文字情報に比べ、視聴に実時間が必要な非効率さがあるにもかかわらず、映像によるわかりやすさや面白さから人気で、ニュースもテクノロジー系を中心に需要が高まっている。

「新聞」ブランドへの信頼度

　読者は新聞をどう評価しているのか。日本新聞協会の「2017年新聞オーディエンス調査」では、ふだんは新聞を読まないものの、不定期に新聞を読んだり、SNSで拡散された新聞記事を読んだりする人を新たに「拡張オーディエンス」と定義した。その平均年齢は38.4歳で、新聞を毎日読む人より20歳近く若いが、情報の発信元をきちんと確認し、ネットで欲しい情報を見つけられる人々だ。

彼らが新聞に接触するのは「災害があった時」(48.2%)、「大きな事件・事故があった時」(46.2%) などで、いざという時に新聞の情報を頼りにしていることがわかる。また、彼らを含む、何らかの形で新聞に接触する人全体の新聞に対する印象と評価では、「知的である」「教養を高めるのに役立つ」「地域に密着している」「就職活動の重要な情報源である」などの項目で、テレビやネットを抜いてトップだった。

　一方、新聞通信調査会の調査では、メディアへの信頼度を100点満点で表示すると、新聞は68.7点でNHKの70点に次いで高く、前回調査より0.1点上昇した。インターネットは2.1点減の51.4点で、この5年では最も大きく下げた (図表1-24)。

　また、この1年間で新聞への信頼感が高くなったと答えた人の理由では、「情報が正確だから」「根拠に基づく情報を報道しているから」などが多かった。

　とはいうものの、この1年間で新聞への信頼感が低くなったと答えた人も7.9%おり、その理由では「特定の勢力に偏った報道

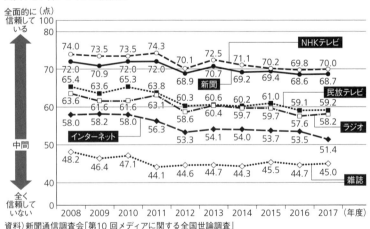

図表1-24 各メディアの信頼度

資料)新聞通信調査会「第10回メディアに関する全国世論調査」

をしているから」がトップの41.4％、「政府や財界の主張通りに報道するだけだから」が15.9％だった。

また、将来の新聞について「インターネットなどの普及により新聞の役割が少なくなってくる」と考える役割減少派は49.6％で、「今までどおり、新聞が報道に果たす役割は大きい」と考える役割持続派の34.4％を上回った。この質問を始めた2009年度調査以来、2014年度に初めて役割減少派が上回り、今回両者の差は15.2ポイントに開いた。ネットニュースの多くを新聞社が作っている事実が知られないまま、新聞の役割を小さく評価する流れがあることがわかる。

フェイクニュースとの戦い

2016年は、フェイク（偽）ニュースが大きくクローズアップされた年だ。米大統領選では、偽の情報がソーシャルメディアで大量に拡散され、トランプ大統領誕生の要因の1つになったとさえ言われた。国内でも、IT大手DeNAの健康情報サイト「WELQ（ウェルク）」などで、大量の無断転載や裏付けのない記事が掲載されていたことが発覚、運営が中止された。

ネット上の膨大な情報は、PVを集めることで広告収益を得る目的で作られ、複数の情報を集めた「まとめサイト」や、事件に関する真偽不明の情報を流すトレンドブログなど雑多な情報も多い。偽の情報やひまつぶしの読み物が、広告収益獲得や政治的意図の実現のために、大量にネットに並ぶという課題が浮き彫りになっている。

フェイクニュースを拡散した反省もあり、FacebookやGoogleは新聞業界に対し、フェイクニュース撲滅に向けて技術供与やニュース課金への支援を打ち出す。Googleは「ニュース イニシアティブ」と呼ばれるプロジェクトを立ち上げ、新聞各社の課金

事業を支援する「Subscribe with Google」を2018年3月に発表した。Facebookも報道機関との共同製品開発や、ジャーナリスト向けトレーニングやツールを提供する「ジャーナリズムプロジェクト」を展開し、メディアとの関係の再構築を行っている。

　記事を検証する「ファクトチェック・イニシアティブ（FIJ）」や、ネットメディアを中心にネット記事の改善を目指す「インターネットメディア協会（JIMA）」の設立など、組織的にネットの情報の改善を目指す動きも出ており、正確で信頼できるネットニュースの市場を作る気運は高まりつつある。　　　〔松井　正〕

第2章
放　送

第1節　テレビ

1　概　観

テレビ放送の概要

　日本の放送は、戦前から1950年代初めにかけてラジオ放送のみが行われてきたが、1953年にテレビ放送が開始されると、その普及が急速に進んだ。テレビは当初、白黒（モノクロ）での放送で、1960年代には日本のほとんどの世帯が視聴できるメディアとなった。その後、技術の進展とともに、テレビは白黒からカラー、デジタル放送のハイビジョンへと進化し、伝送路を見ても、地上放送（電波塔や山頂に設けられた送信所から電波を送信）のみだった時代から、有線のケーブルテレビ、衛星放送へと広がっていった。そして、新たな技術が登場するごとに、それに対応した受信機の普及が幅広く進んだ(図表2-1)。テレビは今なお、人々にとって最も身近なメディアの1つとして、情報伝達や教育、娯楽、広告の手段としての役割を果たしている。

　日本のテレビ放送は、とりわけ1990年代以降、大きく変容した。衛星放送（BS・CS）やケーブルテレビの普及とともに多チャンネル化が急速に進み、アナログ放送からデジタル放送への転換も行われたためである。

　1980年代半ばまで、テレビと言えば、もっぱら地上放送を指し、視聴できるチャンネル数は、地域によって差はあるものの、NHK（総合・教育）と民放の数チャンネルにとどまってきた。

図表2-1 ラジオ・テレビの世帯普及率と契約数の推移

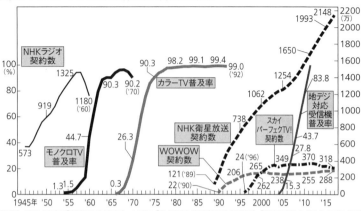

資料）経済企画庁「消費動向調査」、NHK「放送受信契約数統計要覧」、『情報通信白書』各年版、衛星放送協会「衛星放送契約社数の推移データ」

しかし、衛星放送を利用したテレビ放送への新規参入が進み、それを受信して放送するケーブルテレビが普及したことで、視聴可能なチャンネル数は急激に増えた。

　図表2-2は、東京を例に、視聴できるテレビのチャンネル数の推移をまとめたものである。1990年代以降、チャンネル数は急激に増え、最近では300チャンネルを超えるテレビ放送を視聴することが可能となっている。東京以外の地域でも、衛星放送やケーブルテレビを視聴できる環境を整えれば、現在では数百チャンネルのテレビ放送を見ることができる。さらに、近年は、インターネットを通じた動画配信も進み、映像情報を入手する手段は多様なものになっている。

　他方、多チャンネル化・多メディア化が急速に進んだとはいえ、地上テレビ放送は現在も一定の影響力を保っている。後述するように、地上テレビ放送の視聴時間は、衛星放送などその他のメディアを大きく上回っている。また、衛星放送やケーブルテレビ、インターネットの普及が急速に進んでいるとはいえ、国民にあまね

図表2-2 テレビの多チャンネル化の状況

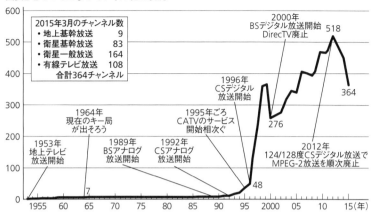

注）地上基幹放送については、東京都で受信可能なテレビジョン放送のチャンネル数。衛星基幹放送及び衛星一般放送については、テレビジョン放送のチャンネル数の合計。有線テレビジョン放送については、東京都の主要なケーブルテレビ事業者によって提供されているチャンネル数の平均
資料）総務省「放送の現状」（2015年11月）

く普及しているという点では地上テレビ放送には及ばない。地上テレビ放送は、現在でも基幹的なメディアの地位を占めている。

　日本の放送は、受信料収入を経営の基盤とするNHKと、広告収入や有料放送の料金収入を基盤とする民放の二元体制により行われている。このうち、地上テレビ放送は2018年現在、NHKと民放127社（ラジオ兼営社を含む）によって放送が行われている。NHKが全国を1つの事業体でカバーしているのに対し、民放は地域ごとに設立されている（多くは県域）。民放の地上テレビ放送は、地域によって視聴可能なチャンネル数に差があり、図表2-3のように、民放のチャンネル数が3以下の県は14県ある。多チャンネル化が進む現在でも、地上テレビ放送に関しては地域格差が残されている。

　テレビ放送は、多チャンネル化が急速に進んだ一方で、比較的長い歴史を持つ地上テレビ放送が強い影響力を保ち、チャンネル

図表2-3 民放地上テレビ放送の視聴可能なチャンネル数（2017年度末）

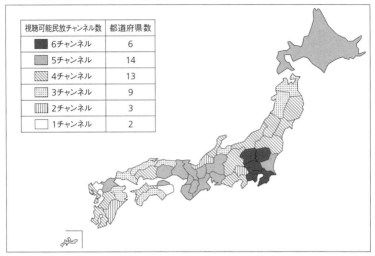

視聴可能民放チャンネル数	都道府県数
6チャンネル	6
5チャンネル	14
4チャンネル	13
3チャンネル	9
2チャンネル	3
1チャンネル	2

資料）『情報通信白書』平成30年版

格差の問題も含め、20世紀後半に形成された枠組みが今なお維持されていると言える。以下では、そうした実態を踏まえ、地上テレビ放送を中心にその発達過程や現状について概観し、それを踏まえたうえで衛星放送やケーブルテレビの動向について触れていくことにする。

放送制度

さまざまな媒体を利用して人々に情報を伝えるマスメディアの中でも、放送には、新聞や雑誌など他のメディアには見られない特徴がある。その1つが、政府による広範な規制の存在である。放送も表現活動の1つである以上、憲法が保障する表現の自由を享受する点は他のメディアと変わりはない。しかし、業務を始めるにあたっては、国による免許や認定が必要であり、放送内

容についても、政治的公平や論点の多角的解明といった番組内容に関する規律を守る必要がある。こうした法に基づく規制の存在は、新聞や雑誌を典型とするプリント・メディアとは大きく異なる点である。

　放送規制が容認される根拠としては、従来、「有限希少な電波を排他的に使用するものであること」、「社会的影響力がきわめて大きなメディアであること」の2点が主に挙げられてきた。とりわけ地上テレビ放送は、参入できる事業者が民放の場合、1つの地域当たり数社程度に限定される一方で、いったん免許を与えられた事業者は、多数の視聴者に対し、映像という訴求力の強い形で一斉・同時に情報の伝達を行うことができる。このため、視聴者が多様な情報を公平に受け取れるようにする観点から、さまざまな規制が設けられてきた。

　放送制度の基本となっているのが、1950年に施行された放送法と電波法である。電波3法の1つとして、電波監理委員会設置法も同時に施行されたが、米国型の行政委員会方式を導入した同法は1952年に廃止された。それ以降、放送行政は郵政省（2001年以降は総務省）が所管してきた。

　放送に関する規制（規律）の概要をまとめたのが、図表2-4である。番組内容に関する規律としては、「政治的公平」や「報道の真実性」、「論点の多角的解明」を求める番組準則や、教育、教養、報道、娯楽といったさまざまなジャンルの番組をバランスよく放送することを求める番組調和原則がある。他方、放送に関する規制は、表現活動に直接関わることから、表現の自由を侵害しない必要最小限の規制が求められる。このため、日本の放送制度では、政府が直接、政治的公平や報道の真実性を判断するというよりも、放送事業者自らが番組基準を策定し、それを遵守することで番組の質や公平性を担保するという点が重視されてきた。

　さらに、放送規制としては、放送の多元性・多様性・地域性を

確保するための規制も設けられている。このうち、マスメディア集中排除原則は、少数の者によって複数の放送事業者が支配され、情報の多元性が損なわれるのを防ぐ目的を持つものである。具体的には、原則として1つの企業などが放送事業者を2つ以上、所有または支配しないことなどからなっている。また、参入規制は、免許や認定にあたって放送エリアを設定し、エリアごとに参入可能な事業者数が決定するもので、放送事業者の地域性や多元性を確保する上で役割を果たしてきた。

このように、放送制度では、番組に関する直接的な規律に加えて、参入規制や構造規制を中心とする、より間接的な形での規制が設けられてきた。表現の自由や放送の持つジャーナリズム性を考慮しつつ、規制手法を検討しなければならない点は、他の産業分野とは異なる特徴である。

図表2-4 放送に関する規制(規律)の概要

制度の目的		
	●放送の最大限の普及 ●放送による表現の自由の確保 ●放送が健全な民主主義の発達に資するようにすること	
番組にかかわる規律	番組準則	●公序良俗を害しないこと ●政治的に公平であること ●報道は事実を曲げないですること ●多角的に論点を明らかにすること (以下、NHKについて追加) ●公衆の要望を満たすとともに文化水準の向上に寄与すること ●全国向けの放送と地方向けの放送をそれぞれ行うこと ●過去の優れた文化の保存と新たな文化の育成・普及に役立つこと
	番組調和原則	●教養、教育、報道、娯楽の各番組をバランスよく放送しなければならない
	番組基準	●放送事業者は、上記ルールを守るため、自ら定める番組編集基準に従って番組を編集しなければならない
	番組審議機関	●放送番組の適正を図るため、外部有識者によって構成される放送番組審議機関を置かなければならない
構造規制	マスメディア集中排除原則	●少数の者によって放送が支配されることを防ぐため、複数の基幹放送事業者に対する出資などを制限
参入規制	放送対象地域制度	●放送対象地域(放送エリア)ごとにチャンネル数の目標を設定

生活におけるテレビの位置づけ

　ここで視点を変えて、人々の生活の中でテレビがどのような位置を占めるメディアなのかを確認しておく。2015年の調査結果によると、人々は今、1日に3時間18分テレビを見ている（NHK「国民生活時間調査」10月、10歳以上）。これは、起きている時間の約2割にあたり、テレビは、睡眠、仕事に次いで多くの時間を費やす行動なのである。さらに他のメディアと比較してみる。図表2-5は、テレビ、ラジオ、新聞、雑誌・マンガ・本、CD・テープ、ビデオ・HDD・DVD、インターネット（ここでは仕事や学業・家事での利用・メールは含んでいない）について、平日1日に利用する人の割合（行為者率）、利用した人の平均時間（行為者平均時間）、

図表2-5 各メディアの1日あたりの行為者率と時間量の変化（平日）

		1995年	2000年	2005年	2010年	2015年
テレビ	行為者率（%） 行為者平均時間（時間:分） 全員平均時間（時間:分）	92 3:36 3:19	91 3:44 3:25	90 3:49 3:27	89 3:54 3:28	85 3:52 3:18
ラジオ	行為者率（%） 行為者平均時間（時間:分） 全員平均時間（時間:分）	17 2:29 0:26	15 2:22 0:21	15 2:31 0:23	13 2:36 0:20	12 2:44 0:20
新聞	行為者率（%） 行為者平均時間（時間:分） 全員平均時間（時間:分）	52 0:45 0:24	49 0:46 0:23	44 0:47 0:21	41 0:46 0:19	33 0:48 0:16
雑誌・マンガ・本	行為者率（%） 行為者平均時間（時間:分） 全員平均時間（時間:分）	— — —	— — —	18 1:09 0:13	18 1:12 0:13	16 1:16 0:12
CD・テープ	行為者率（%） 行為者平均時間（時間:分） 全員平均時間（時間:分）	11 1:26 0:10	11 1:27 0:10	9 1:34 0:09	8 1:31 0:07	7 1:36 0:07
ビデオ・HDD・DVD	行為者率（%） 行為者平均時間（時間:分） 全員平均時間（時間:分）	7 1:28 0:06	7 1:26 0:06	8 1:40 0:08	11 1:49 0:12	15 1:54 0:17
インターネット	行為者率（%） 行為者平均時間（時間:分） 全員平均時間（時間:分）	— — —	— — —	13 1:38 0:13	20 1:53 0:23	23 2:02 0:28

注）CD・テープはデジタルオーディオプレイヤーなどを含むラジオ以外の音声メディア。インターネットにはメールは含まない。仕事・学業・家事での利用を除く自由行動としての利用
資料）NHK「国民生活時間調査」（各年とも10月、10歳以上）

そして利用しなかった人も含めた全員の平均時間（全員平均時間）を示したものである。

　テレビは1日に接している人の割合が8割を超え、利用者の時間量も4時間近くに及び、他のメディアに比べて、利用している人の割合、量ともに突出している。1995年以降、行為者率が徐々に減少しているものの、今でも多くの人が毎日のように長時間触れる生活に浸透したメディアだと言える。

　ただし、インターネットの利用が盛んな男性の20代に限ると、テレビの利用時間が1時間37分なのに対して、インターネットが1時間16分（いずれも平日・全員平均時間）と、インターネットの利用時間がテレビに迫っており、若者を中心にテレビの位置づけが変わりつつある。

2　発達過程

テレビ放送の歴史

　日本でテレビの本放送が始まったのは1953年のことだが、テレビ放送の研究開始は戦前にさかのぼる。1926年12月には、浜松高等工業学校の高柳健次郎による伝送実験が行われ、電子式としては世界で初めてブラウン管上に「イ」の字を映し出すことに成功した。欧米各国でもテレビの実用化に向けた研究が進み、1935年3月にはドイツが世界最初の定時テレビ放送を開始した。続いてイギリス、フランス、ソ連、米国が定時放送を開始し、日本でも日本放送協会が1939年5月に実験放送を始めている。

　しかし、太平洋戦争とともにテレビの研究は中断を余儀なくされ、研究が再開されたのは終戦後の1946年のことだった。その後も、放送開始までには標準方式をめぐる争いなどさまざまな曲折があり、この間、戦前に発足した社団法人・日本放送協会は1950

年の放送法施行とともに特殊法人・日本放送協会(NHK)として再出発した。NHKがテレビの本放送を開始したのは、1953年2月1日のことである。同年8月には日本テレビ放送網もテレビ放送を開始した。

　誕生までに多くの曲折があったテレビ放送だが、本放送が始まって以降、日本全国に急速に普及し、大きな社会的影響力を持つことになった。並行して、テレビ放送そのものも変貌を遂げ、白黒からカラー、さらにはハイビジョンと、技術の進展とともに画質や音質を向上させてきた(図表2-6)。伝送路も多様化し、地上波のみだった時代から、ケーブルテレビ、衛星放送(BS・CS)、そして光ファイバーなどの通信設備を利用したIPマルチキャスト放送と広がった。

図表2-6 テレビ放送の歴史

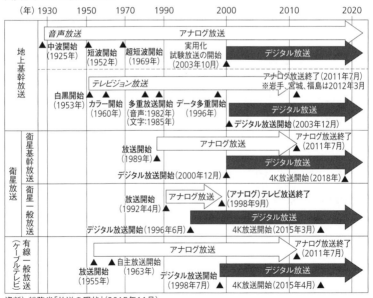

資料) 総務省「放送の現状」(2015年11月)

第2章　放　送

1990年代後半以降は、テレビのデジタル化が進んだ。デジタル放送は衛星放送で先行し、1996年にCS放送で、2000年にはBS放送でデジタル放送が始まった。地上デジタル放送は、2003年に東京・大阪・名古屋の3大都市圏で開始されたのち、2006年にはすべての都道府県で放送が始まった。

デジタル放送開始後もアナログ放送は並行して行われていたが、電波の有効利用を図るため、アナログ放送の終了に向けた取り組みが進められ、2011年7月にはBSアナログ放送と岩手・宮城・福島の3県を除く各都道府県の地上アナログ放送が終了した。さらに、2012年3月に東北3県でも地上アナログ放送が終了している。

地上テレビ放送の発達過程

テレビ放送の中で最も歴史が長く、今なお強い影響力を持つ地上テレビ放送の発達過程をさらに詳しく見ていく。図表2-7は、国内の地上テレビ放送事業者数の推移である。NHKはテレビ放送を行っている地域放送局の数（本部も含む）をまとめた。

地上テレビ放送は、1953年にNHKと日本テレビが東京で開局して以降、郵政省が定めたチャンネルプランに基づき段階的に開局が進んだ。まず、テレビが全国に普及する契機となったのが、1957年10月のテレビ43局（NHK7局・民放34社36局）に対する一斉予備免許である。NHKが全国で1つの事業体であるのに対して、民放は、関東、中京、近畿の広域圏を除くと、原則として県単位で放送事業者が設けられた。このときの一斉予備免許によって、1960年ごろにかけて各地でテレビ放送局が開局し、全国の主な都市でNHK（総合・教育）と民放1チャンネルの視聴が可能になった。また、関東や近畿などの大都市圏では複数の民放を視聴できるようになった。

続いて、各地に民放が誕生する契機となったのが、1960年代

後半に行われたUHF帯の開放による電波割り当ての拡大である。UHF帯は極超短波と呼ばれる周波数300MHz〜3GHzの電波で、テレビ用にその一部が割り当てられた。従来、テレビ放送用には主にVHF帯（超短波・周波数30〜300MHzの電波）が用いられていたが、新たな帯域が認められたことで新規参入の余地が広がった。これを受けて、1968年から1970年にかけて民放33社が新たに参入し、1950年代後半に次ぐ大量開局となった。これによって多くの地域で2局目、3局目となる民放が誕生した。

一方、1970年代以降は、一斉に予備免許を交付する政策は取られず、それまでのように各地で一斉に放送局が開局することはなくなった。1971年以降は、毎年1社から3社ずつ小刻みにUHF局が増加していく状況が続いた。そして、民放のチャンネル格差の是正のために1986年に郵政省が全国4局化の方針を打ち出したあとは、1980年代末から1990年代前半にかけて、「平成新局」と呼ばれる民放が各地に誕生した。

しかし、1990年代以降は、バブル経済崩壊に伴う経営環境の悪

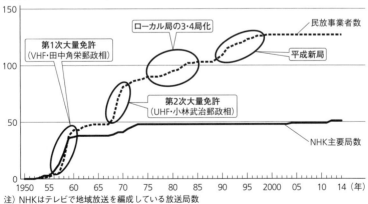

図表2-7 地上テレビ放送事業者数の推移

注）NHKはテレビで地域放送を編成している放送局数
資料）『日本民間放送年鑑』『NHK年鑑』各年版

化によって新規参入は困難になり、民放の新たな開局は減少した。1999年4月にとちぎテレビが開局して以降、地上テレビ放送に新たに参入した事業者はなく、地上テレビ放送を行う民放については127社体制が続いている。

視聴時間の推移

　次に、視聴時間の面から、テレビの見られ方の変化を概観したい。図2-8は、1960年以降のテレビとラジオの視聴時間の推移である。1960年代にラジオと入れ替わるようにテレビの視聴時間が大きく伸びている。この時期、放送局が次々と開局するという環境の中、皇太子の結婚パレード(1959年)や東京オリンピック(1964年)というビッグイベントが開催された。それらの中継をテレビで見たいという需要に加え、受像機の価格が低下したという状況もあり、テレビは各家庭へ急速に普及した。こうしてテレビを見ることができる人が急増したが、このような外的な要因だけでなく、テレビ放送の内容の充実によって、1人1人がテレビを見る時間自体も伸びていたのである。

　1950年代、開局当時のテレビ放送の中心は中継だった。しかし1960年代に入ると、制作・演出力の向上やVTRなど技術の進歩を経て、ドラマ、バラエティー、歌番組、アニメなど、娯楽番組が次々に開発された。NHKの連続テレビ小説(1961年)や大河ドラマ(1963年)、初の国産連続テレビアニメ『鉄腕アトム』(1963年、フジテレビ系)が登場したのもこの時期である。1960年代半ばになると朝のニュースやワイドショーが開発され、何かをしながらテレビを見るという状態を前提とした演出が、多くの視聴者をつかんだ。この「ながら視聴」というテレビの見方が、テレビを見る時間を大きく伸ばしたのである。また、朝にテレビを見るという習慣に加えて、昼、夜の特定の時間帯にも多くの人がテレ

ビを見るようになり、テレビ視聴のピークが朝、昼、夜にあるという、現在のテレビ視聴の基本的な形ができ上がった。

1975年にかけても、さらに視聴時間が増えた。この時期には夜間に、家族で楽しめるホームドラマやアニメーション、映画、歌謡ショー、スペシャル番組が編成され、人々はテレビを家族で楽しめる娯楽メディアとして高く評価した。

一転、1980年から85年にかけては視聴時間が減少した。この背景には、女性の社会進出などに伴い、日中家にいてテレビを見ることができる人が減ったことに加え、東京ディズニーランド開園（1983年）に象徴されるようなレジャー産業の活発化や経済状況の好転で、人々がテレビ以外の余暇活動を活発化させるといった社会状況の変化もあった。それと同時に、テレビ番組や編成の"マンネリ化"に対する批判など、人々のテレビに対する興味も低下した。

1990年から95年にかけては、再び視聴時間が大きく増加した。

図表2-8 1日あたりのテレビ視聴時間量とラジオ聴取時間量の変化（全員平均時間・平日）

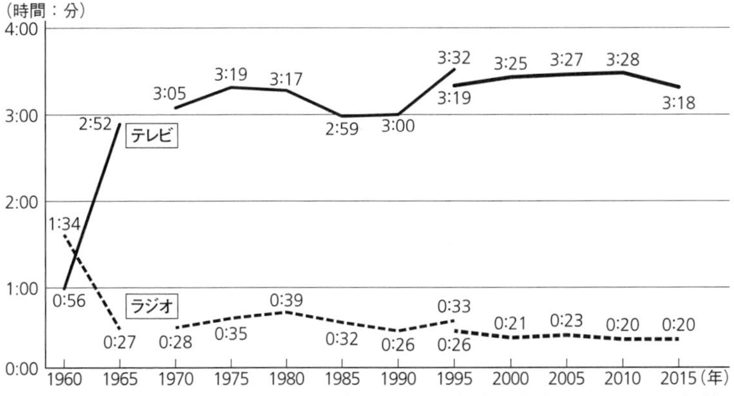

注）1960-65年（面接法・アフターコード方式）、1970-95年（配付回収法・アフターコード方式）、1995-2015年（配付回収法・プリコード方式）のそれぞれは調査方法が異なるためグラフをつなげていない

資料）NHK「国民生活時間調査」（各年とも10月、10歳以上）

図2-8に掲載されているのは平日の視聴時間であるが、土日も視聴時間が伸びている。この時期には、1985年に始まった『ニュースステーション』の成功を契機として、次々と各局でニュース番組が設置されたが、そのような中、ベルリンの壁崩壊（1989年）、湾岸戦争（1991年）、阪神・淡路大震災（1995年）、オウム真理教事件（1995年）といった大きな出来事が相次いで起こった。テレビによって伝えられたこれらのニュースの強烈な映像のインパクトは、人々がテレビの報道機能を評価し、テレビへの興味が再び高まることに繋がったと考えられる。1970年代半ばでは、人々がテレビに期待していたのは娯楽であった（図表2-9）。しかし1990年になると報道が娯楽を上回り、テレビは楽しむだけのものではなく、社会の窓としての役割も求められるようになったのである。

また、この時期の視聴時間増加の背景には、バブル経済崩壊後

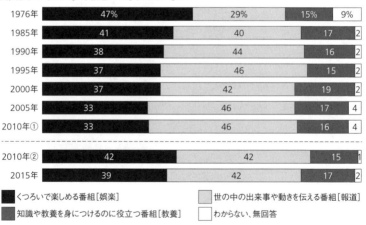

図表2-9 いちばん多く放送してもらいたいもの

注）1976年は選択肢が一部1985年以後と異なる（娯楽:くつろいで、こころから楽しめる番組。報道:世の中の出来事を、速く正しく伝える番組）。1976年は全国放送意向調査（5月、全国13歳以上）1985年～2015年はNHK「日本人とテレビ」（1985年～2010年①は面接法、2010年②～2015年は配付回収法）（各年とも3月、全国16歳以上）
資料）NHK「全国放送意向調査」、NHK「日本人とテレビ」

の不況による仕事時間の減少、少子化・晩婚化による女性の家事時間の減少、週休2日制の浸透による人々の自由時間の増加といった社会の変化に加え、生活の夜型化による深夜のテレビ視聴の増加という要因もあった。

　増加した視聴時間は、2000年以降も2010年まではその水準を維持している。しかし、それはテレビの安泰を意味するものではない。実際は、若い人を中心に視聴時間は減っていたのである（図表2-10）。社会の高齢化により、視聴時間が長い高齢者の人口に占める割合が増えたため、この時期までは全体として"変わらない"ようにみえたに過ぎない。ところが、2015年にかけては中高年でも視聴時間が減少し、とうとう全体としての視聴時間も減少に転じた。

図表2-10　1日あたりの年層別のテレビ視聴時間量の変化（全員平均時間・平日）

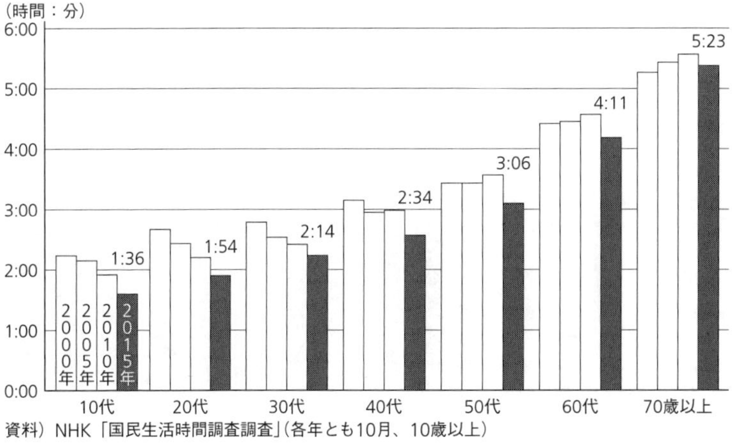

資料）NHK「国民生活時間調査調査」（各年とも10月、10歳以上）

3 成熟したテレビ放送

放送市場の現況

　日本の放送市場の規模は、後述するようにラジオで縮小が続いているものの、全体としては、近年は大きな変化は見られず、売上高の合計は4兆円前後で推移している。放送事業収入（NHKの受信料収入＋民放の広告収入・料金収入）と放送事業外収入を合わせた放送事業者（テレビ・ラジオ）全体の売上高は、2016年度は3兆9312億円（前年度比0.4％増）となった。2008年のリーマンショック後、収入は落ち込みを見せたが、その後は安定的に推移している（図表2-11）。

　2016年度の内訳をみると、地上テレビ・ラジオ放送を行う民放の売上高総計が2兆3773億円となっており、全体の60.5％を占めている。衛星放送の普及による多チャンネル化が進む一方で、依然として、地上放送の占める位置が大きいことは放送事業者の収入

図表2-11 放送産業の市場規模

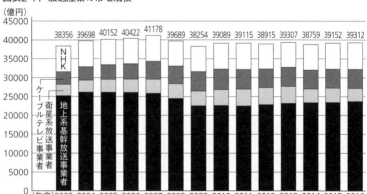

資料）『情報通信白書』平成30年版

面からもわかる。なお、衛星放送を行う民放の売上高総計が3463億円、ケーブルテレビ事業者の売上高総計が5031億円、NHKの経常事業収入が7045億円となっている。

もっとも、産業としての放送事業の市場規模は大きいとは言えない。通信事業では、例えば、NTTグループの営業収益(売上高)は11兆3910億円(2016年度)となっており、放送事業者全体の売上高を大きく上回っている。

NHKの概要

放送事業者のうちNHKは、業務範囲が放送法によって規定されており、このうち必須業務とされているのは、国内放送、国際放送、放送の進歩発達に必要な調査研究である。

国内のテレビ放送に関しては、地上放送が総合、Eテレ(教育)の2チャンネルで放送を行っている。総合テレビは、「基幹的な総合サービス波」として報道、教養、娯楽、教育など多様な分野の番組を放送し、Eテレは、教育・教養番組を中心に放送している。また、衛星放送は、BS1、BSプレミアムの2チャンネルで放送を行っているほか、国際放送を行っている(図表2-12)。放送局数は、東京の本部を含め54局、職員数は10,303人(2017年度)となっている。

放送法は、NHKに広告放送を禁止する一方で、テレビを設置した視聴者がNHKと放送受信契約

図表2-12 NHKの保有メディア

国内放送	テレビ放送	地上放送	総合
			Eテレ(教育)
		衛星放送	BS1
			BSプレミアム
	ラジオ放送	地上放送	第1
			第2
			FM
国際放送	テレビ放送	衛星放送	NHKワールドTV(外国人向け英語放送)
			NHKワールド・プレミアム(邦人向け日本語放送)
	ラジオ放送	地上放送 衛星放送	NHKワールド・ラジオ日本(18言語)

資料)『NHK年鑑 2017』

図表2-13 受信料収入の推移(税抜き)

資料) 総務省「放送の現状」(2015年11月)、NHK決算概要(各年度版)

を結ばなければならないと定めている。受信料制度をめぐっては、受信契約締結を義務付ける放送法の規定が憲法に反するかが争われた裁判で、最高裁大法廷(裁判長・寺田逸郎長官)が2017年12月6日、憲法の保障する国民の知る権利を実質的に充足する合理的な仕組みであるとして、規定を合憲とする判断を示した。

受信料の月額は2018年現在、地上契約が1,260円、衛星契約(地上契約を含む)が2,230円(口座・クレジット払い)となっている。2012年10月に受信料を最大で月額120円値下げした一方(地上契約の口座・クレジット払いの場合、1,345円から1,225円に値下げ)、2014年4月、消費税が8%に改定されたことに伴い受信料額を改定した(同1,225円を1,260円に変更)。2017年度決算では、事業収入の約96％に当たる6913億円が受信料収入となっている。近年のNHKの受信料収入の推移を示したのが図表2-13である。

民放(地上テレビ放送)の概要

民放の地上テレビ放送は前述のように、地域ごとに設立されて

いる。放送エリアの多くは県域となっているため、全国放送を行うためには全国にネットワークを組織する必要がある。テレビのネットワークは、主に東京の放送事業者をキーステーションとして、5系列が存在している（図表2-14）。各地の民放は、地域の放送事業者であると同時に、全国ネットワークの構成メンバーという性格も強く持っている。制度上、放送法にはネットワークの定義など詳細な規定はないが、実態を見ると、多くの放送事業者が資本や経営面で東京キー局と密接な関係を保ち、番組面でも多くをネットワーク番組が占める。

各地の民放が流す番組は、自社制作番組（地域向けニュースなどそれぞれの放送事業者が制作した番組）に加えて、キー局から配信される番組、購入番組などがあるが、このうち、自社制作番組の割合は、近年は概ね12％前後で推移している（東京キー局を除いた各地の放送局の平均）。単純に平均すると、民放ローカル局では1日2時間半から3時間程度を自社制作番組に当てていることになる。ローカル局から見ると、キー局からの放送をそのまま流すのに比べ、自社制作番組の収益性は必ずしも高くはない。多くのローカル局が、地域性・多様性の向上につながる自社制作番組の重要性を認識する一方で、その量を大幅に増やせない背景には経営的な要因がある。

民放の地上テレビ放送事業者127社の売上高は、2016年度は合計2兆2501億円で前年度より1.3％の増加となった。ラジオ放送（AM・FM）のみを行っている事業者67社の売上高は合計1137億円で、地上放送全体の売上高の95％がテレビ放送事業者（ラジオ兼営社を含む）によるものである。

図表2-15は、ここ10年の地上放送事業者の売上高の推移を、東京キー局、大阪準キー局、その他のテレビ・ラジオ局に分けて示したものである。売上高の約半分が東京キー局によって占められている構造は大きく変化していない。リーマンショック後の2009

図表2-14 地上テレビ放送(民放)のネットワーク(2017年10月現在)

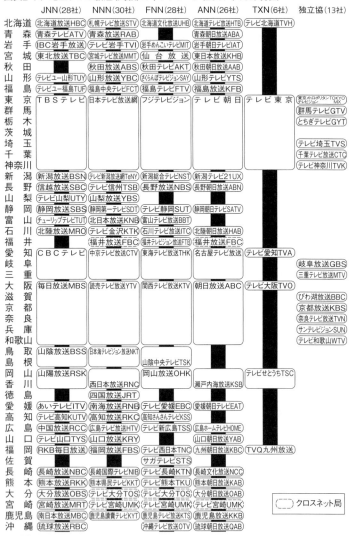

資料)『日本民間放送年鑑2017』

図表2-15 地上放送事業者（テレビ・ラジオ）の売上高の推移

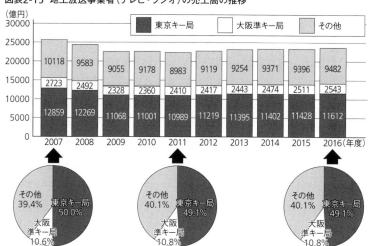

資料）総務省「平成28年度民間放送事業者の収支状況」（2017年9月）

年度に大きく落ち込んだものの、その後は概ね微増となっており、新聞や出版に比べれば安定して推移している。

民放の地上テレビ放送事業者は、その収入の多くを広告収入で得ており、売上高に占める広告収入の割合は80％台前半で推移してきた。残りは番組販売収入、イベント等の事業活動からの収入、非放送系コンテンツ収入（映画、DVD、ネット配信など）などである。近年では、非放送系コンテンツ収入の収入が、キー局を中心に増えつつある。

衛星放送の概要

前述のように1980年代後半以降、日本でも衛星放送の普及が進んでいる。日本の衛星放送は、放送衛星を使用するBS放送と、通信衛星を使用するCS放送の2種類がある。このうちBS放送（ア

ナログ放送)は、1984年にNHKが試験放送を開始し、1989年に本放送に移行して以降は、準基幹的メディアとして放送を行ってきた。1991年には民放の有料放送WOWOWが開局している。また、CS放送(東経124/128度CSアナログ放送)は1992年の放送開始以来、多チャンネル専門メディアとして発展を遂げてきた。

　山頂などに多数の送信所を置く必要がある地上放送とは異なり、衛星放送はいずれも1つの送信点から1波で全国をカバーし、簡易な受信設備を用いて受信することが可能である(図表2-16)。このため、経済的、効率的に全国放送を実現でき、また、離島などでの難視聴解消にも適している。また、地上放送と比較して、使用できる電波の帯域が広く、数多くの高画質番組を同時に提供することができるという特徴を持っている。デジタル放送の導入も地上放送に先立って行われ、1996年にCS放送で、2000年にはBS

図表2-16　衛星放送に用いられている主な人工衛星

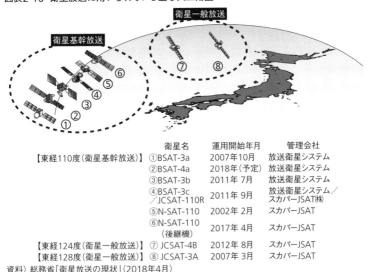

	衛星名	運用開始年月	管理会社
【東経110度(衛星基幹放送)】	①BSAT-3a	2007年10月	放送衛星システム
	②BSAT-4a	2018年(予定)	放送衛星システム
	③BSAT-3b	2011年7月	放送衛星システム
	④BSAT-3c／JCSAT-110R	2011年9月	放送衛星システム／スカパーJSAT㈱
	⑤N-SAT-110	2002年2月	スカパーJSAT
	⑥N-SAT-110(後継機)	2017年4月	スカパーJSAT
【東経124度(衛星一般放送)】	⑦JCSAT-4B	2012年8月	スカパーJSAT
【東経128度(衛星一般放送)】	⑧JCSAT-3A	2007年3月	スカパーJSAT

資料)総務省「衛星放送の現状」(2018年4月)

放送でデジタル放送が始まった。CSアナログ放送は1998年9月に、BSアナログ放送は2011年7月に終了し、現在は、デジタル放送のみが行われている。

　CS放送では、準基幹的メディアであるBS放送と同じ軌道位置（東経110度の経度上空）に通信衛星を打ち上げることにより、2002年から東経110度CS放送が開始された。BS・東経110度CS共用アンテナの急速な普及に伴い、受信者にとってはBS放送との間に大きな差異がなくなりつつあることから、現在では、BS放送と東経110度CS放送は、地上放送と同様、基幹放送に区分された。一方、それ以外のCS放送は、より規律が緩やかな一般放送に区分されている。

　総務省のまとめによると、衛星放送のうち、基幹放送（BS放送と東経110度CS放送）では、2018年4月現在、49番組のハイビジョン放送、34番組の標準テレビ放送が行われている。また、4K・8K試験放送も行われている。

　一方、一般放送に区分される東経124／128度CS放送では、これまで標準画質のテレビ放送を中心に放送が行われてきたが、2008年10月から新たにハイビジョン放送が開始され、2014年10月には、全ての番組がハイビジョン放送となった。2018年1月現在、3番組の4K放送と155番組のハイビジョン放送が行われている。

ケーブルテレビの概要

　ケーブルテレビは、地上テレビ放送の難視聴を解消するメディアとして、1955年、群馬県の伊香保温泉で登場した。伊香保は地上放送の電波が山に遮られて届きにくく、テレビがよく映らないといった問題を抱えていた。

　ケーブルテレビではその後、1963年に自主放送、1989年に衛星放送の再放送が開始され、1990年代以降は都市型のケーブルテレ

ビが全国に広がっていった。普及とともに、衛星放送の再放送による多チャンネルサービスや自主放送を拡大するとともに、大容量・双方向型のネットワークを利用して、インターネット接続や携帯電話などの通信サービスにも乗り出し、多様なサービスを提供する地域の総合情報メディアとして発展してきた。

総務省のまとめによると、自主放送を行う事業者（総務省による登録を受けた事業者）は2018年3月末現在、全国で504社あり、近年、合併などにより減少傾向にある。運営主体の内訳は、第三セクターが219社（43％）、自治体が183社（36％）、営利法人が76社（15％）となっており、自治体が関与する事業者が多い。サービスは事業者によってさまざまだが、多チャンネルサービスやブロードバンドによるインターネット接続サービスを提供している事業者が多い。近年では、電気通信事業者から無線網を借りて移動通信サービスを行うなど（MVNOサービス）、移動通信分野へ進出する事業者が増加傾向にある。

1993年に参入許可の地元事業者要件が廃止され、複数の地域のケーブルテレビ事業者を所有・運営する統括会社であるMSO（Multiple System Operator）が設立可能となった。MSOとしては、ジュピターテレコム、コミュニティネットワークセンター、TOKAIコミュニケーションズ、コミュニティケーブルジャパンの4グループが設立され、あわせて加入件数の53％を占めている。

ケーブルテレビ（登録を受けて自主放送を行う事業者）の加入世帯数は、2018年3月には、3022万世帯となっている。10年前に比べると800万世帯増加し、世帯普及率は52.6％に達した（図表2-17）。近年では、ケーブルテレビ事業が横ばいの一方で、通信事業の売上高が増加傾向にある。2015年度末の売上高の内訳はケーブルテレビ事業が41％に対して、通信事業等が59％となっており、通信事業者としての性格も強まっている。

図表2-17 ケーブルテレビの加入世帯数・普及率の推移

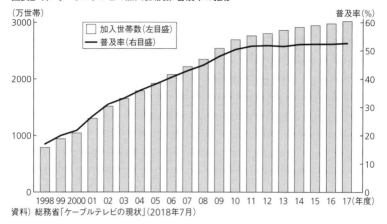

資料）総務省「ケーブルテレビの現状」（2018年7月）

現代のテレビの見られ方

今、地上波、衛星波、ケーブルとテレビの伝送路は多岐にわたり、テレビ番組を見る手段も、パソコン、スマートフォンなど、テレビ受像機に限らず様々な機器を用いることができるようになった。こうした中で、実際に視聴者は、どのようにテレビを見ているのだろうか。

まず、地上放送と衛星放送の1日の視聴時間を比べると、地上放送の3時間17分に対し、衛星放送は18分に過ぎない（図表2-18）。テレビ視聴の9割以上を地上テレビ放送が占めており、視聴者が選べるチャンネルは増えたが、実際に見られているのは、ほとんどが地上放送であることがわかる。

続いてテレビを見

図表2-18 1日あたりのテレビ視聴時間の内訳（週平均）

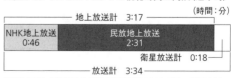

資料）NHK「全国個人視聴率調査」（2018年6月、7歳以上）

る場所については、自宅内での視聴が9割以上となっている（図表2-19）。モバイル機器が普及し、移動体向け放送（ワンセグ）の開始（2006年）から10年近く経過したものの、依然としてテレビは家庭内で使われるメディアだと言える。

図表2-19　1日あたりのテレビ視聴時間の内訳（全員平均時間・平日）
資料）NHK「国民生活時間調査」（2015年10月、10歳以上）

さらに図表2-20から、人々がテレビをどのように利用しているかをみると、まず「テレビで見たことや番組のことを話題にする」というように、多くの人がテレビをコミュニケーションに役立てていることがわかる。テレビへの接し方については、「思わず夢中になって」見るという没入した見方がある一方で、「見たい番組がなくてもテレビをつけている」といったテレビへの意識が希薄な見方も浸透している。

また、かつては家族団らんの象徴だったテレビだが、「ほかの

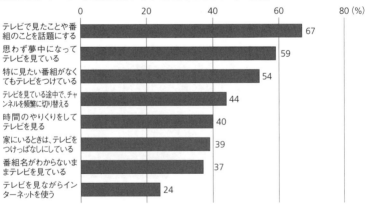
図表2-20　テレビの視聴態様（「よくある」と「ときどきある」の合計）

資料）NHK「日本人とテレビ」（2015年3月、16歳以上）

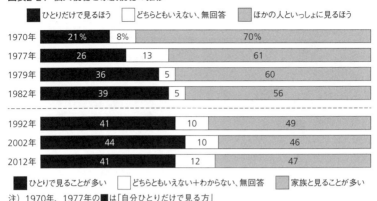

図表2-21 個人視聴と家族視聴の推移

注）1970年、1977年の■は「自分ひとりだけで見る方」
資料）1970年「全国テレビ・ラジオ番組意向調査」（6月、13～69歳）、1977年「視聴動向に関する調査」（3月、15歳以上）、1979年「日本人とテレビ」（12月、16歳以上）、1982年「テレビ30年」（10月、16歳以上）、1992年「テレビ40年」（10月、16歳以上）、2002年「テレビ50年」（10月、16歳以上）、2012年「テレビ60年（面接法）」（11月、16歳以上）、いずれもNHKによる

人といっしょに見るほう」という人の割合が減り、90年代以降は「ひとりだけで見るほう」と拮抗している（図表2-21）。テレビが"家族で見るもの"から、"個人で見るもの"へと変化していったと言える。しかし、完全デジタル化（2011～12年）に伴うテレビの買い替えのタイミングで、メインテレビ以外の買い替えが進まず、テレビの所有台数が減少に転じた影響もあり、個人視聴化の流れが止まる兆しもみられる。

4　最近の動向

放送制度の見直し

　2000年代に入り、放送制度の改正が相次いでいる。このうち、2007年の放送法改正では認定放送持株会社制度が導入された。これは、地上デジタル放送の中継局整備で多額の資金需要が生じる

などして、とりわけ民放ローカル局の経営環境が厳しさを増し、経営の一層の効率化が必要になったとの指摘が背景にある。このため、総務省の有識者会議は、放送事業でも持株会社を導入して経営の自由度を高めるべきとした提言を行い、これを受けて行われた法改正で複数の放送事業者を傘下に持つ持株会社（認定放送持株会社）の設立が認められた。

　制度改正によって、キー局を中心とする認定放送持株会社が、傘下にネットワーク所属のローカル局を置くことが可能になった。ただし、放送の「多元性・多様性・地域性」を確保する観点から、子会社化できる放送事業者数の上限は12とされた。このため、ネットワークに所属するすべてのローカル局を傘下に収めるといった形での経営統合はできない。

　改正後、2008年10月のフジ・メディア・ホールディングスを筆頭に、東京キー局や大阪、名古屋などの放送事業者を中心とする持株会社が設立されていった。当初、持株会社の傘下に入ったのは東京キー局や関連のBS・CS放送事業者などで、地方の系列局が含まれていなかったことから、制度導入の趣旨との乖離も指摘された。しかし、2016年12月に、フジ・メディア・ホールディングスが仙台放送を子会社化し、持株会社が地方の系列局を傘下に収める事例も現れている（図表2-22）。

　さらに、2010年には法体系の見直しも行われた。背景には、インターネットの普及やテレビ放送のデジタル化によって放送と通信の垣根が低くなる中、従来のテレビや電話といった業態を軸とした縦割りの法体系では、そうした業態を超えた新たなサービスの展開が困難であり、事業者のみならず、視聴者・利用者の利益も損なわれるといった指摘があった。

　このため、2006年以降、総務省の有識者会議などの場で法体系見直しの検討が行われ、縦割りの放送・通信関連法をコンテンツや伝送設備といった横割りのレイヤー（階層）ごとに再編する構

想がまとめられた。これを受けて2010年に行われた法改正では、8つある関連法がレイヤー別に、放送法（コンテンツ規律）、電気通信事業法（伝送サービス規律）、電波法（伝送設備規律）、有線電気通信法（伝送設備規律）の4つに再編された。放送・通信法体系の抜本的な見直しは、1950年の放送法・電波法の制定以来、60年ぶりのことである（図表2-23）。

改正後の放送法では、放送の定義が変更され、有線・無線を問わず、「公衆によって直接受信されることを目的とする電気通信の送信」が放送とされた。また、放送は、基幹放送（テレビ・ラジオの地上放送、BS、110度CSなど）とそれ以外の一般放送に区分され、参入に関する制度の整理・統合が図られた。さらに、地上放送を含め、ハード（設備の設置）とソフト（番組制作）の一致・分離を事業者が選択することが可能となったほか（NHKを除く）、電波利用の柔軟化やマスメディア集中排除原則の基本部分の法定化、番組種別の公表

図表2-22　認定放送持株会社とその子会社の基幹放送事業者（2018年4月現在）

認定放送持株会社	移行年月	子会社 ※ほかに関係会社がある
フジ・メディア・ホールディングス	2008年10月	フジテレビジョン
		ニッポン放送
		ビーエスフジ
		仙台放送
東京放送ホールディングス	2009年4月	TBSテレビ
		TBSラジオ
		BS-TBS
		シー・ティ・ビー・エス
テレビ東京ホールディングス	2010年10月	テレビ東京
		BSテレビ東京
日本テレビホールディングス	2012年10月	日本テレビ放送網
		BS日本
		シーエス日本
		アール・エフ・ラジオ日本
テレビ朝日ホールディングス	2014年4月	テレビ朝日
		ビーエス朝日
		シーエス・ワンテン
中部日本放送	2014年4月	CBCテレビ
		CBCラジオ
RKB毎日ホールディングス	2016年4月	RKB毎日放送
MBSメディアホールディングス	2017年4月	毎日放送
		GAORA
朝日放送グループホールディングス	2018年4月	朝日放送テレビ
		朝日放送ラジオ
		スカイ・エー

資料）総務省

第2章　放送

図表2-23 2010年の放送法改正の概要

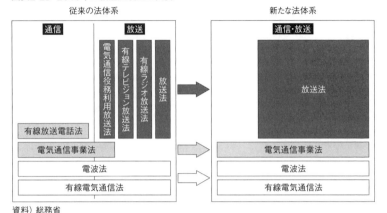

資料）総務省

制度の導入といった事項も盛り込まれた。

　ただし、法体系見直しをめぐっては、議論の過程で軌道修正が図られた点が多い。検討段階では、放送・通信関連法を「情報通信法」として一本化し、放送を含め、情報通信ネットワークを流れる「公然性のあるコンテンツ」全般を社会的影響力に応じて規律する案が提起された。しかし、社会的影響力という指標によってコンテンツ規律を行った場合、規制を受けるメディアが広がり、規制強化につながるのではないかという批判がなされ、そうした方針には修正が加えられた。2010年改正では法体系そのものは変化した一方で、番組規律を含め、放送事業への実質的な影響は小幅にとどまった面がある。

テレビ放送のデジタル化・高精細化

　前述のように1990年代後半以降、テレビ放送のデジタル化が急速に進んだ。1996年にCSデジタル放送が開始されて以降、BS放

送や地上放送でもデジタルへの転換が進んだ。地上デジタル放送は、2003年に東京・大阪・名古屋の3大都市圏で開始されたのち、2006年にはすべての都道府県で放送が始まっている。

これに伴い、従来から行われてきたテレビのアナログ放送は順次終了した。2011年7月24日、東日本大震災のため延期となった岩手、宮城、福島の3県を除き、44都道府県で地上アナログ放送が終了した。この日、同時にBSアナログ放送も終了した。翌2012年3月31日、岩手、宮城、福島の3県も地上アナログ放送が終了し、日本におけるアナログ放送の終了は、大きな混乱が起きることなく達成された。

デジタル化によって、ハイビジョンによる高画質・高音質な番組に加え、天気予報やニュースなどの情報を常に入手できるデータ放送、テレビの音声を文字にして画面に表示する字幕放送、1週間先までの番組情報が見られる電子番組表（EPG）などが実現した。また、電波利用の効率化にもつながった。デジタル化によって、アナログ放送時に使用していた周波数の約3分の2で済むようになり、空いた周波数を新たな用途で利用できるようになった。

もっとも、電波の有効活用は順調に進んでいるとは言えない。アナログ放送終了によって空いたVHF帯は、一部は警察や消防の無線システムの充実に、それ以外は移動体（携帯端末）向け放送に配分されたものの、移動体向け放送のうち、2012年4月に放送を開始した有料放送サービス「NOTTV」（NTTドコモの子会社が運営）は2016年6月にサービスを終了した。NOTTVはスマートフォンやタブレット端末を対象に、独自に制作したドラマやバラエティーを放送していたが、インターネットによる映像配信など競合するサービスの普及によって契約者数が伸び悩み、事業継続が困難になった。また、これとは異なる帯域を使った「V-Lowマルチメディア放送」は、ブロック向け放送として一部の地域でサービスが始まっているが、普及拡大が引き続き課題となってい

る。

　テレビ放送に関しては、デジタル化への移行後、さらなる高精細化に向けた取り組みも進んでいる。そうした次世代放送の1つとして位置づけられているのが、スーパーハイビジョン（4K・8K）である。4Kはハイビジョンの4倍の画素数にあたる約800万画素、8Kは4Kのさらに4倍、ハイビジョンの16倍の画素数にあたる約3300万画素の超高精細映像で、高精細で立体感、臨場感ある映像を視聴することができる。スーパーハイビジョンをめぐっては、放送事業者、受信機メーカー、通信事業者等関係事業者などによる会合で推進のための具体的な工程を示したロードマップが取りまとめられ（2014年9月策定、2015年7月改訂）、これに沿った形で試験放送や実用放送が始まっている（図表2-24）。

　このうち、4K放送は、スカパーJSATが2015年3月から124／

図表2-24　4K・8Kのサービス開始予定

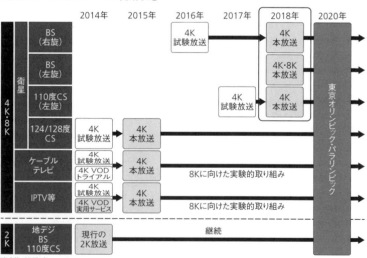

資料）総務省

128度CS放送による実用放送を始めた。また、ケーブルテレビでも同年12月に実用放送が始まっている。電子情報技術産業協会のまとめによると、4K対応テレビの2011年の販売開始から2018年3月までの出荷台数の累計は408万台となり、普及が進んでいる。

8K放送は、2016年8月にNHKがBS放送で試験放送を開始し、同年12月には放送サービス高度化推進協会（A-PAB）も試験放送を開始した。試験放送では、スポーツやコンサート、舞台などの中継、自然・紀行や美術など、超高精細映像の特長を生かしたさまざまなジャンルの番組が放送された（試験放送は2018年7月終了）。8Kの実用放送は、2018年12月にNHKが開始する予定となっている。

放送事業者による動画配信サービス

テレビ番組を含めた動画コンテンツは従来、放送波やビデオ・DVDを通じてテレビ画面で視聴することが中心だった。しかし、ブロードバンドの普及や映像配信技術の進化によって、インターネットを通じて、パソコンやスマートフォン、タブレット端末で動画を視聴することができるようになった。近年では、Hulu（2011年）やNetflix、Amazon Prime Video、dTV（2015年）といった有料動画配信サービスが相次いで開始されている。このため、放送事業者としても対応が迫られることとなり、動画配信サービス提供事業者に出資したり、自らプラットフォームを構築してサービスを展開したりする動きが現れている。

地上テレビ放送事業者（NHK・民放）はさまざまな形態でネット配信への取り組みを行っているが、その多くはVOD（video on demand）サービスである。このうち、NHKは、放送した番組の一部を有料で配信する「NHKオンデマンド」を2008年12月にスタートさせた。大河ドラマや連続テレビ小説などを放送後2週間

程度、配信する「見逃し番組」と、NHKアーカイブスに保存されている名作ドラマやドキュメンタリーなどを配信する「特選ライブラリー」の2種類のサービスを行っている。

　一方、民放は、多くがそれぞれの放送事業者による独自の取り組みとなっているが、2015年10月には、東京キー局5社が無料のネット動画配信（見逃し配信サービス）を共通のポータルから利用できる「TVer」を立ち上げ、複数の放送事業者が連携したネット配信も始まっている（図表2-25）。

　また、インターネット独自のコンテンツの配信の例としては、サイバーエージェントとテレビ朝日との共同出資により設立されたインターネットテレビ局「AbemaTV」が、2016年4月から独自の番組編成による広告付きの24時間無料動画ストリーミングサービスを開始するなど、テレビに近いサービス形態が出現している。

図表2-25　民放の動画配信実施状況（2016年10月現在）

	プラットフォーム	社数	事例
有料VODサービス	自社	11	・HTB北海道onデマンド ・TBSオンデマンド ・日テレオンデマンド ・スマホDEカンテレ ・KBCオンデマンド
	他社	47	HuluやNetflix、キー局のプラットフォームでローカル局も多数コンテンツを配信
無料VODサービス	自社	64	・TVer（東京キー局5社、一部ローカル局） ・テレ朝キャッチアップ ・Chuun（中京テレビ） ・ytv MyDo!（読売テレビ） ・南海放送オンデマンド
	他社	82	YouTubeやGYAO!などのプラットフォームでローカル局も多数コンテンツを配信
テレビ放送の同時配信（定常的サービス）		2	・Newsモーニングサテライト（テレビ東京） ・エムキャス（東京MXテレビ）
番組編成型ストリーミングサービス		3	・ホウドウキョク（フジテレビ） ・カープ動画（中国放送） ・ポルポルTV（広島ホームテレビ）

資料）『日本民間放送年鑑2017』

一方、放送番組の同時配信については、近年、NHKや一部の民放で、災害時などのニュース番組の配信が行われている。このうち、NHKでは、2014年の放送法改正に基づき、インターネット活用業務の一環として、地上波で放送するスポーツイベントの配信や期間を限定したNHK総合・Eテレの配信（試験的提供）を行っている。

　ただし、NHKがテレビ放送（国内）のすべての番組をインターネットで同時配信することは、放送法では認められていない。このため、NHKは2016年6月、放送制度について検討を行っている総務省の有識者会議「放送を巡る諸課題に関する検討会」で、テレビ放送の常時同時配信を可能とする制度整備の検討を希望するとの説明を行った。これに対して民放側からは、「民間企業の事業展開への配慮が不可欠」といった意見が出されており、総務省の有識者会議を中心とした検討が続いている（2018年8月現在）。

デジタル化が視聴者に与えた影響

　近年、テレビの見方に大きく影響を与えた事象として、デジタル録画機の普及が挙げられる。それまでのアナログのビデオは、週末にまとめて見るなど、リアルタイムのテレビ放送とは違う見方で楽しむものであった。ところが、操作に手間がかからず大量の録画が可能で、さらに再生時には、主体的に操作して時間を効率化できるデジタル録画機は、録画をより気軽な行為に、そして録画した番組をより自分に合わせた見方で見られるように変化させた（図表2-26）。今や録画したテレビ番組を毎日のように見る人も2割近く存在し（NHK「メディア利用動向調査」2017年11月、16歳以上）、テレビ番組の録画や再生は、これまで以上に生活に浸透した行動になりつつある。

　テレビ放送のタイムシフト視聴は広告取引の上でも看過できな

い行動となり、2018年4月から、東京キー局の広告取引指標には、従来のリアルタイム視聴率にタイムシフト視聴率（放送から7日内）が加わることとなった。現状、タイムシフト視聴の時間量はリアルタイム視聴の1割強で（NHK「メディア利用の生活時間調査」2012年3月、10～69歳）、テレビ視聴

図表2-26　録画・再生行動の変化（2010年→2015年）

	（「よくある」と「ときどきある」の合計）	
	2010年 ➡	2015年
気になった番組をとりあえず録画する	43% ➡	53%
じっくり見たい番組は、録画してから見る	37% ➡	47%
リアルタイム（放送と同時）で見られる番組でも、録画して都合のいい時に見る	29% ➡	41%
録画した番組を、早送りして見たいところだけ見る	32% ➡	37%

資料）NHK「日本人とテレビ（配付回収法）」（各年3月、16歳以上）

の大半はリアルタイム視聴である。しかし、今後タイムシフト視聴の割合が増え、「テレビを見る」という行為にタイムシフト視聴も含むことが共通認識になると、"同時に多くの人に情報を届ける"というテレビというメディアの1つの特性が薄れ、今後のテレビの役割が変化していく可能性がある。

変わるテレビの位置づけ

　インターネットが普及し、ブロードバンドや無線LANが一般的になるにつれ、インターネットを通じて、パソコンやスマートフォン、タブレット端末で動画を視聴する人が増えている。特に若年層では、動画を利用することは日常的な行動となった（図表2-27）。

　動画利用が広まるにつれ、若年層では見逃したテレビ番組を動画サイトで見たり、番組の一部分だけを動画サイトで見たりというように、インターネットを新たなテレビ番組視聴の経路として利用する人が出てきた（図表2-28）。

　またSNSというコミュニケーションツールの広がりにつれ、テ

図表2-27 動画を「週に1日以上」利用する人の割合

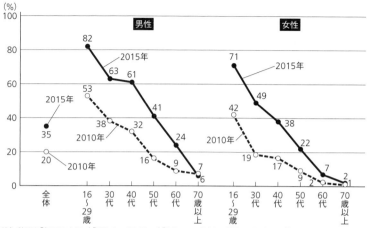

注)動画を「毎日のように」「週に3～4日ぐらい」「週に1～2日ぐらい」見ることがあると答えた人の合計
資料)NHK「日本人とテレビ(配付回収法)」(各年3月、16歳以上)

図表2-28 動画視聴行動(「よくある」と「ときどきある」の合計)

(%)

	全体	16～19歳	20代	30代	40代	50代	60代	70歳以上
テレビよりインターネットの動画のほうが面白いと思う	27	66	54	45	35	26	9	3
見逃したテレビ番組を動画サイトで見る	17	51	43	26	23	13	3	1
時間があるときは、テレビよりも動画のほうを見る	17	46	47	27	20	12	5	2
テレビ番組の見たい一部分だけを動画サイトで見る	12	39	36	20	14	9	3	1

注)■は全体に比べ、統計的に有意に高い層。全体に対する各年層の特徴をみるために、該当する層と、全体から該当する層を除いた残りの層で「互いに独立な%の差の検定」を行った結果
資料)NHK「日本人とテレビ」(2015年3月、16歳以上)

レビ番組についてSNS上で話題にするといった、新しいテレビの楽しみ方も生まれている(図表2-29)。

　こうした新たなテレビの見方が生まれる一方で、メディアにおけるテレビの地位が揺らぎ始めている。2015年の調査では、依然

図表2-29　SNS利用行動（「よくある」と「ときどきある」の合計）

(%)

	全体	16〜19歳	20代	30代	40代	50代	60代	70歳以上
テレビ番組の内容や感想について、書き込みを読む	8	29	26	11	7	6	1	1
テレビ番組の内容や感想について書き込む	4	18	17	4	2	1	0	0
テレビ番組を話題にして盛り上がる	8	32	25	10	8	4	2	1
テレビを見ながらSNSを利用していると、テレビがより楽しく見られる	5	24	21	7	4	2	1	1

注）同前
資料）同前

図表2-30　1番目に欠かせないメディア

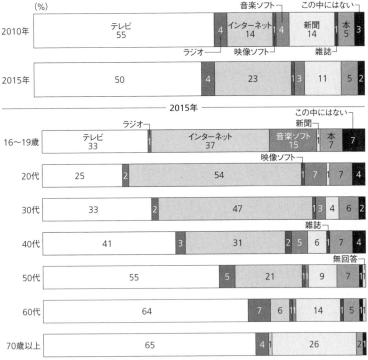

注）四捨五入した値のため合計が100にならないものがある
資料）NHK「日本人とテレビ（配付回収法）」（各年3月、16歳以上）

として欠かせないメディアとしてテレビを挙げる人は最も多く、半数を占めている。しかし、それは中高年の支持に支えられた結果であり、20代・30代ではインターネットを欠かせないと思う人がテレビを上回っていたのである（図表2-30）。

今後、生まれた時からインターネットやスマートフォンが存在し、そうした環境で育った世代が年齢を重ねるにつれ、テレビの見方、テレビの位置づけがこれまでと大きく変わっていくことが予想される。

放送番組をめぐる規律

日本の放送制度の特徴としては、前述のように、放送事業者による自主的な規律に多くを委ねている点が挙げられる。日本では戦後、放送番組に関する行政処分（免許停止や免許取消処分）がなされたことは一度もない。ただし、番組に対する措置としては、しばしば法的な強制力を持たない行政指導が規制当局（郵政省・総務省）によってなされてきた。

図表2-31は、2001年の総務省発足後の番組内容に関する行政指導の件数をまとめたものである。「番組基準違反」などを理由にして、「警告」や「厳重注意」といった行政指導がなされてきた。しかし、番組内容に関する行政指導をめぐっては、政府が政治的公平に関する判断を行うのは問題が多いとする批判など、さまざまな指摘がなされている。こうした中で、近年、放送事業者が第三者機関を設けて自主的に放送

図表2-31 番組内容に関する行政指導（2001〜2017年）

違反根拠		指導類型		責任者	
番組基準違反	14件	警告	2件	総務大臣	4件
虚偽報道	12件	厳重注意	17件	政策統括官	3件
政治的公平	3件	注意	3件	局長	18件
		口頭注意	2件		

注）行政指導の事例数の合計は24件だが、複数の類型に当てはまる事例があることからそれぞれの合計は一致しない
資料）総務省報道資料

番組の規律を行う取り組みが進んでいる。NHKと民放連が共同で設立した放送倫理・番組向上機構（BPO）の活動がそれに当たる。

BPO設立に先立ち、放送業界では、NHKと民放連で作る「放送番組向上委員会」（2002年からは「放送番組委員会」）が放送番組に対して見解を示す活動を行ってきた。また、放送番組による権利侵害に対応する機関として、1997年に「放送と人権等権利に関する委員会機構」（BRO）が設置され、視聴者の苦情への対応などに当たってきた。

BPOはこれらを統合する形で2003年7月に発足したもので、その下に「放送番組委員会」、「放送と青少年に関する委員会（青少年委員会）」、「放送と人権等権利に関する委員会（放送人権委員会）」の3つの委員会が設けられた。その後、『発掘！あるある大事典Ⅱ』のデータ捏造事件を受けて自主規制の強化が求められたのを契機に、2007年5月、「放送番組委員会」に代えて「放送倫理検証委員会」が設置されている（図表2-32）。

日本の放送制度では、放送事業者自らが放送番組審議機関（番組審議会）を設置したり、放送基準を定めたりするといった形で「自主規制」を行うのが建前となっている。ただ、番組審議会の機能は十分ではなく、その活動は形骸化しているという指摘が従

図表2-32　BPOの各委員会の構成と機能

放送倫理・番組向上機構（BPO）		
理事長1人、理事9人（NHK3人・民放連3人・放送事業者の役職員以外3人）、評議員7人以内		
放送倫理検証委員会 （有識者委員8〜10人）	青少年委員会 （有識者委員6〜8人）	放送人権委員会 （有識者委員7〜10人）
放送倫理を高め、放送番組の質を向上させるための委員会。問題があると指摘された番組について、取材・制作のあり方や番組内容について調査。放送倫理上の問題の有無を、審議・審理し、その結果を公表する。	青少年が視聴するには問題がある、あるいは、青少年の出演者の扱いが不適切などと指摘された番組について審議し、「見解」を公表したり、制作者との意見交換を行う。放送と青少年の関わりについても調査・研究。	放送による人権侵害の被害を救済するための委員会。放送によって名誉、プライバシーなどの人権侵害を受けたという申立てを受けて審理し、人権侵害があったかどうか、放送倫理上の問題があったかどうかを判断。

資料）BPO

来からなされてきた。現状では、本来は法定の番組審議会が果たすべき役割を第三者機関であるBPOが担っている側面もある。

第2節　ラ ジ オ

1　概　観

ラジオ放送の概要と放送制度

　国内のラジオ放送事業者数（民放）は、2018年3月末現在、中波（AM）放送事業者が47社（単営14社、テレビとの兼営33社）、超短波（FM）事業者が52社（コミュニティ放送を除く）、短波事業者が1社となっている。また、NHKについては前述のように、AM2波、FM1波の放送を行っている。歴史的にAM放送を行う事業者の多くがテレビ放送に進出した経緯もあり、ラジオ・テレビ兼営の事業者が多くなっている（図表2-33）。

　ラジオ放送に関する制度は、テレビ放送と共通する点が多い。まず、NHK・民放の二元体制によって放送が行われ、NHKは受信料、民放は主に広告収入により経営されている。また、放送対象地域制度に基づき、民放に関しては主に県単位で置局がなされ、構造規制（マスメディア集中排除原則）の存在もあって地元密着型のラジオ放送事業者が発達してきた（図表2-34）。

　番組規律に関しても、基本的な部分はテレビ放送と同様である。政治的公平や論点の多角的解明などからなる番組準則が課されるほか、番組基準の制定や番組審議機関の設

図表2-33 民放ラジオ放送事業者数（2018年3月末）

ラジオ・テレビ（兼営）		33
ラジオ放送（単営）	中波（AM）放送	14
	超短波（FM）放送（うちコミュニティ放送）	369 (317)
	短波	1

資料）『情報通信白書』平成30年版

図表2-34 AMラジオ放送の放送対象地域とチャンネル数の目標

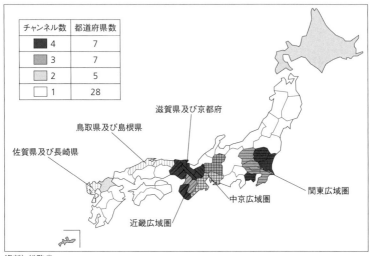

資料）総務省

置が義務付けられている。他方、教養、教育、報道、娯楽の各番組をバランスよく放送するとした番組調和原則は、現在では、NHKのラジオ放送のみが対象となっている。

経営状況

　民放ラジオの市場規模は近年、縮小を続けている。AM単営社の売上高は近年、一貫して減少傾向にあり、総務省のまとめによると、2014年度には1993年度の約半分の水準まで低下した。また、FM単営社も1998年度から減少に転じ、2014年度には1993年度の約70％の規模まで減少している（図表2-35）。民放テレビの売上高がリーマンショック以降減少に転じたものの、ここ数年は回復傾向にあり、20年前の水準を上回っているのとは対照的である。

　売上高減少の要因としては、広告で重視される点が、商品を広

図表2-35 民放ラジオ放送事業者の売上高の推移

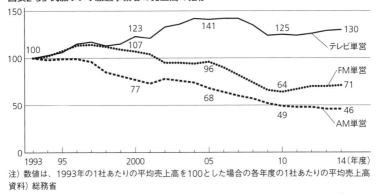

注）数値は、1993年の1社あたりの平均売上高を100とした場合の各年度の1社あたりの平均売上高
資料）総務省

く周知することから、広告を視聴した人がどれだけ商品を購入するかという方向へと変わり、その変化にラジオが応えられていないことが指摘されている。こうした変化もあって、2010年頃から、ラジオ放送事業者では、イベントやグッズ販売などによる広告外収入が増加傾向にある。

2　発達過程

ラジオ放送の歴史

　日本では、1925年に東京・大阪・名古屋のそれぞれで発足した社団法人（東京放送局・大阪放送局・名古屋放送局）によってラジオ放送が開始された。そして、1926年、3つの放送局が統合されて、社団法人・日本放送協会となった。以後、戦前は日本放送協会が国内で唯一の放送事業者として、全国各地の主要都市に順次、放送局を開局していった（台湾や朝鮮などを除く）。

　戦前の放送事業は無線電信法によって規律され、ラジオの受信者は、国から受信機の設置許可を受けるとともに、日本放送協会

と聴取契約を結び、聴取料を支払う仕組みが取られた。ラジオ放送は、娯楽や教養のメディアとして急速に普及し、1932年には聴取加入者数が100万件を超えた。その後、戦時体制下でラジオの普及はさらに進み、太平洋戦争末期の1945年3月には聴取契約数が過去最高の747万件に達した。

しかし、日本放送協会が放送を独占する体制については、太平洋戦争終結後、GHQ（連合国軍総司令部）の関与のもとで見直しの議論が進んだ。そして、1950年6月の電波3法（放送法・電波法・電波監理委員会設置法）の施行によって民放の開設が可能となり、放送は、受信料制度に基づき全国あまねくサービスを提供することを義務とするNHK（社団法人から特殊法人に改組）と、広告放送などによって事業を行う民放の二元体制のもとで行われることになった。

民放の設立をめぐっては、終戦直後から新聞社などが名乗りを上げていたが、放送法が施行されると、各地で民放開設の申請が相次いだ。そして、1951年9月に、日本初の民放として中部日本放送（名古屋）と新日本放送（大阪、現・毎日放送）が開局した。同年12月には、東京でもラジオ東京（現・TBSラジオ）が開局し、以後、全国の主要都市に民放ラジオ放送局が開局していった。

現在放送を行っている民放のラジオ局（AMラジオ）は、1950年代前半に開局したものが大半で、1960年までには、各地で43の民放が放送を開始した。これによって、全国の主な都市でNHKに加え、民放のラジオも聴取できるようになった。NHKのラジオ受信契約数は、1952年8月に1000万を突破し、1958年11月には1481万件（世帯普及率82.5%）となってピークに達した。1950年代半ばから、テレビが本格的に普及し始める1960年頃までがラジオの全盛期と見ることができる。

このあと1969年には、NHKが全国でFM放送の本放送を始め、名古屋、大阪、東京、福岡でも順次民放のFM放送局が開局した。

そのほかの地方では、FM放送はNHKのみという状態が10年以上続いたが、1980年代になると、28局の民放FM局が開局し、ほぼ全国で複数のFM放送が聴取できるようになった。FM放送は、1950年代から実験放送が始まっていたが、郵政省がテレビチャンネルとの関係やFM放送の事業形態など未解決な問題が多いとして、免許に慎重な姿勢を取り続けたことから、実験放送から全国への普及までには30年余りを要することになった。

テレビの普及とラジオの変化

　1953年にテレビが登場し、家庭への普及が進んでいくとともに、ラジオ放送には変化が迫られた。1960年代に入ると、それまで茶の間に飾られていた大型ラジオはテレビにその座を譲り、小型化したラジオは個室に移って個人の持ち物となった。ラジオは一家で聞くメディアから、個人で聞くメディアへと変化していった。

　従来、ラジオに求められてきた娯楽の大部分がテレビに置き換えられることで、改めてラジオが持つ機能に着目した番組や編成の見直しが進んだ。こうした中で導入されたのが、聴取者を時間帯別の特性に応じて分類し、それぞれの聴取対象にふさわしい番組を編成する「オーディエンス・セグメンテーション」という考え方だった。1964年に4月からニッポン放送がセグメンテーション編成を開始し、その後、各地のラジオ局も地域の実情に即した編成を取り入れることで、「オーディエンス・セグメンテーション」は全国に波及していった。

　セグメンテーション編成により、特定の時間帯の特定の層に番組を送り出すことが可能になると、ラジオの広告手段としての効果についても再認識されることになった。編成と営業が一体となって時間帯ごとの聴取者層を対象とするスポンサーを開拓し、その結果、特にドライバーや若者向けの時間帯では、新しいスポ

ンサーを獲得することにつながった。テレビ放送の開始後、ラジオの広告費は伸び悩んでいたが、1960年代後半から1970年にかけて、広告収入や聴取状況の面でラジオは安定的な局面を迎えた（図表2-36）。

　セグメンテーション編成を通じて、ラジオでは「生ワイド番組」や「聴取者参加」といった形態が広がっていった。それまでラジオに求められてきた娯楽の大部分がテレビに置きかえられることで、特にドラマのような番組は後退し、代わって生番組がラジオ番組の中心となっていった。1970年代中頃までには、ラジオ各局とも全番組の50％を生ワイド番組が占め、電話リクエストなどを生かした聴取者参加が広がるとともに、個性あふれるパーソナリティーが誕生していった。生ワイド番組はこれ以降、ラジオ編成の主流となって定着し今日に至っている。

ネットワークの形成

　民放テレビでは、1960年代前半以降、東京キー局を中心とした

図表2-36 ラジオ・テレビの広告費（1953～1970年）

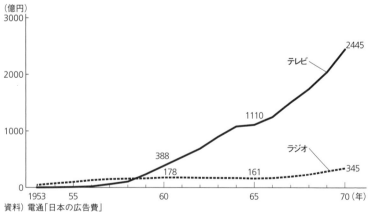

資料）電通「日本の広告費」

ネットワーク化が進んだが、ラジオは自社での番組制作が比較的容易で、1県1局の地域が多かったことからネットワークの形成は遅れた。しかし、番組内容の充実や広告収入の拡大を目的に、1965年5月、民放ラジオ（AM）で2系列のネットワークが誕生した（図表2-37）。

1つは、TBSラジオをキー局としたJRN（ジャパン・ラジオ・ネットワーク）であり、もう1つは、文化放送、ニッポン放送が中心となったNRN（ナショナル・ラジオ・ネットワーク）である。その後、FM放送が誕生した後には、FM事業者の間でもネットワーク化が進んでいった。ネットワークの形成によって、ローカル局は安い価格で番組の調達ができるとともに、その余力で地域向け放送の充実を図ることが可能となる。また、ラジオが全国メディアになることで、ナショナルスポンサーを得やすくなるという利点もあった。

もっとも、AM放送は、ネットワークが2系列存在する一方で、それぞれの地域の放送局は1局というところが多く、クロスネット（複数のネットワークに加盟）が大半を占めている。資本面、経営面でキー局とローカル局が強く結びついたテレビのネットワークとは異なり、純粋な番組ネットワークとしての性格が強いとされる。

地元密着型メディアとしての発達

このように民放ラジオは、テレビ放送に比べてネットワークの拘束力は低く、地元資本を中心に設立された経緯もあって地域密着度は高い。テレビと比較して独自の番組制作が容易なことから自社制作比率についても、一般にテレビよりも高くなっている。

さらに、ラジオでは、市町村あるいはそれよりも狭い地域を対象とした放送も行われている。従来の放送は、テレビ・ラジオと

図表2-37 ラジオ放送(民放)のネットワーク(2017年10月現在)

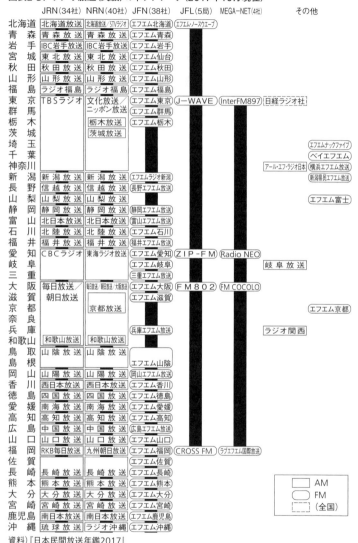

資料)『日本民間放送年鑑2017』

も県域が基本的な単位となってきたが、より地域に密着したメディアを求める声が高まり、1992年1月に「コミュニティ放送」が制度化された。

コミュニティ放送は、FM放送によって地域の話題や行政、観光、交通などの地域に密着した情報を提供することを目的にした地域密着型メディアで、放送対象地域は1つの市町村内に限られる（地域的一体性がある場合には隣接する他の市町村を含んでもよいといった例外はある）。地域密着メディアとして、「地域に密着した各種の情報に関する番組等、当該地域の住民の要望に応える放送が、できる限り1週間の放送時間の50％以上を占めていること」といった努力義務もある。

コミュニティ放送は阪神・淡路大震災後に急増し、その後も毎年10局前後が開局している。2018年5月現在、全国で318局が開局している（図表2-38）。運営主体は、民間企業が半数、第三セクターが3割を占めているが、近年はNPO法人による開局が増加している。4～5人程度の職員に市民パーソナリティーが加わって放送

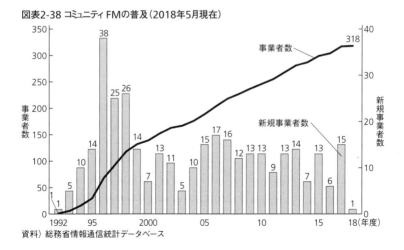

図表2-38 コミュニティFMの普及（2018年5月現在）

資料）総務省情報通信統計データベース

するというのが一般的な形態である。

　コミュニティ放送は、防災にも力を入れており、自治体が発表する停電・断水、救援活動等の情報をリアルタイムできめ細かく提供することが可能である。また、送信所の場所や機材、人材が確保されていることから、後述する臨時災害放送局へもスムーズに移行することが可能である。

3　最近の動向

聴取者の動向

　現在、ラジオの週間接触者率（1週間に5分以上聴いた人の割合）は33％と、3人に1人がラジオを聴いている（図表2-39）。この10年で全体として聴取者がゆるやかに減少していく傾向にあるが、さらに図表2-40のように長期的にみると、聴取層が若者から高齢者へ大きく変化していることがわかる。かつては若者の主要な音楽

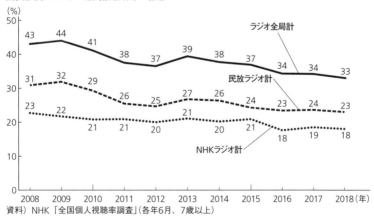

図表2-39 ラジオの週間接触者率の推移

資料）NHK「全国個人視聴率調査」（各年6月、7歳以上）

メディア、参加型のメディアであったラジオは、今では高齢者中心の情報メディアになった。

聴取者層や役割は変化したものの、耳からだけで情報を得ることができ、手軽に持ち運びができるというラジオの強みは健在である。そのため、仕事や家事をしながら、車の運転をしながら、あるいは通勤・通学の途上で、といったように、何かをしながらの利用や自宅外で聞く人が多いというラジオの特徴は今も変わらない（図表2-41）。

そのような中、持ち運び易く、場所を選ばず利用できるというラジオの特性は、これまでも災害時のメディアとして評価されてきたが、東日本大震災を契機として改めてその価値が見直されている。また、後述するラジオのインターネット配信は、ラジオに新たな聴取者を呼び込んだり、ラジオの新しい楽しみ方が生まれたりする可能性を秘めており、今後の動向が注

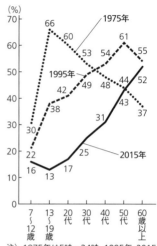

図表2-40 ラジオの年層別週間接触者率の変化

注）1975年は5時〜24時、1995年・2015年は5時〜29時で集計
資料）NHK「全国個人視聴率調査」（各年6月、7歳以上）

図表2-41 全体の視聴時間に占める「ながら」視聴、自宅外視聴の割合（平日）

	全員平均時間（時間:分）	「ながら」視聴（時間:分）	「ながら」視聴の割合	自宅外視聴（時間:分）	自宅外視聴の割合
テレビ	3:18	1:14	37%	0:12	6%
ラジオ	0:20	0:14	70	0:07	35
新聞	0:16	0:08	50	0:01	6
雑誌・マンガ・本	0:12	0:03	25	0:02	17
CD・テープ	0:07	0:04	57	0:02	29

注）CD・テープはデジタルオーディオプレイヤーなどを含むラジオ以外の音声系メディア
資料）NHK「国民生活時間調査」（2015年10月、10歳以上）

目される。

災害とラジオ

　ラジオ放送は、東日本大震災での災害情報の提供を通じてその公共的な役割が再認識された。通信回線を利用した携帯電話などとは異なり、輻輳がなく安定した受信が可能であり、停電していても乾電池で長時間受信することができるという特性も評価された。

　東日本大震災では、被災住民への災害情報・避難情報等の災害情報提供手段として、岩手・宮城・福島・茨城の28市町で30局の臨時災害放送局が開設された(図表2-42)。臨時災害放送局は、地震や豪雨などの災害が発生したときに、その被害を軽減するために臨時に開設されるFM放送局で、阪神・淡路大震災の経験を踏まえて1995年2月に制度化された。避難所の情報やライフラインの復旧情報など被災者に役立つ生活関連情報をきめ細かく提供するねらいがある。

　臨時災害放送局には、FM放送の空き周波数の中から、他の無線局に混信などの影響を与えないことを前提に周波数が割り当てられる。迅速な立ち上げのためには、送信所の場所や機材、経費の確保が必要であり、既存のコミュニティ放送局が一時的に移行することもある。

　また、臨時災害放送局が廃止された後、通常のコミュニティFM局に移行するケースも多い。東日本大震災に伴う臨時災害放送局は2018年3月までにすべて廃止されたが、開設された30局のうち16局がコミュニティFM局として放送を継続している（2018年3月現在）。

図表2-42 東日本大震災後に開設された臨時災害放送局

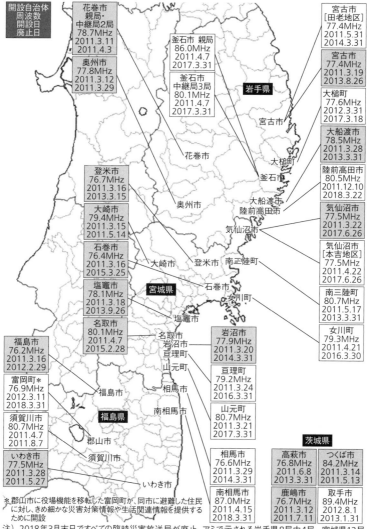

＊郡山市に役場機能を移転した富岡町が、同市に避難した住民に対し、きめ細かな災害対策情報や生活関連情報を提供するために開設

注）2018年3月末日ですべての臨時災害放送局が廃止。アミで示される岩手県8局中4局、宮城県12局中7局、福島県6局中2局、茨城県4局中3局、計16局は、コミュニティFMに移行（2018年3月現在）
資料）総務省

第2章 放送 127

インターネット展開

　放送事業者のインターネット展開は、テレビではVODサービスが中心であるのに対し、ラジオでは放送の同時配信が定着しつつあり、インターネットの活用はテレビよりも一歩先を進んでいる。同時配信の取り組みとしては、民放が2010年3月から「radiko」の試験サービスを開始し、同年12月に本サービスに移行した（図表2-43）。また、NHKは2011年9月から「らじる★らじる」を試行的サービスとして開始し、改正放送法施行に伴い2014年4月以降は恒常的なサービスとして提供を行っている。

　このうち、radikoには、全国各地の民放ラジオ局と放送大学が参加しており、地域で放送されているラジオ放送と同じ内容を、インターネットを通じてパソコンやスマートフォンで、無料で聞くことができる。また、過去1週間以内に放送された番組を後から聴くことができるタイムフリー機能もある。2014年4月からは、有料会員になれば、radikoのサービスを放送対象地域以外の全国で聴取できるエリアフリーサービスも始まっている。radikoの月間ユニークユーザー数は2018年3月時点で約1000万人となり、サー

図表2-43 インターネット配信（radiko）の概要

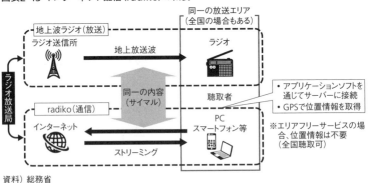

資料）総務省

ビスの定着が進んでいる。

経営基盤強化に向けた制度改正

　聴取者の獲得に向けてさまざまな取り組みは続いているものの、広告市場が縮小する中でラジオ放送事業者の売上高の減少は続き、前述のように、AM単営社では1990年代前半の約半分、FM単営社では約7割の水準となっている。今後も大幅な改善は期待しにくいため、先行きの見通しも含めて、厳しい経営状況にあると言える。

　とりわけ民放AMに関しては、放送事業者間で送信アンテナを共用することが難しく、また、更新にあたっては、送信設備や土地取得に数十億円が必要との指摘がなされている。このため、今後、送信設備を更新しなければならなくなったときに経営的に可能なのかどうかという問題が存在している。

　こうした中で、放送事業の経営基盤を強化する観点から、民放ラジオの経営の選択肢を拡大させるために、2011年にマスメディア集中排除原則の緩和が行われ、放送対象地域の重複の有無にかかわらず、ラジオを4局まで支配することが可能となった（ラジオ4波特例。図表2-44）。これを受けて、▽とちぎテレビ（エフエム栃木・栃木放送を支配）、▽岐阜新聞社（岐阜放送・岐阜エフエムを支配）、▽FM802（2012年4月に関西インターメディアから免許承継）、▽ニッポン放送

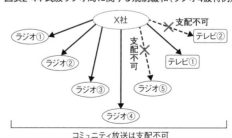

図表2-44 民放ラジオ局に関する規制緩和（ラジオ4波特例）

コミュニティ放送は支配不可

資料）総務省

(J-WAVEを支配)が制度を活用している。

　また、ラジオが抱える問題点としては、都市部の受信環境の悪化があり、ラジオ離れをもたらす一因となっている。特にAM放送については、ビル陰や高架下、ビル・マンション屋内での難聴取、電化製品による雑音などが生活の都市化によって顕著になってきている。また、都市部に限らず、夜間の外国波混信による難聴の改善要望は、大陸に近い九州、四国、中国地方に多い。

　このため、総務省は、AMラジオ放送の難聴解消や災害時の放送継続のため、地上テレビ放送の完全デジタル化によって空いた周波数帯域の一部（90.0～94.9MHz）を活用して、AMラジオ放送事業者がFM方式で補完放送を行える制度整備を2014年4月に行った。これを受けて、2014年12月以降、全国各地でFM補完放送が開始された。このうち、関東広域AMラジオ3社（TBSラジオ、文化放送、ニッポン放送）は、FM補完放送をよりわかりやすく伝えるため、共通のネーミングを「ワイドFM」とし、2015年12月から放送を始めた。各地のAMラジオ放送事業者も「ワイドFM」の名称を用いて、普及の促進を図っている。

〔村上聖一・渡辺洋子〕

第3章
雑　誌

1　概　観

出版の売上推移

　本章で取り上げる雑誌は出版の一分野である。出版産業は1960年代から1975年までは2桁成長、1976年から1996年までは1桁成長を続け、1996年には書籍と雑誌を合わせた販売売上が2兆6564億円でピークを迎えた。だがその後長期にわたり右肩下がりとなり、2017年では1兆3701億円である。出版業は1990年代半ばまでは成長産業だった。

　図表3-1に示したように、1970年代から雑誌の売上が書籍の売上を上回る「雑高書低」が続いた。なかでも、芸能娯楽誌、女性誌、週刊誌、マンガ週刊誌など、発行部数が数十万から数百万にも及ぶ大衆向けのマス雑誌が出版産業を牽引していた。だが、1990年代に入ると返本率が上昇をはじめ、売上のピーク以降は発行部数の減少と表裏一体となり雑誌は不振となる。2016年には雑誌の販売売上は7339億円で書籍の7370億円と逆転し、41年ぶりに「雑低書高」となった。2017年には書籍が7152億円、雑誌が6548億円となり、雑誌返本率は43.7％まで高まった。成長を支えてきた雑誌の弱体化は、出版業の衰退に直結した。

　書籍も返本率が30％台から40％程度で高止まりし、売上も下がっている。それにもかかわらず、新刊が1995年の61,302点から2012年の78,349点で最大となり、2017年でも73,057点ある。出版社、取次(卸売業者)間の商慣行で、新刊を取次に納入すると一定程

図表3-1 出版売上と返本率と新刊点数

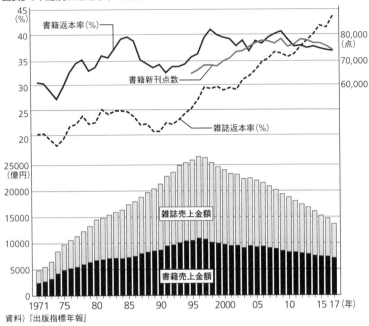

資料）『出版指標年報』

度の仮払いがある。資金繰りを優先し、返本を見越したうえで自転車操業的に次々と新刊を出す出版社もあることが、新刊が増えた一因となっている。そのため、雑誌の一特集と見紛うつくりの速成された書籍も見られる。教養書や文芸書が売れなくなったことをこのような出版状況と結びつけ、出版文化の劣化だとする論評もある。しかし、軽い読み口のライトノベルが好調なのと同様、書籍が雑誌的になる傾向は消費者の読書嗜好の変化に出版産業が対応した結果とも言える。

　なお、ここでの統計には広告売上と、電子出版売上は含まれていない。広告については本章5節の「雑誌に欠かせない広告」の項で、電子出版については本章6節の「始まったばかりの電子雑誌」

の項で解説する。また、現代では憲法によって出版の自由が保障されているので、国家による規制はない。かつては出版法による検閲などの言論統制があったが、1949年に廃止されている。したがって、行政による包括的な出版統計はない。本書では様々な調査・統計を組み合わせることで、実勢に近づくことにする。

書籍のメディア特性

　出版をメディアとして捉えるとき、上記のように数値を追うことと同時に、出版とは何であるかという概念的な考察も必要である。出版とはパブリッシングの訳語である。パブリックにする、すなわち情報を公共のものとするということで、印刷物を作ることに限定される概念ではない。西洋では15世紀中葉にグーテンベルクが金属活字を用いた印刷技術を実用化して以来500年以上、冊子体の印刷物が出版の主流だったため、出版イコール印刷物という常識が一般化している。だが、出版史のそれ以前では写本の巻物や冊子が主流だった。日本では江戸期でも書籍はおもに版木で印刷され、同時に写本も広く流通していた。出版物は頒布の量、価格、流通範囲、表現、さらにはコンテンツ自体も技術に影響を受けてきた。デジタル化した今日では、すでに紙に印刷された冊子形態であることは出版物としての必須条件ではなくなっている。

　また、出版は文化を商材とした文化産業でもある。利益をあげないと継続的な出版活動はできない。営利を目的とする書店は古くはヘレニズム時代にあらわれ、1世紀前後の古代ローマでは1,000部を頒布する例もあった。

　日本でも出版は江戸時代から産業として成立し、知識人層向けの教養書だけでなく、現在のライトノベルとも符合する挿し絵を多用した娯楽読み物も人気を博し、大衆文化に影響力をもつようになった。明治以降は立川文庫や、講談社の社名に残るように、

書き講談などの娯楽出版物も人気をあつめた。その一方、1926年から改造社が刊行を始めた『現代日本文学全集』を口火として1冊1円とする円本ブームが起こり、文芸書や教養書の数十巻にもおよぶ全集が数十万部も売れた。1927年には岩波文庫が刊行を開始するなど、書籍がマスメディア的な浸透度をもって知の大衆化を促した。

第二次世界大戦後も、1960年代の百科事典や全集ブーム、メディアミックスで文庫を売る"角川商法"に代表されるようないくどかの文庫ブーム、そして2000年代の新書ブームなど、刊行形態別のブームがあり、書籍はメディアとして確固たる地歩を占めてきた。また、1981年刊行の『窓ぎわのトットちゃん』のように1銘柄で800万部を売ったとされる書籍や2000年以降の『ハリーポッター』シリーズなどもあり、書籍も雑誌と同じようにマスメディアの一角を占めるとの考え方もある。だが、出版形態上のブームは一過性で、また100万部を超えるベストセラーはあっても1年で数冊にすぎない。通常1冊ごとに銘柄も内容も異なり、さらに近年では1点あたりの生産部数が1万部程度にすぎない書籍をマスメディアとして捉えるには無理がある。

雑誌のメディア特性

情報を1冊単位でまとめた不定期刊行物である書籍に対して、雑誌は同一の銘柄で定期的に発行される定期刊行物である。発行サイクルは、日刊、週刊、旬刊、隔週刊、月2回刊、月刊、季刊、年刊など様々である。

雑誌は多様な価値観を前提として、特定の趣味や価値観、専門分野などの情報を提供する、特定の読者を対象とした出版物である。ほかの人にとってはさして意味のある情報ではなくても自分にとっては特別な記事であることが、その雑誌が自分のために作

られているという感情や、自分がある特定雑誌の読者集団の一員であるという帰属意識を生む。テレビの視聴者、ネットのユーザーなどとは異なり、読者はたんなる情報消費者の枠を越え「愛読者」となる。愛読者とは言うが、愛視聴者や愛ユーザーとは言わない。雑誌の周りには仮想の読者共同体が形成される。雑誌は「親密性」のメディアである。

　雑誌は民放の電波メディアや一般的なウェブサイトと異なり有料である。このことは雑誌の特性である親密性を高めている。人は自ら選択し自分でお金を払ったものには、無料で得たものより愛着を覚える。愛着の感情を得ること自体も、じつは趣味性の強い商品の対価に含まれている。したがって、フリーペーパーは物的な形態としては雑誌と同じであるが、メディア特性としては異なる性質をもつので、本書では取り扱わない。

　ビジネスの視点からは、販売利益しかもたない書籍と異なり、雑誌は、雑誌自体の販売収入と掲載される広告収入の両輪から成り立っている。雑誌は読者の属性に合わせた広告を掲載できるターゲットメディアである。

　対比としてテレビの視聴者を例にあげると、1％の個人視聴率は関東地区だけで40万人強である。10％を取ろうとすれば関東だけで400万人の視聴者が必要となる。視聴率は高いほど良いと言われるが、関東だけでも400万人もいる集団に共通の興味をもたせられる商品は、誰もが必要とするコモディティにならざるを得ない。一方、現在の雑誌の主流は10万部前後である。テレビ視聴者に比べれば絶対数が少ないことで、逆に趣味や価値観、ライフスタイル、性別、年齢、年収など消費者としての属性がある程度共通した集団になりやすい。ファッションや高級ブランド品、趣味性が強い商品などを訴求するには効率のよい広告媒体となる。

　だが、インターネットメディアのように、読者の個人レベルでの属性や消費行動のデータまでもつ出版社はほとんどない。趣味

性の強い商品であっても、ブランディングよりも販売量の確保など直接的な消費行動を広告に求める企業は、雑誌広告からネット広告へ移行している。

　雑誌も書籍と同様に多品種少量生産のニッチなメディアとして生まれたが、書籍にくらべて遥かに歴史は浅い。西洋では17世紀まで遡れるものの、日本では柳川春三が1867年に創刊し、初めてマガジンを雑誌と訳したとされる『西洋雑誌』が嚆矢である。20世紀に入る前後からは大部数の雑誌群も生まれ、20世紀後半には数百万部を超えるマス雑誌も出現した。これらの大部数雑誌群は、娯楽や実用情報を知るためのマスメディアとして大衆に受容され、編集者や読者が自己認識するかどうかにかかわらず大衆動員や宣伝、大衆教育や啓蒙の手段として、継続的に国民全体に覆いかぶさる価値観を形成し、テレビ、ラジオ、新聞とともにマスコミ4媒体と称されてきた。このような観点から本書では、出版メディアの中からおもに雑誌を取り上げている。

2　日本の出版流通

日本の出版流通の特徴

　日本の出版流通の特徴として、再販委託制とまとめて言われることも多い再販制と委託制があること、雑誌も書店で売っていること、雑誌の定期購読が少ないことなどがあげられる。

　再販制（再販売価格維持制度）とは、雑誌や書籍の定価を出版社が決定し、書店やコンビニエンスストアなどの小売店で定価販売することができる制度である。出版社が一度小売店に雑誌や書籍を販売し、小売店が再び消費者にその雑誌や書籍を販売することを再販売という。定価とは全国一律の値段で売ることで、小売店が自由に設定する値段は価格である。書籍には定価が、雑誌に

は定価や特別定価が表示されていて、価格という言葉は使われない。独占禁止法では、再販売価格を拘束することは禁じられているが、著作物では、雑誌、書籍、新聞、レコード盤、音楽用テープ、音楽用CDに限り再販制が認められている。

委託制（委託販売制度）は、店頭で売れ残った雑誌や書籍を出版社に返本することで支払いをしなくても済む販売方法である。書店にとっては不良在庫のリスクを取らずに店頭での豊富な品揃えが可能となる。出版社からすると、売れ筋でなくてもとりあえず書店に置いてもらえるメリットがある。

再販委託制があることで、多種多様な出版物が全国どこででも同一の金額で購入できる。すなわち、すべての国民が文化的な生活を営む基盤を維持することに貢献している。反面、売れ残りが出版社に戻される割合、すなわち返本率が高止まりする原因ともなっている。返本された書籍や雑誌は製造・流通コストがかかっているのに収益がないので、出版産業全体が疲弊することとなる。再販委託制が制度疲労を起こしているとの指摘がされてから久しいが、いまだに抜本的な変化は見られない。

日本に暮らしていると雑誌が書店で買えることが当たり前に思えるが、海外では多くの場合、雑誌と書籍は異なる商品として別々の流通経路で販売されている。通常、雑誌出版社と書籍出版社も分かれている。日本では、雑誌の流通網が先行して整備され、その雑誌流通網に書籍を乗せた経緯があるために、現在でも書店には雑誌と書籍が両方置かれることになった。また、雑誌は回転率すなわち売れ行き速度が高く高収益商品であることから、書店も積極的に販売をして雑誌からの収益に支えられてきた。売り場面積が少ない店舗ほど雑誌依存度が高く、2018年では売場が60坪未満の小規模店舗の売上は33.3％が雑誌、16.7％がコミックス、5.7％がムックだが、売場規模平均値ではそれぞれ25.3％、16.6％、7.0％である。雑誌販売の落ち込みは、とくに小規模書店の利益構造を

弱体化している。図表3-2にみるように、総売り場面積はそれほど変わらないが、総店舗数は減少し、売り場が300坪以上の大型店は増加している。大型店や郊外店は健闘しているものの、駅前商店街などの小規模書店などが減少していることがわかる。通販のAmazonが急成長して実質的に日本で最大級の書店になっているように、市中に点在する小規模書店という業態が消費者のニーズにそぐわなくなっている面もある。それでも日本の書店総店舗数は2016年度で14,098店である。他国

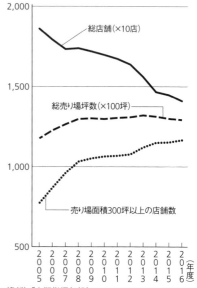

図表3-2 書店店舗数と売り場面積の推移

資料）『出版指標年報』

と比較すると、たとえば国土面積が日本の約26倍で人口が約2.5倍の米国は、古書店まで含めても13,928店（2014年）にすぎない。

　雑誌は書店だけでなくコンビニエンスストアでも広く販売されている。コンビニエンスストアは2015年には主要30社で全国に56,998店あり、出版物の売上1909億円のほとんどが雑誌と推測できる。そのほか駅の売店、スーパーのレジ側など、雑誌売り場は生活圏の中に広く点在している。

　このように日本では雑誌を買える場所が手近にあるので、わざわざ定期購読をする習慣がない。だが、多くの国では雑誌は書店で買うものではなく、通りに面した雑誌販売店、スーパーマーケット、キオスクなどで販売され、さらに定期購読が主流である。日本での雑誌定期購読率は1割程度だが、米国ではおよそ8割と言わ

れている。Amazonの米国版で雑誌を検索すると、単号の値段ではなく、1年とか半年の定期購読の価格が示される。

出版流通を支える出版取次の役割

　出版取次とは、出版社と書店などの小売店を結ぶ卸売業者である。書籍の7割近く、雑誌の8〜9割程度が取次を経由している。取次は寡占化がすすみ、日販とトーハンの主要2社で、取次ルートで流通する出版物の4分の3程度を占有している。取次のおもな機能は、出版社から出版物を仕入れて運送し各小売店に配本することである。また、書店からの返本回収、代金回収、金融、情報提供、書店の資本系列化など、出版産業の流通基盤を下支えしている。取次ルート以外では、出版社から書店やインターネット通販書店への直接販売や、定期購読での読者への直接販売などがあ

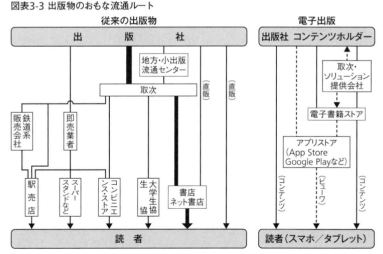

図表3-3　出版物のおもな流通ルート

資料）『出版メディア入門第2版』『電子書籍ビジネス調査報告書2018』

る。電子出版については、従来の出版物とは異なる流通ルートが作られはじめている（図表3-3）。なお、電子出版については、再販制は適用されない。

3　雑誌の現況

雑誌の銘柄数と売上と部数

　雑誌の銘柄数は統計の基準によって大幅に変わる。学術誌や同人誌など非商業的なものまで含めると約14,000点あるとされる。雑誌銘柄数や雑誌売上の統計値として一般的に使われるのが、取次を通して流通している約3,000誌で、2017年の売上は6548億円である。この中には、1シリーズを1点にまとめて月刊誌としてカウントした雑誌扱いコミックス（マンガ単行本）とムックも含まれている。ムック（mook）とは雑誌（magazine）と書籍（book）の両方の性質を併せ持つ出版物である。コンテンツ自体は雑誌のようなものも書籍のようなものもあるが、1つのテーマに絞っていることが多く、不定期に刊行される。2017年の新刊は8,554点で販売金額は816億である。紙のマンガ市場は2583億円で、そのうちコミック誌（マンガ雑誌）は225点で売上は917億円である。コミックスは新刊12,461点のうち77％の9,608点が、また販売額1666億円のうち89％の1486億円が雑誌扱いである。雑誌売上に占めるコミック誌の割合は14.0％、同じく雑誌扱いコミックスは22.7％を占める。

　一般的な書店で日常的に購入できる雑誌銘柄数の目安となるのが、日本雑誌協会が発行する主要雑誌のプロフィール集『マガジンデータ』に掲載されている2017年現在での539誌といえる。ただし、日本雑誌協会には一部の有力出版社が加盟していないのでこの数字が下限と考えてよい。

　個々の雑誌の販売売上を測る指標となる部数は、雑誌発行元の

出版社が自己申告する公称部数、日本雑誌協会が加盟出版社の雑誌について2004年から公表している印刷証明付部数、日本ABC協会が第三者の立場から監査して認定した実売部数のABC部数などがある。雑誌は印刷して書店などで発売しても売れ残りがでるので、印刷証明付部数とABC部数との間には差がでる。一般的には、公称部数、印刷証明付部数、ABC部数の順で数値が小さくなる。印刷証明付部数を公表しているのは2017年現在315誌、ABC考査を受けているのは2018年8月現在152誌だけである。ほかにも雑誌の影響力を知る指標として、1冊の雑誌が何人に読まれているかを示す回読率もある。雑誌ごとに大幅に差があるが、一般的には1人から数人程度の範囲である。

雑誌のジャンル

流通の観点から上記の約3,000誌を分類すると、図表3-4のように大衆分野は銘柄数の増減に4ポイント程度の幅で同期しているが、比率が9％以内の9分野では大きな変動はない。増減が目立っているのは、趣味分野と専門分野である。2016年では、趣味分野は7下位項目とその他の273銘柄の計585銘柄からなる。また医学や法律など専門性の高い13分野を専門分野としてまとめると841銘柄ある。両分野とも多種多様な雑誌をひとまとめにしている。2016年の専門分野と趣味分野を加えると49.4％で、1991年の49.0％とほとんど変わらない。専門分野と趣味分野の増減は相殺され、多品種という雑誌の商品特性に影響を与えていない。このように、雑多な種類の集合という雑誌メディア全体の性格は維持されている。雑誌銘柄数自体は販売売上に10年ほど遅れて2006年の3,652点がピークとなり2016年には2,977点に減っている。

出版社の立場からは日本雑誌協会が、2004年には34だった雑誌のジャンルを価値観やライフスタイルの多様化にあわせて2006年以降は

細分化し、2017年では図表3-5のように101に分類している。例として、2004年には44誌が1ジャンルにまとめられていた女性ヤングアダルト誌は、2017年には7ジャンルの下位項目が設けられ、ファッション・総合5誌、エレガンス・ハイクオリティ1誌、モード4誌、モード（海外提携誌）

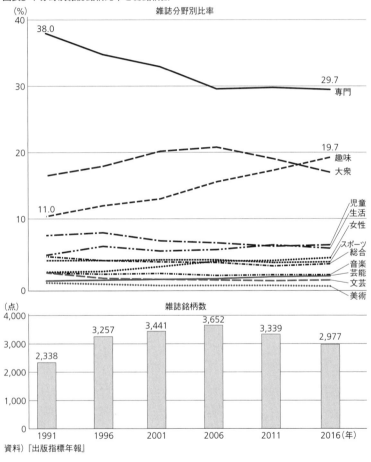

図表3-4 分野別雑誌銘柄比率と総銘柄数

資料）『出版指標年報』

図表3-5 雑誌ジャンル分けの細分化

2004年

分類	ジャンル	誌数
男女共通・一般社会人対象誌	総合月刊誌	27
	総合週刊誌	14
	写真週刊誌	4
	文芸・歴史誌	28
	健康・住宅誌	9
	趣味・教養誌	74
	ビジネス・マネー誌	15
	スポーツ・ゴルフ誌	61
	旅行・レジャー誌	4
	科学誌	5
	アウトドア誌	5
	芸術誌	2
	パソコン誌	22
男性向け、主にヤング対象誌	男性ヤング誌	14
	少年コミック誌	18
	男性向けコミック誌	36
	男性ヤングアダルト誌	29
	モノ・トレンド誌	8
	自動車・オートバイ誌	25
男女共通・情報誌	タウン誌	14
	TV・FM情報誌	18
	映画・音楽情報誌	11
女性ティーンズ対象誌	女性ティーンズ誌	14
	少女コミック誌	21
女性ヤング対象誌	女性ヤング誌	19
	女性ヤングアダルト誌	44
	女性ヤングアダルトコミック誌	17
女性向け実用誌	女性週刊誌	3
	ミセス誌	19
	生活情報誌	30
	ミセス向けコミック誌	1
マタニティ・育児期の女性対象誌	マタニティ・育児誌	6
児童・生徒対象誌（幼稚園・保育園児・小・中・高校生向け、教師対象も含む）	児童誌	17
	学年誌	22
計		656

資料）『マガジンデータ』

2017年

			誌数
男性	総合	総合月刊誌 オピニオン（社会・政治・ビジネス）	7
		週刊誌 一般週刊誌	13
		写真週刊誌	2
		その他総合誌 増刊・日刊ほか	1
	ライフデザイン	男性ヤング誌 ファッション・おしゃれ	4
		グラビア	2
		ファッション	4
		男性ヤングアダルト誌 ライフスタイル・全般	8
		グラビア	2
		オピニオン	1
		男性ミドルエイジ誌 ライフスタイル	12
		男性シニア誌 ライフスタイル	2
	ビジネス	ビジネス・マネー誌 ビジネス	7
		金融・マネー	3
	情報	モノ・トレンド情報誌 モノ・トレンド情報	5
	趣味専門	スポーツ誌 ゴルフ	7
		自動車・オートバイ誌 新車情報	5
		輸入車情報	2
		車種別専門	1
		パーツ・その他	2
		オートバイ・スクーター	4
	コミック	少年向けコミック誌 少年向けコミック誌	19
		男性向けコミック誌 男性向けコミック誌	46
女性	総合	女性週刊誌 女性週刊誌	3
	ライフデザイン	女性ティーンズ誌 ガールズ	2
		ローティーン	1
		ティーンズ総合	3
		エンターテインメント情報	3
		女性ヤング誌 ファッション・総合	4
		カジュアル	2
		エンターテインメント情報	7
		女性ヤングアダルト誌 ファッション・総合	5
		エレガンス・ハイクオリティ	3
		モード	4
		モード（海外提携誌）	5
		キャリア	5
		生き方	3
		ライフスタイル・総合	6
		女性ミドルエイジ誌 30代ファッション	2
		40代ファッション	3
		50代ファッション	2
		ライフスタイル・総合	8
		生き方	1
		女性シニア誌 ライフスタイル	3
	ライフカルチャー	マタニティ・育児誌 マタニティ・育児	5
		子育て	3
		生活実用誌 ハウスホールド全般	7
		生活情報誌	3
		食（料理・レシピ）	8
		手作り	2
		住（インテリア・エクステリア・雑貨）	3

			誌数
女性情報	ビューティ・コスメ誌	コスメ	6
		ボディ	4
	ナチュラルライフ誌	ナチュラルライフ	1
	エリア情報誌	エリア情報	3
	旅行・レジャー誌	旅行・レジャー	1
女性コミック	少女向けコミック誌	少女向けコミック誌	15
	女性向けコミック誌	女性向けコミック誌	21
男女 ライフカルチャー	ファミリー・子育て誌	ファミリー・子育て	1
	シニア誌	シニア誌	1
情報	エリア情報誌	エリア情報	9
	テレビ情報誌	テレビ情報	12
	食・グルメ情報誌	食・グルメ情報	2
	フリーマガジン	フリーマガジン	3
	旅行・レジャー	旅行・レジャー	3
	スポーツ	スポーツ総合	0
		各スポーツ競技別	10
	文芸・歴史誌	文芸（小説・エッセイ・コラムなど）	16
		歴史読み物	3
		読書情報	7
	健康誌	健康情報	5
	エンターテインメント情報	音楽・アーティスト情報	13
		映画・スター情報	3
		その他（演劇など）	1
	ゲーム・アニメ情報誌	ゲーム・アニメ情報	19
	建築・住宅誌	住宅建築（一般）	2
	業界・技術専門誌	業界・技術専門情報	4
趣味専門		アウトドア	9
		オーディオ	1
		ギャンブル・ロト	3
		腕時計	1
		きもの	1
		キャラクター情報	3
		ペット	5
	その他趣味・専門誌	教育（実務者）	10
		受験	1
		カメラ（デジタル含む）	2
		美容（技術者）	2
		自然科学	4
		園芸（技術）	1
		園芸（一般）	4
		工芸	1
		短歌・俳句	3
		アート・デザイン	4
		クロスワード・パズル	27
		ホビー（模型・おもちゃ・フィギュアなど）	6
		その他	1
	時刻表	時刻表	8
	ムック	ムック	2
子供誌	子供誌	子供誌①	15
		子供誌②	1
計			539

5誌、キャリア5誌、生き方1誌、ライフスタイル・総合6誌となっている。

二重構造の雑誌市場

雑誌市場は最盛期でも、銘柄数としては10万部程度のニッチ的な雑誌が多くを占め、その上に比較的少数のマス雑誌群が加わって規模が大きくなる二重構造であった。雑誌市場の約5割を占める印刷証明付部数が公表されている雑誌について、最初に公表された2004年と2017年を比較すると、図表3-6のように銘柄比率は10万部程度までの雑誌が高く部数が多い雑誌ほど低くなる傾向はほぼ同様である。ただし、20万部以上の雑誌銘柄の実数は2004年の120から2017年の42へ、50万部以上では、35から7へと減少している。

一方、発行部数区分別の雑誌総発行部数は図表3-7のように、20万部程度までの雑誌では2004年でも2017年でもさして変わらないが、楕円部分で示したマス雑誌では、2004年のほうが大幅に多い。このことから、ニッチ的な雑誌群に数十万部から数百万部を一度に発

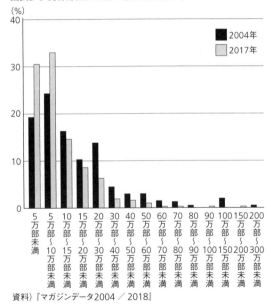

図表3-6 発行部数区分別の雑誌銘柄数比率

資料)『マガジンデータ2004／2018』

行する比較的少数のマス雑誌群が重なることで、雑誌市場全体の売上が膨らんでいたことがわかる。雑誌売上最盛期の1990年代中期には信頼に足る個々の雑誌の発行部数のデータは少ないが、雑誌市場の二重構造はさらに顕著

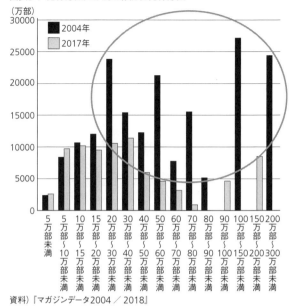

図表3-7 発行部数区分別の雑誌総発行部数

資料)『マガジンデータ2004／2018』

だっただろう。現在では、マス雑誌銘柄数の減少とともにこの二重構造は目立たなくなってきている。

4　雑誌の歴史的盛衰

ニッチからマスへ［1870年代から1940年代：揺籃期］

　雑誌はそれぞれ特定の編集方針をもつ多品種少部数のニッチなメディアとして生まれた。編集者の主義主張が前面に出たものも多く、日清戦争（1894〜95年）の頃でもせいぜい1万部台だったが、1895年に創刊された『太陽』は読者の嗜好を汲んで毎号10万部弱を発行した。日露戦争（1904〜05年）後は出版社が急増し雑誌

の発行部数も増した。委託販売制を採用した『婦人世界』は明治末の1909年には毎号10万部を超えた。大正時代になると、婦人誌が20万部以上を発行することもありマス雑誌化していった。1925年に創刊した大衆娯楽誌の『キング』は2年後には100万部を超えた。戦争景気を背景として1930年代後半からは雑誌も急激に売上を伸ばし、1943年には『主婦之友』が164万部を記録した。

マス雑誌群の出現［1950年代から1960年代：大部数大衆誌勃興期］

敗戦後の混乱期を乗り越えると大衆的なマス雑誌群が勃興した。1950年代には芸能娯楽誌の『平凡』、主婦層も取り込んだ『週刊朝日』など広く大衆を読者層とした雑誌が100万部を超えた。1960年代には、『平凡パンチ』など勤労青年に替わって出現した「若者」に向けた週刊誌、『週刊現代』などのサラリーマンが対象の週刊誌、そして『週刊少年マガジン』など若年層に向けたマンガ週刊誌など、多くのマス雑誌が100万部を超えた。

マス雑誌を成立させた社会的要因は様々で

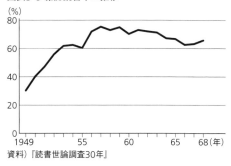

図表3-8 雑誌読書率の推移

資料）『読書世論調査30年』

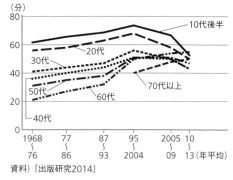

図表3-9 年齢別読書時間の推移（1日平均）

資料）『出版研究2014』

あるが、主要なものとして読書人口と読書時間が増加したことがあげられる。1920年の第一回国勢調査で5596万人だった総人口は雑誌のピークとほぼ同じ時期の1995年には1億2557万人に増加し、15歳から64歳までの生産年齢人口も、同年8717万人でピークに達した。また、明治以降の初等教育の普及で識字率が高まり庶民の教養レベルも高まった。第二次世界大戦後は1949年で30.3%だった雑誌読書率は、1950年代には70%台に跳ね上がる（図表3-8）。読書時間も統計がある1968年以降は21世紀に入るまですべての年齢層で長くなっている（図表3-9）。とくに、若者の読書時間はほかの年齢層よりつねに長かったので、戦後のベビーブームによる若者人口の増加はマス雑誌成立に大きく寄与したと考えられる。

また、大型高速輪転機によるグラビア印刷で短時間に安価に大量の美しい印刷ができるようになったことなど、雑誌製作上の技術革新もマス雑誌を成立させた要因として見逃すことはできない。美しく印刷できることは、1970年代から急増するファッション誌や印刷方法に名称が由来するグラビアアイドルが頻出する男性誌など、ビジュアル重視の雑誌群を生むことにもなった。

クラスマガジンの出現［1970年代:個性化期］

1970年代には週刊誌やマンガ週刊誌をはじめマス雑誌全般が好調だった。現在では忘れられがちな分野だが、1973年には『小学一年生』が7割以上の小学1年生に読まれ、『小学六年生』まで各学年を足すと500万部を超えるなど、各出版社が発行していた学年誌もマス雑誌群の中で大きな存在感を示していた。

一方で、注目を集めはじめたのがクラスマガジンである。読者層を広げて部数拡大を志向するマス雑誌とは異なり、クラスマガジンは、読者の興味、趣味、価値観、性別、年齢層、所得などを狭くすることで読者プロファイルを明確にし、編集方針の精度を

高めると同時に、あらかじめターゲットメディアとしての性格を前面に出し広告収益も確保する。このことで潤沢な編集経費と利益を確保するビジネスモデルを組んでいる。一般的にはカラーグラフィックを多用し、流行、ライフスタイル、カルチャーなどを扱う雑誌が多く、発行部数は多くても数十万部で、月刊誌や月2回刊などが主流である。象徴的な創刊として、1970年のファッション女性誌『an·an』と1976年のライフスタイル男性誌『POPEYE』があげられる。『POPEYE』は1978年には30万部であとは広告で稼ぐというビジネスの組み立てができていた。

　クラスマガジン成立の背景として、経済成長率が平均で9％を超えていた高度経済成長期がオイルショックで終焉し4％台の安定成長期に入り（図表3-10）、産業構造と社会構造も変化して、人々の経済偏重の一枚岩的な価値観が多様化したことがあげられる。9割以上の国民が中流であると意識し、大学短大への進学率

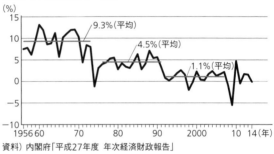

図表3-10 経済成長率の推移

資料）内閣府「平成27年度 年次経済財政報告」

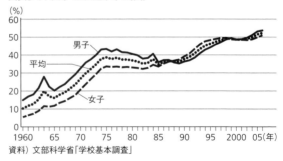

図表3-11 大学・短大進学率の推移

資料）文部科学省「学校基本調査」

は男女平均で40％に迫り（図表3-11)、産業別就業構成で第3次産業が50％を超えるなど（図表3-12)、経済的にも教養的にも様々な趣味的文化を楽しむ余裕がある人口が増加した。すなわちクラスマガジンを楽しむ市場が育ったのである。

図表3-12 産業別就業構成比

	第1次産業	第2次産業	第3次産業
1950年	50.7%	22.1%	26.6%
1955年	40.1%	24.0%	35.9%
1960年	30.2%	28.0%	41.8%
1965年	23.5%	31.9%	44.6%
1970年	17.4%	35.2%	47.3%
1975年	12.7%	35.2%	51.9%
1980年	10.4%	34.8%	54.6%
1985年	8.8%	34.3%	56.5%
1990年	7.2%	33.6%	58.7%
1995年	5.7%	32.9%	61.0%
1999年	5.2%	31.1%	63.1%

資料）総務省統計局「労働力調査年報」

雑誌の時代を謳歌［1980年代から1990年代：絶頂期］

1979年に「雑誌の年」といわれた勢いは1980年代も続いた。マス雑誌が堅調な上に、クラスマガジンの創刊が相次ぎ休刊誌も少なかったので（図表3-13)、雑誌銘柄数や発行部数が増大しただけでなく、社会・文化的な影響力も高まった。

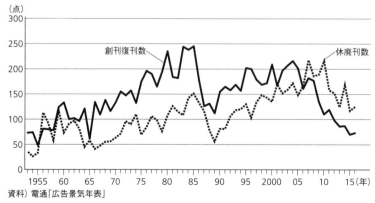

図表3-13 創刊復刊と休廃刊雑誌銘柄数の推移

資料）電通「広告景気年表」

マス雑誌の新ジャンルである写真週刊誌の『FOCUS』は、1980年代前半に200万部を超え類似誌が相次いだ。主婦誌も部数を伸ばし、『主婦の友』は1980年代末には160万部を超えることもあった。一方では、1986年に男女雇用機会均等法が施行されて以降、クラスマガジンとして『日経Woman』『Hanako』などの働く女性を読者層とした雑誌が創刊された。『宝島』『ビックリハウス』などのいわゆるニューウェーブ、サブカルチャー雑誌にも勢いがあった。

　経済バブルは1990年代に入ると崩壊しはじめたが、雑誌は一種のバブル的拡大を続け1997年にピークを迎える。1994年末に653万部を達成した『週刊少年ジャンプ』などのマンガ誌だけでなく、様々なジャンルの雑誌が大部数を謳歌した。マス雑誌だけでなく『日経ウェルネス』『KansaiWalker』などテーマや地域を絞って創刊された雑誌も注目を集めた。また、1990年代の若者ストリート・カルチャーは雑誌との親和性もあり、ギャル系雑誌の『egg』『Cawaii!』が創刊され部数を伸ばし世間の注目を浴びた。

　さらに広告収入も好調だった。雑誌に掲載しきれず広告出稿を断る雑誌もあった。

　実体経済が下降しはじめても世相的にはモノや文化を消費することで生活の満足を得る意識は萎むことなく、雑誌から得る情報への需要も旺盛だった。1994年の携帯・自動車電話「端末お買い上げ制度」と1995年発売のWindows 95に象徴される新メディア時代の幕は開いたばかりで、既存メディア市場が侵食されることもまだなかった。

　このように1990年代までは、雑誌は主要メディアの1つとしてのポジションを享受できていた。

マス雑誌の終焉 [2000年代:衰退期]

2000年代には、ラグジュアリーブランドを多く取り上げる女性誌『Precious』や男性誌『LEON』、また、可処分所得が高いビジネスマン向けの『GOETHE』など、大部数を追うのではなく読者像を鮮明にすることでターゲットメディアとして広告収入も強く意識した、発行部数が5万部から10万部程度のクラスマガジンが相次いで創刊された。

クラスマガジンとしてのセグメンテーション（マーケティングでの区分）を明確にすることで販売的にも成功し、大部数で広告導入を牽引した雑誌もあった。たとえば赤文字系と言われる保守的な傾向のファッション誌『JJ』『CanCam』『ViVi』『Ray』（図表3-14）や、それに続く宝島社のカジュアルな『sweet』『InRed』などである。また光文社は同じ価値観の女性読者を年代別に分け、20代には『CLASSY.』、30代には『VERY』、40代には『STORY』、50代には『HERS』を発刊する戦略をとっている。

だが、一方では実体経済は低迷が続きすでにバブル期の余熱も冷え切り消費意欲は弱まった。生産年齢人口と若者人口も減少しはじめた。また雑誌を代替する様々な新メディアも登場した。1980年代以降のファミリーコンピュータなどの家庭用ゲーム機の普及や、1990年度末には0.7%にすぎなかった携帯電話普及率が2000年度末には52.6％と5割を超え、携帯電話からメールやウェブ閲覧などのインターネットサービスを使える

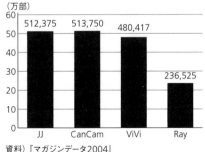

図表3-14 2004年の赤文字系雑誌の部数

資料）『マガジンデータ2004』

ようにしたi-mode も1999年にサービスを開始している。2000年前後を境に読書時間も減少している。

暇つぶし的な娯楽コンテンツや社会儀礼的な共通話題がパソコンや携帯電話からも得られるようになると、それに呼応するようにマス雑誌が急減した。『FOCUS』も2001年には休刊している。2000年代半ばには創刊誌数より休刊誌数が多くなった。好調な雑誌もあるものの、マス雑誌の衰退は出版産業を衰えさせる原因となった。雑誌総体としての売上減少傾向はもはや避けられないことが明らかになった。

転機を迎えたのは雑誌だけではなかった。社会経済的な環境の

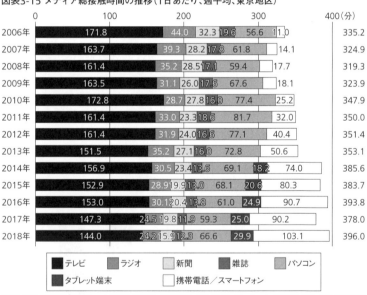

図表3-15 メディア総接触時間の推移（1日あたり、週平均、東京地区）

年	テレビ	ラジオ	新聞	雑誌	パソコン	タブレット端末	携帯電話／スマートフォン	合計(分)
2006年	171.8	44.0	32.3	19.6	56.6		11.0	335.2
2007年	163.7	39.3	28.2	17.8	61.8		14.1	324.9
2008年	161.4	35.2	28.5	17.1	59.4		17.7	319.3
2009年	163.5	31.1	26.0	17.6	67.6		18.1	323.9
2010年	172.8	28.7	27.8	16.0	77.4		25.2	347.9
2011年	161.4	33.0	23.3	18.6	81.7		32.0	350.0
2012年	161.4	31.9	24.0	16.6	77.1		40.4	351.4
2013年	151.5	35.2	27.1	16.0	72.8		50.6	353.1
2014年	156.9	30.5	23.4	13.6	69.1	18.2	74.0	385.6
2015年	152.9	28.9	19.9	13.0	68.1	20.6	80.3	383.7
2016年	153.0	30.1	20.4	13.8	61.0	24.9	90.7	393.8
2017年	147.3	24.5	19.8	11.9	59.3	25.0	90.2	378.0
2018年	144.0	24.2	15.9	12.3	66.6	29.9	103.1	396.0

注1) 2014年より「タブレット端末」を追加。「パソコンからのインターネット」を「パソコン」に、「携帯電話(スマートフォンを含む)からのインターネット」を「携帯電話(スマートフォンを含む)」に変更
注2) メディア総接触時間は、各メディア接触者の接触時間の合計
資料) 博報堂DYメディアパートナーズ メディア環境研究所「メディア定点調査2018」

変化が複合的な要因となって、従来のいわゆる主要4メディアは一様に接触時間を減らした(図表3-15)。メディア環境の変化への対応が出版業界にとっても現実的で切迫した課題となり、紙メディアから雑誌コンテンツを分離したビジネスモデルや、さらに雑誌ブランドをビジネスの核とする多角的な展開の模索も始まった。

激変したメディア環境への対応 [2010年代以降:変革始動期]

　雑誌が成立する基盤を決定的に揺るがしはじめたのが、日本では2008年に発売されたiPhoneに象徴されるスマートフォンの普及である。通信速度の規格が上がり、ガラケーとも言われているフィーチャーフォンに比べ画面も大きくなり、データ量の多いビジュアル情報も手軽に閲覧できるようになった。スマホはその使い勝手の良さで2016年には携帯端末出荷台数の81.6％を占めるまでになっている。さらに、SNSやソーシャルゲームの日常化などで、スマートフォンやタブレット端末への接触時間が長くなっている。

　このような環境の変化の中、2017年には『週刊少年ジャンプ』が200万部を切り190万部となるなど(図表3-16)、マス雑誌群は終焉に向かいつつある。総体としての雑誌売上も減少傾向がとまらない。だが、現在でも5万部から20万部程度の多品種少部数のニッチメディアとして、明確な編集方針で読者のニーズへ的確な情報を提供している雑誌は支持を得ている。たとえば、

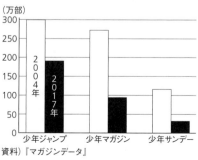

図表3-16 少年マンガ週刊誌の部数

資料)『マガジンデータ』

『リンネル』『GISELe』『LDK』『明日の友』『Safari』『漢字メイト』『美的』（2018年現在）など趣味性がつよく、価値観が明確な雑誌群である。

　とはいえ、雑誌の強みであるこのようなニッチ性も、ネットメディアに取って代わられつつある。しかし、SNSで話題になる有名人のスキャンダルは雑誌記事が発端だったり、プライベートを見たい人気モデルは雑誌専属モデルだったり、さらに従来メディアを「マスゴミ」として揶揄するネットスラングに逆説的に示されるように、ネット情報の多くは既存マスコミのコンテンツがないと成立しない。「自分らしさ」が大切にされる世相にもかかわらず、消費者は「みんな」が知っている、もしくは「有名人」が薦める人、モノ、グルメ、場所、ニュースなどを選択する。そのさいの「みんなが知っていること」や「誰が有名か」の判断基準の1つが、「雑誌に載ってたアレ」とか「誰それ」である。そして、その記事は雑誌自体からだけではなく、ネット上の情報として見ることも多い。

　このように雑誌自体を積極的に購読はしなくとも、消費者は雑誌のコンテンツや雑誌ブランド自体をある程度モノ・コトの選択基準としている。この状況に出版社側が対応して、雑誌コンテンツを紙メディアに印刷するだけでなく、デジタル化することで自社のインターネットメディアに掲載したり、他社に提供することでマネタイズ（収益化）するようになりはじめた。

5　産業としての雑誌

水平分業化した雑誌産業

　生産組織としてみた場合、出版社は知名度にくらべ企業規模は大きいとはいえない。たとえば2016年で50余誌と多数の書籍を発

行する業界大手の講談社の2017年度売上は1179億円あるが、従業員数は2018年4月1日時点で924人にすぎない。およそ半数の出版社は従業員数が10人以下である。このように出版社が企業として小規模なのは、印刷や流通、さらには編集業務にいたるまで多くの業務を外注化していることにもよる。

雑誌は図表3-17に示すような過程を経て制作、販売され読者のもとに届くが、生産組織としては図表3-18のように水平分業化が進み、企画、取材、撮影、執筆、編集、デザイン、校正・校閲、印刷、製本、配本・返本、販売、広告セールス、代金回収などの

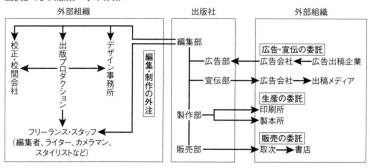

図表3-17 雑誌の制作過程

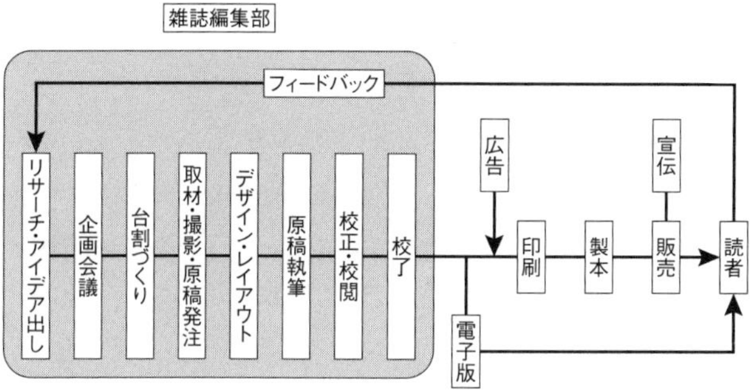

図表3-18 出版業の水平分業

一部もしくは大方が外注化されている。これは、同一資本で生産から販売まで垂直統合している新聞とは異なる。

　出版機能の水平分業化が進む一方、すでに海外では進展しているM&Aによる出版社間の資本系列化の動きが日本でもみられるようになった。KADOKAWAとドワンゴが経営統合した持株会社であるカドカワは、多数の出版社を傘下にもつ。また、TSUTAYAの親会社であるカルチュア・コンビニエンス・クラブも既存の伝統のある出版社を複数買収している。これらの企業は、雑誌・書籍を数多く出版しているが、それ以外にも多岐にわたるメディア事業会社をもち、メディアコングロマリットを志向している。

デジタル化した製作工程

　生産技術面で特筆すべきことは、製作工程のデジタル化である。かつては写真フィルムを使い、原稿は原稿用紙に鉛筆やペンで書き、デザイン工程も手作業でレイアウトを行い、印刷機にかけるための版下とよばれる原稿をアナログで作成していた。そのために、コストも時間もかかっていた。だが、1980年代から原稿はワードプロセッサー、そしてコンピュータで書くようになり、DTP（デスクトップパブリッシング）と言われるコンピュータ上でのレイアウトが標準的な工程となり、21世紀に入る頃からは雑誌制作の現場でもデジタルカメラが実用段階に入った。CTP（コンピュータ・トゥ・プレート）などの印刷段階でのデジタル化も進み、より低コストで短期間に雑誌制作が可能となった。小規模でも高いクオリティで印刷物が作れるようになり、zine（ジン）などと呼ばれる趣味性の強い小部数雑誌も話題になっている。紙の雑誌製作工程をデジタル化することは、結果として電子雑誌を作る工程も兼ねている。

コスト減のわかりやすい一例として写真撮影のデジタル化があげられる。従来のプロ用フィルムは現像料も含め1本あたり2,000円程度かかっていた。企画によるが、平均して見開き2ページで5本程度のフィルムを使うと1万円である。編集ページが200ページあれば100万円となる。デジタルカメラ導入で、この経費が必要なくなった。

雑誌に欠かせない広告

雑誌ビジネスに欠かせないのが広告である。雑誌の販売売上と雑誌に出稿された広告売上の合計は、1997年の2兆39億円をピークとしてそれ以降下降し続け、2017年では8571億円になっている（図表3-19）。そのうち広告売上は2023億円で24％を占める。ただし、雑誌ごとの広告売上は公表されていない。

日常生活では、「広告」と「宣伝」は区別せずにほぼ同義で使われている。だが、出版業界では、一般企業の宣伝部が媒体料を払って雑誌に掲載する商品宣伝の原稿のことを広告という。出版

図表3-19 雑誌売上と広告売上の推移

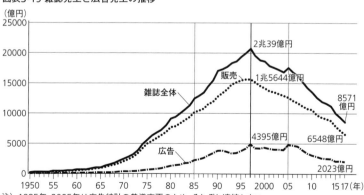

注）1985年・2005年は広告統計の基準変更のため、それぞれ連続しない
資料）『出版指標年報』『電通広告年鑑』『白書出版産業』『日本の広告費』

社の広告部は一般企業の宣伝部に営業をして雑誌へ広告を出してもらい、さらにその広告の掲載管理をしている。

　出版社には、広告部のほかに、自社出版物の広告をおもに他社メディアに媒体料を払って掲載する宣伝部もある。すなわち、出版社には収入部門としての広告部と支払部門としての宣伝部があり、両部はまったく異なる役割をはたしている。

　マス雑誌では、広告は幅広い読者に商品情報を伝えることが求められている。読者は広告を編集コンテンツとは別のものとして受容することが多い。だが、趣味性や専門性の強いニッチ雑誌の場合、広告出稿企業は読者の興味や必要に応じた商材の情報を提供しようとするので、その広告は読者にとっても有益な情報になりうる。たとえば、ファッション誌に載っている衣類の広告は、読者にとっては編集コンテンツを補完するものである。もし、ファッション誌に衣類の広告が皆無なら、ファシション誌としての楽しみは減るだろう。じっさい、ファッション・アクセサリー業種は、2017年にはマスコミ4媒体への媒体料916億円のうち55％を雑誌に使っている。この比率は、他業種とくらべて突出している。

　広告売上は、販売収益だけでは不可能な取材経費をもたらし、充実した編集記事の提供を可能にしている。反面、販売収入は売れ行きによる一種のギャンブルだが、広告収入は掲載時点で確定されるので雑誌ビジネスの広告依存が起き、コンテンツが広告出稿企業におもねり読者をないがしろにすることも懸念される。これを嫌い、他社の広告を掲載しない『暮しの手帖』のような雑誌もある。

　雑誌広告の種類には、広告出稿企業が提供する広告原稿をそのまま誌面に掲載する「純広（純広告）」、記事風な表現をする「記事広告」、広告出稿企業の意図を汲みつつ雑誌の編集方針に合うように編集部が制作する「編集タイアップ広告」などがある。いずれにしろ企業名やブランド名、もしくはPR、協力○○（企業

名）といったクレジットを表記して広告であることを明示し、読者が広告出稿企業を認識できるようにしてある。これは広告出稿企業名を意図的に伏せることで、消費者に広告ではないと誤認させるステルスマーケティングを忌避するための出版社の倫理である。同一出版社内の他部門で編集した別の雑誌や書籍など、自社出版物の広告は「自社広告」という。また、企業の広報部や広報室などから提供された情報を、金銭的な対価なしで編集部が取り上げた記事を「パブリシティ」という。

広告会社の役割

　広告出稿企業は通常、広告が雑誌に掲出されてから媒体料金を支払う。だが、出稿決定時と掲出との時間的な差や支払い条件などで、代金回収に問題が起きることがある。広告出稿企業の代わりに広告会社が雑誌のスペース（ページ）を買うことで、出版社はこのリスクを回避することができる。また、広告会社は広告主への営業や、掲載ページの確保と広告を雑誌のどの位置に配置するかの調整も行う。このようなサービスに対して、広告会社は媒体料金の20％程度のマージンを受け取る。

　出版社の宣伝部が他メディアに広告を出稿するときにも、広告会社は出稿メディアのスペースの確保をする。このさい広告会社が受け取るマージンは出稿メディアごとに異なる。

　広告出稿企業が雑誌に載せる広告は、広告会社のクリエイティブ部門が制作することも多い。出版社は中吊りなどたいがいの平面広告は自社で制作するが、電波メディアなどを使うさいは広告会社が制作することもある。

様々な雑誌宣伝

　趣味性や専門性が高い雑誌は読者が見つけてくれる側面もあるが、大衆的な特性が強くなるほど雑誌の販促には宣伝が欠かせない。出版業全体では、マスコミ4媒体への出稿額だけで2017年には780億円になる。出稿メディアの内訳は、新聞61％、テレビ26％、ラジオ11％、雑誌3％である。宣伝媒体としてはほかにも、電車車内の中吊りや駅構内に貼るポスター掲示板などの公共交通機関、ビルの屋上の看板や壁面の巨大モニターなどの屋外施設、新聞折り込み、インターネットなど様々である。また、販売促進のためのPOPなどもある。ただし、これらの宣伝費の総額やどの程度の割合が雑誌の広告に使われているかは統計がないため明確にはいえない。

付録は販促の王道

　1934年に『主婦之友』は付録を書店から持ち帰るために「風呂敷をお持ち下さい」と宣伝した。現代では、定番となっているブランドバッグ以外にも多種多様な付録が雑誌に付いている。付録は雑誌の歴史を通じて販促の王道である。2010年から2017年までは雑誌総発行回数の概ね19％強で付録が付けられていて、この割合はほぼ変化していない。宣伝で知ってもらい立ち読みで気に入ってもらい、レジにもっていってもらう最後の一押として付録は大きな力をもつ。

　付録は雑誌1冊ごとに付いてくる総付景品のことで、ベタ付け景品ともいわれる。景品表示法で雑誌の定価が1,000円未満の場合、景品は200円以下に規制されている。付録は200円での勝負となる。雑誌で利用される抽選をする懸賞には、誰でも応募できて景品の上限額が定められていないオープン懸賞、景品額が定価の

20倍までの一般懸賞、雑誌編集についてのアンケートなどの募集を行い3万円を超えない景品を提供する一般懸賞の中の特例懸賞がある。

6　雑誌のあらたな展開

拡張する雑誌ビジネス

　雑誌コンテンツは、書籍、翻訳、TVドラマ、映画、ゲーム、ミュージカル、舞台など、他メディアへの原作供給源になるとともに、コンテンツ中のキャラクターが様々な商品や宣伝に使われることでも、知的財産としての収益をあげている。たとえば、『週刊少年ジャンプ』に1997年から連載されている『ONE PIECE』は海外でも翻訳されコミックスが2017年には世界累計で4億3000万部を超え、テレビアニメ、映画、歌舞伎、ゲームなどの原作となり、イベントも開催され、キャラクター版権の売上もある。また、『キング』に由来するキングレコードや、『クロワッサン』から派生した生活雑貨店「クロワッサンの店」など出版以外への事業拡張も従来からある。

　このような雑誌派生のビジネスにくわえて、ネット通販やリアルイベントのサービスも展開されはじめている。

　通販サイトでは、おもに雑誌に掲載された商品をウェブ上で販売する。雑誌上に掲載されていなくても、消費者はその雑誌ブランドを信頼して商品を購入する。代表的なサイトとして、ファッション誌を核とした集英社の通販サイト「FLAG SHOP」などがある。

　ほかにも雑誌ブランド価値から派生するビジネスとしては、定評のあるビジネス誌や高級婦人誌などが主催する著者や文化人によるセミナーや講演、カルチャー教室などがある。例として『日

経ビジネス』セミナーや『家庭画報』を発行する世界文化社の「セブンアカデミー」などがある。読者のセグメントが明確でコンテンツにも一定の評価を獲得している場合、顧客層がつかみやすくまた見込み消費額が高く設定でき、一般的には目立たず認知されていなくとも、ニッチ市場では収益性の高い事業となる可能性がある。

始まったばかりの電子雑誌

　電子出版の2017年の売上は2215億円で、内訳はコミックが77％、書籍が13％を占めている。2010年頃から動きだした電子雑誌の売上は214億円で、電子出版の10％弱を占めるまでになった（図表3-20）。電子出版の統計はまだ調査機関によって大幅な差があり、2017年度で電子雑誌が315億円という統計値もある。いずれにせよ、電子出版は、今後も伸びていくと思われる。

　電子版コミックスの売上は急増し、2017年には17％増で1711億円となり、はじめて1666億円の紙を上回った（図表3-21）。コミック誌は電子版の売上がわずかに増えているものの、全体の売上は下がっている（図表3-22）。近年ではコミックスとコミック誌を合計したマンガ全般を指すコミック売上（図表3-23）はほぼ横ばいで2017年では4330億円である。マンガは、かつては雑誌で連載を毎回読むものであったが、今世紀に入るとコミックスでまとめ読みされることが多くなり（図表3-24）、現在では紙ではなく電子版でのまとめ読みが主流になりつつある。

　電子版マンガ販売での課題は海賊版である。摘発された「はるか夢の址」だけでも、6年間で4142億円の被害があった。また、「漫画村」などを海賊版サイトだとして、政府がインターネット接続事業者に接続遮断を求めた例もある。だが、まだ有効な対策は見つかっていない。

図表3-20 電子出版の市場規模

図表3-21 コミックス(単行本)の市場規模

図表3-22 コミック誌市場の販売金額

図表3-23 コミック市場全体の販売金額

電子雑誌のネット上での販売には、定額制読み放題サービスと雑誌ごとの販売がある。その中でも、税抜き月額400円で200誌以上(2018年8月現在)が読み放題の「dマガジン」の伸びが著しい。2014年6月にサービスを開

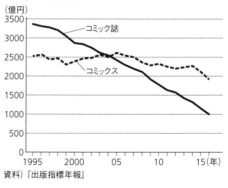

図表3-24 紙のコミックスとコミックス誌の推定販売金額の推移

始し2017年3月末には363万契約を達成している。定額制読み放題サービス市場で圧倒的なシェアを獲得し、出版社にとっても確実な収益をもたらすまでになっている。雑誌各号の単独販売と定期購読のどちらでも利用できる販売方法としては、無料で読めるマンガ雑誌サービス「少年ジャンプ＋（プラス）」のサイト内から購読申込ページへ誘導している例などがある。2018年8月現在1冊だと250円、定期購読だと月額900円である。ただし定期購読料は、アンドロイドとiOSで価格に差がある。ほかにも様々な電子雑誌販売方法が試されている。

　電子雑誌のネット上での表現形式もまだ定まってない。「dマガジン」のように基本的には紙に印刷された雑誌をそのままの形で配信するフィックス型と、テキストが中心の電子雑誌で採用されている文字の大きさをユーザーが変えられるリフロー型がある。『ラジオ英会話』のように両型に対応しているものもある。

　雑誌と連動したウェブサイト「東洋経済ONLINE」「NEWSポストセブン」など、他社インターネットメディアにもコンテンツを供給することでビジネスとして成立する例も増えてきている。ネット上で創刊されたウェブ雑誌『mi-mollet（ミモレ）』には紙の雑誌はない。ウェブから始まり紙の雑誌も発行したキュレーションサイト『MERY』は著作権問題で一時休止したが、小学館との新たな記事制作体制で再開しいている。また、『週刊アスキー』のように紙の有料雑誌から有料の電子雑誌に転換したもの、『COURRiER Japon（クーリエ・ジャポン）』のように紙の有料誌を止めて有料「会員制ウェブメディア」に形態をかえたもの、『FYTTE』のように紙の有料雑誌から無料のウェブサイトに移行したものなど多種多様である。無料のものは、広告モデルと呼ばれ広告収益で運営されている。

　このように2018年時点では、電子雑誌としての表現やビジネスモデルの標準形態は定まっていない。ただし、一般からの情報の

寄せ集めではなく、編集部が一定の編集方針のもとに信頼性と諸権利をクリアした情報を提供する電子雑誌が生き残っていく方向性が見えはじめている。

多角化で変化する出版の収益構造

多角化する雑誌ビジネスは、すでに出版社の売上構成比にも反映されている。たとえば集英社では2012年度には出版物が売上比率の79％を占めていたが、2017年度には60％に減った。売上の内訳は、雑誌・コミック49％、版権14％、web12％、書籍11％、広告8％、物販6％となっている（図表3-25）。講談社では2011年度には出版物が売上比率の84％を占めていたが、2016年度には68％に減った。売上の内訳は、雑誌・コミック54％、書籍15％、デジタル15％、国内版権6％、海外版権3％、広告4％、その他4％となっている（図表3-26）。図表3-27は、多角化した分野を分社化した小学館集英社プロダクションのメディア事業局の売上内訳である。雑誌コンテンツから派生するビジネスは、すでに

図表3-25 集英社売上内訳（2017年度）

資料）『情報メディア白書』

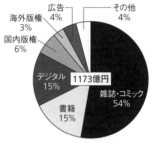

図表3-26 講談社売上内訳（2016年度）

注）四捨五入のため計100％にならない
資料）『情報メディア白書』

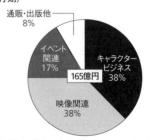

図表3-27 小学館集英社プロダクションメディア事業局売上内訳（2018年3月期）

資料）小学館集英社プロダクションウェブサイト

出版業にとって重要な収益源となっている。出版社全体では、総売上に占める出版物の比率は2015年度で62%である。

7　雑誌の将来展望

　明治以降20世紀末まで、社会・経済・メディアそして人口動態環境は雑誌メディアにとって順風だった。だが、世紀が替わる頃から逆風が吹きはじめ、インターネットメディアが雑誌の地位を脅かしている。環境の変化は雑誌にとって激烈なものである。雑誌はメディアとコンテンツとを別のものとして捉え、自らをコンテンツメーカーとしてあらたな展開を模索しはじめ、2010年代にようやくその成果があらわれはじめた。従来のビジネスモデルにくわえて、コンテンツを紙以外のメディアに配信するだけでなく、コンテンツや雑誌自体がもつブランド価値を利用して、それらに付随する消費者サービスも開発している。

　そもそも雑誌読者は紙を消費したいのだろうか？いまだに供給者側からの視点で現況を憂えている出版社や流通業者もいる。しかし、読者＝情報需要者からすれば、自分にとって有益な情報でしかもお金を払うだけの価値があると納得する「雑誌」的コンテンツやサービスなら、どのメディアから、またどんな形態で得てもかまわない。

　世の中がデジタルネットワーク化しても、衣・食・住・性愛・知識・権力・自己肯定・快楽・安心など人間の根源的欲望を満たす情報を求めるニーズは変わらない。雑誌＝magazineの語源は雑多なものが詰まっている「倉庫」である。「雑誌の雑は雑の雑」といわれるように、雑誌のコンテンツは批判性と娯楽性、大衆文化とハイカルチャー、右派と左派などと振れ幅があり、部数も大部数から少部数まで、また、編集方法、発行形態、そして読者も雑多で、さらに時代の風をザッと摑んで提供するメディアである。こ

のような雑誌の本質を知る出版社は、デジタル化を内在化すると同時に、モノ・コト・感情をプロデュースしていく核として、雑誌コンテンツと雑誌編集力を生かしていくだろう。進化の過程では、強いものではなく変化するものが生き残る。読者の潜在需要を顕在化させて満たすべく、望むものが何でもでてくるドラえもんのポケットのようなコンテンツメーカーとして「雑誌」は自らを再定義しはじめている。　　　　　　　　　　　　　〔清水一彦〕

第4章
広　告

1　概　観

拡張する"広告"のかたち

　メディア全般にわたり言えることであろうが、インターネットの普及、進化は、広告媒体においてもそのありように大きな影響を与えることになった。情報メディアとしてインターネットが成長するとともに、広告メディアとしても欠かせない存在になったのである。

　変化の様相はまず、広告市場の構造的な側面から捉えることができる。電通が毎年推計、発表している「日本の広告費」によると、年々拡大を続けるインターネット広告費は2017年には1兆5094億円で、総広告費に占める割合は23.6％にまで達した。すでにテレビメディアに次ぐ大きさに成長していたが、その差は6.8ポイント、金額では4384億円となっている。テレビCMは放送時間に占める割合が、日本民間放送連盟（民放連）から基準として示されている。そうした中、取引単価の変動の影響が大きくなるが需要に応じて落ち着くため、テレビ広告費全体が大幅に増え続けるといった状態にはなりづらい。掲出ページに制限のないインターネット広告とは条件が異なるとはいえ、インターネット広告費は前年比10％を超える高い成長率を維持している（図表4-1）。

　同資料は戦後間もない1947（昭和22）年から暦年データが収録されている、貴重な資料である。広告市場規模や、利用される媒体の長期的な変遷を見て取れる。1974年までは新聞が最大の広

図表4-1 日本の広告費の推移と媒体ごとの構成比の内訳、景気の状況

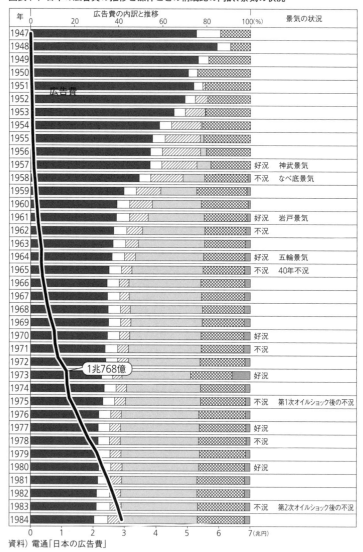

資料）電通「日本の広告費」

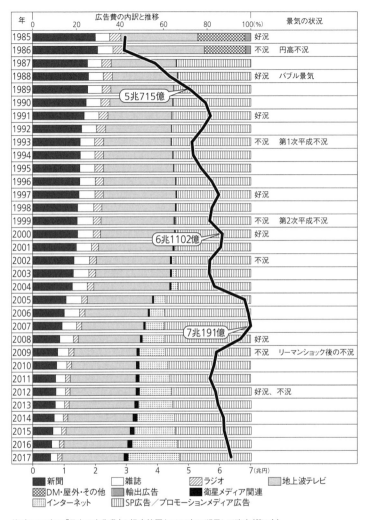

注1）1987年に「日本の広告費」の推定範囲を1985年に遡及して改定（第1次）
注2）2007年に「日本の広告費」の推定範囲を2005年に遡及して改定（第2次）
注3）2014年より、テレビメディア広告費は「地上波テレビ＋衛星メディア関連」と区分し、2012年に遡及して集計
注4）SP広告／プロモーションメディア広告は屋外、交通、折込、DM、フリーペーパーマガジン、POP、電話帳、展示・映像ほか、の合計
注5）景気の状況は、内閣府の景気動向指数研究会「景気基準日付」

第4章 広告　　171

告メディアだったが、1975年にテレビが主役の座を奪う。当時の市場全体の規模は1973年に1兆円を超えたところで、1975年は1兆2375億円、うちテレビ広告費は34.0％を占めた。以来、単独のメディア区分としてはテレビ（1987年から地上波テレビ）の広告費が最大である状況が続いている。市場全体も拡大し、1989年には5兆円を、2000年には6兆円を超えた。2007年には7兆191億円と過去最大の市場規模に達したが、2017年現在は6兆3907億円となっている。

　また、拡大はインターネット広告自体の変化を伴うものであった。1990年代後半にインターネットが一般に利用され始め、ポータルサイトが出現するとバナー広告が掲載されるようになった。当然静止画であり、やがてアニメーションを取り入れた動的な表現も登場したが、しばらくはサイトの広告スペースに素材を貼り付ける、バナー広告が主流だった。2000年代に入ると、ユーザーの検索ワードに連動したかたちで広告を表示する「検索連動型広告」が登場した。広告主は広告が表示されるキーワードを、入札形式で指定することになる。入札金額が高いほど良い条件で表示され、人気のワードは入札金額が高くなる。一方、この頃にはバナー広告の表現が高度になり、flash形式を使った大型サイズや変則的な位置に表示される動画広告が見られるようになった。

　2010年以降には広告取引の仕組みとして、入札によりリアルタイムで単価を決定し、自動的に配信するRTB（Real Time Bidding）が急速に普及した。オーディエンスの属性や行動履歴などから、設定したターゲットに効率的に訴求することができる。こうした仕組みによって取引される広告は運用型広告と呼ばれ、従来方式である固定枠が人（広告会社）によって売り買いされる枠売り広告と大別される。上述の「日本の広告費」では2012年の推計値からインターネット広告費における小分類として「運用型広告」を設定し、インターネット広告媒体費に含まれる運用型広告の金額を発表している（図表4-2）。

図表4-2 インターネット広告費の内訳

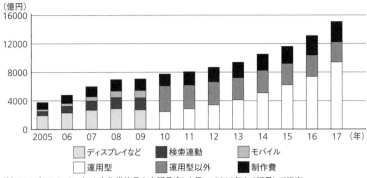

注) 2012年にインターネット広告媒体費の内訳見直しを行い、2010年まで遡及して推定
資料) 電通「日本の広告費」

　また、機械化、自動化されたネット広告の配信、出稿システムの技術は総称してアドテクノロジーと呼ばれる。

　表現形態の面では、2014年頃から動画広告の利用が加速した。2018年を迎えた現在も勢いは衰えず、拡大を続けている。背景にはスマートフォンの急速な普及や通信環境の高速化、動画広告を掲出するメディアの増加といった環境の変化が挙げられる。掲出形式は動画本編内に掲出されるインストリーム広告や、メディアのコンテンツとコンテンツの間に表示されるインフィード形式で掲出されるのが主流だ。

　一方、2010年以降、FacebookやTwitterといったソーシャルメディアが普及し、生活者がこれらのメディアで発信し、コミュニケーションを取り合うことが一般化すると、企業も広告媒体としてだけでなく、情報媒体としてアカウントを持って発信するようになった。広報機能を果たすものといえるが、商品やキャンペーンを魅力的に紹介する、ブランドごとのアカウントを持つなど、広告的な使い方も多く見られる。さらにYouTubeなど動画サイトでは広告の意味合いで映像を流し、バズ（ネット上の口コミ）

を期待するのも一般的な手法だ。これらは媒体料（広告料金）が発生せず、いわゆる広告の定義には当てはまらないものだ。ただ、広告主企業や広告会社などでは、デジタルメディアの進展とともに、広告の形態が多様化し、広告として扱われる範囲も変わりつつあるようだ。従来の媒体広告の概念には収まらない発信が、多くなってきている。実務上は広告として業務に取り入れていることが多い。

　広告の定義についてはAMA（アメリカ・マーケティング協会）発行の『Dictionary of Marketing Terms（マーケティング用語辞典）』（1995年）、また同協会のサイトの辞書（Dictionary）ページで掲載しているものが標準的であると思われる。これを東京経済大学の岸志津江らは「広告とは、営利企業や非営利組織、政府機関または個人が、特定のターゲット市場や聴衆に対して、製品、サービス、団体またはアイディアについて、伝達または説得をするために、大量伝達が可能な媒体のタイムまたはスペースを購入して、告知や説得的メッセージを掲出することである」と訳している。

　ただ、機能上のあいまいさをなくすといった目的で、AMAを含むパートナー4団体によりオープンで継続的に編集される辞書ページ「共通言語（common language）」の広告（advertising）の解説には、"大量伝達が可能な媒体"および"購入して"という語句が含まれていない。こうした対応も、古くからの広告の定義が現況になじまなくなってきていることを表していよう。

　先述したソーシャルメディアの無料アカウントを通して発信される情報などは、AMAの前者の定義には当てはまらない。しかしながら後者の広義の、現状に則した理解では広告と捉えることもできるわけである。

　デジタルメディアの進展とともに、広告の形態が多様化し、広告として扱われる範囲もかわりつつあるようだ。従来の媒体広告の概念には収まらない発信が、多くなってきている。

広告情報の現在位置

　では、受け手である生活者の認識はどうだろうか。

　大東文化大学の五十嵐正毅は全国の男女312人ずつ、計624人を対象にして、広告として認識するメディアや広告一般に対する態度、意識についての調査を行っている。認識するメディアについては広告メディア19項目を提示し、「『広告』と聞いて、あなたはどのようなものを思い浮かべますか?」と尋ねたところ、「動画サイト(ユーチューブ等)上のもの」が12.2％、「SNS(ツイッター、フェイスブック等)上のもの」が6.1％の割合で挙げられた。高い数値ではないものの、16〜22歳の若年層で見ると「動画サイト上のもの」が26.9％、「SNS上のもの」が16.3％と大きく上昇し、19のメディアの中での順位も上がる。質問文から、広告の形態をとらない、アカウントでの発信を思い起こしての回答は限られるかもしれない。ただ、そうした企業発信が消費者に与える影響は無視できないだろう。

　SNSを活用したデジタルマーケティング事業を支援、展開するアライドアーキテクツが2015年に計3,582人の男女に行った「企業／ブランドのSNS公式アカウントからの情報取得に関する意識調査」によると、77％の消費者が「自身がよく利用しているソーシャルメディアで、好きなブランドや企業のアカウントから情報を得ている」と回答している。さらに、「ブランドや企業のアカウントから得たい情報」は、「割引やキャンペーンなどのお得な情報」の84％と「新商品や新サービスに関する情報」の66％が抜きん出ており、広告的な"知って得する情報"を期待している様子がわかる。

　また、実際に商品の購入やサービスの利用にあたって、企業の公式アカウントがきっかけになっているかどうかを、消費者庁が15歳から25歳までの男女3,000人を対象にした「消費生活に関す

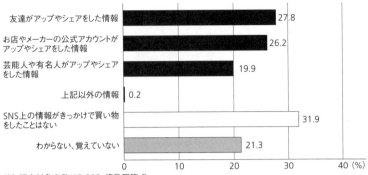

図表4-3 商品購入やサービス利用のきっかけとなったSNS上の情報（2017年）

注）調査対象者数は3,000。複数回答式
資料）消費者庁「消費生活に関する意識調査——SNSの利用及び消費者教育等に関する調査」

る意識調査——SNSの利用及び消費者教育等に関する調査」（2017年）の中で尋ねている。それによると、「お店やメーカーの公式アカウントがアップやシェアをした情報」がきっかけで「商品を購入したりサービスを利用した経験がある」割合は26.2%。「友達がアップやシェアをした情報」と同程度となっている（図表4-3）。

このように、SNSの企業アカウントでの発信を実際の商品購入などに役立てている消費者は少なくない。ただし、広告としては捉えていないようにも見受けられる。SNSや動画投稿サイトなどの展開を実務では広告のように扱い、キャンペーンの一環に組み入れることも多いが、こうした情報に対する認識が明確でない状況は、広告の概念の再考を促す一因となっていると考えられる。

広告そのもの（定義上も明確な、媒体料金が発生する広告物）が他の情報ツールと比べてどう思われているかは、ニールセンの「広告信頼度 グローバル調査」が参考になる。2015年に60の国と地域の3万人を対象に行われた調査から、アジア太平洋地域での「完全にまたはある程度信頼する」形態に対する回答を見ると、「知人の推薦」「企業（ブランド）ウェブサイト」「新聞の社説・コラ

ム」「インターネット上の消費者の口コミ」といった項目が上位に並んでいる（図表4-4）。

5番目に「テレビ広告」が入り、「新聞広告」「雑誌広告」といったマス広告に対する信頼度は比較的高いが、ウェブ上のものを含む口コミや企業サイト上の情報には及ばない。「検索連動型広告」や「オンラインバナー広告」など、各種のインターネット広告は19の形態の中でも低い位置づけだ。オンラインメディアで企業情報や消費者が発信、拡散する評価、情報がたやすく手に入るようになり、広告が届きにくくなっているとも言われる。人による情報などが上位に並ぶニールセンの調査結果は、そうした状況を映し出しているようだ。だからこそ、送り手側では広告だけでなく、多岐にわたる情報伝達経路を複合的に生かそうとする傾向が強まっているのであろう。

図表4-4 広告を「完全に／ある程度信頼する」回答者の割合（2015年）

	媒体	回答者の割合
1	知人の推薦	85%
2	企業（ブランド）のウェブサイト	78
3	新聞の社説・コラム	71
4	インターネット上の消費者の口コミ	70
5	テレビ広告	68
6	ブランド・スポンサーシップ	67
7	新聞広告	63
8	雑誌広告	62
9	看板・屋外広告	60
10	登録型メールマガジン	60
11	テレビ番組での商品提供	60
12	映画上映前広告	59
13	ラジオ広告	54
14	オンライン動画広告	53
15	モバイル広告	50
16	ソーシャルネットワーク広告	50
17	検索連動型広告	50
18	オンラインバナー広告	48
19	携帯電話のテキスト広告	42

資料）ニールセン「広告信頼度グローバル調査」

2　マスコミ広告の現在

新聞広告──価値向上に取り組むとともに、電子版発行が進む

新聞広告は新聞発行部数の減少にともない、広告費や出稿量（広告掲載段数）も減少する傾向にある。広告費は前節でふれた「日

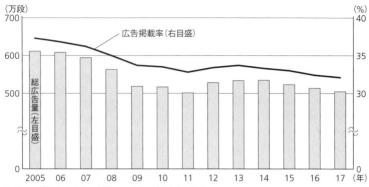

図表4-5 新聞広告量の推移

注1）電通「日本の広告費」「電通広告統計」をもとに作成
注2）2017年に「日本の広告費」の推定範囲を2005年に遡及して改訂した
資料）日本新聞協会

本の広告費」で見ると、2017年の金額（5147億円）は2005年（1兆377億円）のおよそ半分である。2009年にはインターネット広告費が新聞を上回ったことが話題となった。広告段数の推移は日本新聞協会が「電通広告統計」をもとに公表している。それによると2017年の総広告量は504万7941段、新聞広告掲載率は32.1％で、近年で最も低い数値となっている（図表4-5）。

　一方、新聞広告に対する評価はどうだろうか。日本新聞協会が2015年に行った「全国メディア接触・評価調査」（全国の15歳以上79歳以下の男女3,845人が回答）によると、「広告の印象・評価」では「情報が信頼できる」「地域や地元の情報が多い」「ゆったりと広告を見られる」「企業の姿勢や考え方が伝わってくる」といった項目において評価が高い。媒体への評価も反映されていると見られる"信頼性"や、じっくりと読める点、企業の"思い"を感じることができるといった点が、新聞広告の特性として評価を得ている。他の媒体の広告についても同様に質問しているが、29の選択項目のうち9つにおいて新聞広告の評価が最も高く、長きにわた

図表4-6 広告の印象・評価(2015年)

	評価1位のメディア	評価2位のメディア	評価3位のメディア
情報が信頼できる	新聞 38.9%	テレビCM 33.7%	新聞の折り込みチラシ 15.4%
地域や地元の情報が多い	新聞 34.9%	新聞の折り込みチラシ 31.3%	フリーペーパーの広告 14.1%
ゆったりと広告を見られる	新聞 32.8%	新聞の折り込みチラシ 28.9%	パソコンなどのインターネット広告 12.9%
企業の姿勢や考え方が伝わってくる	新聞 28.4%	テレビCM 24.9%	パソコンなどのインターネット広告 12.9%
広告を見て不快に感じることが少ない	新聞 26.4%	テレビCM 20.0%	新聞の折り込みチラシ 14.2%
企業の社会貢献への取り組みが伝わってくる	新聞 26.3%	テレビCM 18.5%	パソコンなどのインターネット広告 10.9%
企業の経営者・トップの考え、経営姿勢を知ることができる	新聞 25.7%	テレビCM 14.3%	パソコンなどのインターネット広告 13.6%
企業の環境問題への取り組みが伝わってくる	新聞 24.9%	テレビCM 21.0%	パソコンなどのインターネット広告 10.3%
内容が公平・正確	新聞 23.1%	テレビCM 16.5%	新聞の折り込みチラシ 6.8%

注)複数回答、全回答者ベース
資料)日本新聞協会「全国メディア接触・評価調査」

り生活に浸透しているためであろう、一定の良い印象・評価を持たれている(図表4-6)。

とはいえデジタルメディアの普及や多様なコミュニケーション手法が誕生するなど、厳しい環境に置かれている中、各社は新聞広告の価値向上に取り組んでいる。1つは新聞社が持っている取材、編集、デザイン、企画といった能力を総合的に生かし、デジタル版も視野に入れた広告制作、掲載を軸に、広告主企業の課題解決を図る取り組みである。

例えば、朝日新聞東京本社は大学のアンドロイド研究をサポートするかたちで広告特集を組み、注目を集めた。二松學舎大学が創立140周年にあたり大阪大学と共同で進めていた"漱石アンドロイド制作プロジェクト"に、夏目漱石が記者として在籍していた朝日新聞社が資料提供などで協力。二松學舎大学は同紙の2016年12月22日付東京本社版朝刊で、完成披露と入試情報や漱石アンド

ロイドの授業・講義が受けられることを知らせる全ページ広告を掲載した。さらに、"登場感"を増すために、ブランケット判3ページで漱石アンドロイドを紹介するエリア広告特集を制作し、同大学の附属中学・高校所在地周辺に20万部を届けた。原稿制作や告知においても、新聞社の編集・制作力、地域に根ざした展開力を生かしたといえるだろう。

　また、同新聞社は2017年5月に、集英社、DAC（デジタル・アドバタイジング・コンソーシアム）との3社で、コンテンツマーケティングサービス「TJ BRAND STUDIO」を開始した。このサービスは朝日新聞社と集英社が2015年に、米国のニューヨーク・タイムズが発行するモード＆ライフスタイル誌「T：The New York Times Style Magazine」の日本版として創刊した「T JAPAN」や、DACも加えて2016年に立ち上げた「T JAPAN web」のコンセプトを、企業ブランディングの手法にも生かそうとする取り組み。開発したコンテンツはこれらの媒体のほか、DACのDMP（データ・マネジメント・プラットフォーム）を利用して、広告主が想定するオーディエンスに発信することができる。

　このようにコンテンツマーケティングの考えを取り入れ、新聞社が持っている能力やネットワークを集めて広告主企業を支援する動きはほかにも見られる。日本経済新聞社は2017年4月に、質の高いコンテンツと信頼できるメディアを通して企業のブランド育成を目指す専門集団「N-BRAND STUDIO」を立ち上げた。社内外の制作のスペシャリストと連携強化するとともに、動画制作・動画マーケティングを手掛けるViibar（ビーバー）と協業して、多彩な広告を展開している。同社および日経BP社のオンラインサービス登録者IDに基づいたデータマーケティングも行っている。また、読売新聞社はデジタルコンテンツ制作会社のワン・トゥー・テン・デザインやエートゥジェイなどとともに「YOMIURI BRAND STUDIO」を設立。西日本新聞社はデジタ

ル事業会社の西日本新聞メディアラボを早くから立ち上げ、自社のニュースメディア運営ノウハウにクラウドソーシングやDMPといったデジタル領域の手法を取り入れて、実績を上げている。

　価値向上へのもう1つの取り組みとして、地域密着性の強化が挙げられよう。とりわけ地方紙はこれまでも地域に密着した対応を図ってきたが、様々な企画立案やツールの利用で地域の広告主への貢献度を深めている。大分合同新聞社は「大分新聞」「杵築新聞」「日田新聞」など県内を18の地域に分けた題字を付して、それらエリアの動きを詳細に伝えるページを本紙朝刊内に設けるといった地域に根を下ろした紙面づくりを行っている。そうした姿勢は名刺広告の多さや、経済、医療の関係者を紹介する年頭特集号の発行など、広告営業の業務にも共通している。大分県にも多大な影響を与えた2016年4月の熊本地震の後には、大型連休を前に宿泊キャンセルが相次ぎ、頭を悩ませていた地元の温泉地への来訪を呼びかけるキャンペーン広告を掲載した。観光産業にとって大切な大型連休を前に何とかしなければならない、まずは地元大分の人たちに温泉地が元気であることを伝え、来てもらいたいとの思いから素早く企画を立案し、共通した思いを持つ「おんせん県観光誘致協議会」を広告主とするシリーズ広告を5月の連休に合わせて展開した。「今の別府にとって、お客様は（マジで）神様です。」「今なら、温泉で泳げます。（でも、本当に泳いではいけません）」といった元気であるからこそ発信できる、遊び心あふれた表現で読者に呼びかけた。同キャンペーンは新聞の機動性や社会的機能を生かした展開が高く評価され、日本新聞協会の第36回「新聞広告賞」新聞広告大賞を受賞した。

　また、熊本日日新聞社も「心の中の熊本城プロジェクト」を立ち上げ、読者とともに復興を後押しした。市民のシンボルである熊本城は復興を語るうえで欠かせず、誰もの心の中に刻まれていると察し、読者から熊本城にまつわる思い出の写真を募集。1,000

点を超える写真が寄せられた。同社のホームページで公開されたほか、8月には熊本市が広告出稿するかたちで、本紙内に見開きページでそのうちの60点あまりを紹介した。同時に、熊本市や熊本城の復興に対する熊本市長の前向きなメッセージを掲載した。地震から半年の節目にあたる10月15日には、キリンビールが広告主となり、熊本日日、朝日、読売、産経各紙が連携し、ブランケット判6ページのパノラマ広告特集を発行。熊本城と加藤清正像を写した大判の写真に、熊本日日新聞社が読者やイベント来場者に呼び掛けて集めた熊本県民ら約1,500人の顔写真をコラージュして復興への思いを表現した。

　一方、デジタルメディアによるコミュニケーションの一般化に対応して、電子新聞（電子版・デジタル版）の刊行が相次いでいる。日本新聞協会編集制作部が2017年に、協会加盟の新聞・通信社が提供する個人向け（B to C）のサービスを対象として実施した「新聞・通信各社のデジタルサービス提供状況」調査（回答83社）によると、「本紙購読者向けデジタルサービス」を提供する新聞社は18社、「電子新聞および有料デジタルサービス」を提供する新聞社は35社となっている。前者は紙媒体の購読者に対して無料で電子新聞タイプのサービスを提供しているケース、後者は有料でのデジタル版や記事サービスを提供しているケースである。同協会加盟社が発行している日刊紙は104紙であるので（セット紙と朝刊単独紙の計）、日刊紙のおよそ半数はデジタル媒体を刊行、もしくは近いサービスを提供していると見なせよう。若年層の取り込みや情報摂取形態の多様化への対応から、こうしたサービスを拡充する動きはこれからも続くと見られる（図表4-7）。

　一方、同協会では、デジタル関連事業収入の規模を把握することを目的に「新聞社デジタル関連事業売上調査」も実施した。それによると、2016年度の売上高全体に占めるデジタル関連事業売上の比率は1.221％だった。販売収入、広告収入、その他営業収

入の合計値を100とした場合の割合で、新聞社の事業全体を対象としているが、現状の収入面で見るとデジタル領域の比率は非常に低いことが明らかになった。

日本経済新聞社は2010年3月に「日経電子版」を創刊した。2017年7月末時点の有料会員数は54万人超。無料会員を含めると会員数は360万人を超える。登録した連載・コラムの新着記事やおすすめ記事の自動配信や、モバイル対応の強化など、デジタル紙面ならではのサービスを拡充させている。広告面では多種多様な商品を用意しており、広告主企業の目的、予算規模などの要望に添った展開ができる体制を整えている。

また、ブランドとしての日経の価値を「公平さ」「確かさ」「新しさ」「豊かさ」と捉えているが、これは広告に関しても同様であり、2017年には「透明性確保」の向上を図るリニューアルを行った。一般的に持たれているデジタル広告＝「不透明」というイメージを払拭するべく、レクタングル広告を「Viewable配信」（ユーザーに見える位置に広告がスクロールされると、アドサーバーから広告を配信する方式）でそろえた。一方、先にふれたコンテンツマーケティングへの取り組みもかねてから行っている。例えば、2016年に第7回日経電子版広告賞の

図表4-7 新聞・通信各社のデジタルサービス提供状況（2017年）

デジタルサービス		社数
本紙購読者向けデジタルサービス		18
電子新聞および有料デジタルサービス		35
アプリ	スマホ	41
	タブレット	33
ウェブ	PC	81
	従来型携帯電話	51
	スマホ	74
メール		55
動画		56
紙面イメージ（電子号外を含む）		51
電子書籍		15
SNS		49
デジタルサービスコンテンツの他媒体展開	本紙紙面	19
	本紙以外の紙媒体	9
	テレビ	3
	ラジオ	1

注1）新聞協会加盟の新聞社・通信社が提供する個人向け（B to C）のサービス
注2）「本紙購読者向けデジタルサービス」は、配達区域外に限り非購読者にも提供するケースなども含む。「電子新聞および有料デジタルサービス」は、「本紙購読者向け」以外のサービス
注3）「自社のデジタル戦略において必要なサービスを各社で判断し、回答」してもらったため、各社の全サービスを網羅しているわけではない
資料）日本新聞協会

大賞を受賞したNECの広告は、経営課題、社会課題の解決などをテーマに、同社が提供できる価値を記事形式で継続的に展開したもの。技術中心に語るのではなく、経営者が"自分ごと化"できるような切り口で編集された。エグゼクティブ層へのターゲティング配信や、パソコンとモバイルアプリで表示させる比率の調整など、DMPを生かした細かな運用も図られたようだ。

雑誌広告──各誌固有の資産をソリューションに生かす

　雑誌発行部数の減少に伴って、雑誌広告の広告費や出稿量（広告掲載ページ数）も減少している。これは新聞広告同様の傾向である。電通「日本の広告費」によると、2017年の金額（2023億円）は推定範囲が改定された2005年（4842億円）の4割強。ここ2年は前年比9.0%減と落ち込むなど、厳しい状況が続いている。

　広告ページ数はエム・アール・エス広告調査の調べによると、2016年の対象371誌の合計で152,132.49ページ。うち創刊や休刊などを除き、前年と同じ条件で比較した331誌では147,116.27ページで、前年比6.0%の減少となっている。量を上回る金額の減少は、広告単価が下がっている可能性を示している。371誌で見た場合の広告掲載比率は12.6%で、前年の13.3%（対象は373誌）よりも低下した。13の雑誌ジャンル別では住宅誌が30.6%と最も高い。カード・機内誌の26.5%、女性月刊誌の22.4%、趣味・娯楽月刊誌の18.1%と続き、一方、少年少女コミック誌の1.0%、総合月刊誌の3.7%、コンピュータ誌の9.5%などが低くなっている。ジャンルによって差が見られ、雑誌を活用する広告主企業の業種に特徴があることを表している（図表4-8）。

　また、雑誌はジャンルに分かれているうえ、それぞれの雑誌（タイトル）ごとに編集方針やコンセプトを打ち出し、固有の世界観を持っていることが多い。そうした各雑誌の個性を好む読者層も

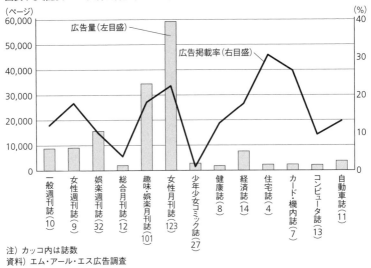

図表4-8 雑誌グループ別広告量(2016年)

注) カッコ内は誌数
資料) エム・アール・エス広告調査

それぞれ傾向を持つことになるため、広告もターゲットに合わせて掲載誌が選ばれる。加えて、各誌のトーン&マナーになじんだ内容、表現でつくられる、タイアップ広告が多いのも雑誌の特徴だ。

さらに、近年はそうした雑誌のコンセプトや、発行社の企画立案、編集、制作などの能力、専属モデルやスタイリスト、コミック誌のキャラクターといった版権など、コンテンツをつくり出す力を総合的に生かして広告主企業の課題解決にあたる体制を強化している。こうした企業のコンテンツマーケティングを支援する取り組みは新聞社の広告部門にも見られるが、広告と編集部門が連携したタイアップ広告やムックを多く手掛けてきた雑誌発行社がいち早く打ち出した姿勢と思われる。

例えば、講談社とファンケルはコミック誌『Kiss』で連載中の東村アキコ作『東京タラレバ娘』を活用した広告を、2016年から2017年にかけて展開した。30代女性向け化粧液のキャンペーンで、

その世代から人気を博している『東京タラレバ娘』のキャラクターが登場し、試した人から「アガる↑」と訴求したほか、作者に「おアゲ」というオリジナルのキャラクターも制作してもらった。雑誌広告以外にもOOH広告（192ページ参照）、LINEスタンプ、キャンペーンサイト内で「タラレバ肌度」を診断して自分のキャラクターが作れるジェネレーターの開発など、幅広くプロモーション展開し、SNSでの拡散を図った。

　一方、雑誌をデジタル化する動きが加速している。"デジタル版"と言われるものだが、これには紙面で編集、レイアウトされた状態をオンライン上でも読めるようにして販売されている場合と、新たにPCやスマートフォン用にレイアウトされ、速報記事など独自の編集内容も加えてオンラインメディアとして発信されている場合がある。とりわけ後者は、拡散を期待する、企業の特設サイトへのリンクを張るといった点で、上述のようなコンテンツを起点とした広告を利用しやすい。出版社のデジタルメディア拡充に伴い、デジタル広告の売上は大きく伸びている。

テレビ広告──首位を保つも転機を迎える

　テレビ広告は前述の「日本の広告費」に見られるように、様々なメディアの中でも最も大きな市場規模を有する。1975年に新聞に代わる最大のメディアに成長して以来、広告の主役となり、牽引役となって日本の広告界を形作ってきた。2017年現在も「地上波テレビ」の市場全体に対する構成比は28.4％と、首位に立つ。

　しかしながら、インターネット広告の台頭により、その割合は減少する傾向にある。ほとんどのメディアが金額自体を減らしている状態に比べるとテレビ広告費は横ばいで推移しており、相対的な度合いではあるものの、これまでのような重視、活用の程度は弱まっていると見ることもできる。最大のリーチメディアとし

て変わりはないが、今日のテレビ広告は人々の評価や広告主企業の利用といった面で転機を迎えているといえそうだ。

日経広告研究所が有力広告主企業を対象に実施している「広告動態調査」では、今後、「利用が増えると見込む広告媒体、減ると見込む広告媒体」それぞれを、12の選択肢から選ぶかたちで答えてもらっているが、2017年の調査では「テレビ 地上波」に対して「増える」が25.1％、「減る」が21.8％となった。前年の調査でも同様の傾向を示しており、二分する意向が見て取れる。

テレビ広告を減らす、テレビ広告費をしぼるという意向については、若年層のテレビ視聴時間が減っていること、テレビの媒体料が高く、抑えたいという意思が反映されていることなどが理由に挙げられよう。他方、2016年の調査では"統合型マーケティング"を導入している企業に「統合型キャンペーンを実施する際の媒体の組み合わせ」や「その際の中核となる媒体」を尋ねているのだが、組み合わせにおいてはテレビはインターネットの94.1％に次ぐ84.7％、中核媒体としては48.2％で筆頭に挙げられた。当調査は広告宣伝費の大きな企業の回答比率が高いため、テレビ利用の数値が高く出る可能性があるが、重要媒体と位置づけている企業も少なくない。

ただし、主な利用企業の顔ぶれは時代とともに移り変わっている。図表4-9は2006、2010、2016年の関東地区におけるスポットCM利用企業の上位20社だが、2006年ランクインしていた20社のうち2016年にも入っているのは約半数の11社。うち2社は2010年時点は20位に入っていない。自動車や食品・飲料メーカーの一部などが、スポットCMを減らしていることがわかる。一方、2010年、2016年とゲーム関連企業や携帯電話キャリアが登場している。下位から上昇した場合と、新興の企業として積極的な展開を図り、ランクインする場合があるようだ。時代を映す業種、企業の積極利用が安定した需要を支えているといえる。

図表4-9 スポットCMを多く利用した上位20社(関東地区)

	2006年		2010年		2016年	
	広告主名	本数	広告主名	本数	広告主名	本数
1	ハウス食品	33,733	花王	33,013	花王	32,247
2	花王	29,862	グリー	26,243	日本コカ・コーラ	28,775
3	興和新薬	27,749	ハウス食品	24,498	ソフトバンク	25,272
4	トヨタ自動車	17,820	興和新薬	23,507	武田薬品	21,180
5	サントリー	16,250	サントリー	21,337	サントリー	17,607
6	日本コカ・コーラ	14,395	ディーエヌエー	15,273	NTTドコモ	15,808
7	松下電器	14,260	キリンビール	13,953	ケイディーディーアイ	14,952
8	キリンビール	13,904	トヨタ自動車	13,225	興和新薬	14,680
9	日産自動車	12,359	東宝	12,136	資生堂	13,237
10	東宝	12,011	アサヒビール	11,480	ライオン	11,417
11	ケイディーディーアイ	11,291	パナソニック	11,348	P&Gジャパン	11,173
12	エバラ食品	9,582	武田薬品	10,939	ハウス食品	9,884
13	任天堂	9,556	ソフトバンクモバイル	10,415	アサヒ飲料	9,451
14	資生堂	8,980	資生堂	10,119	Cygames	9,289
15	武田薬品	8,916	日本コカ・コーラ	10,029	グラクソ スミスクライン	8,722
16	キリンビバレッジ	8,858	P&Gジャパン	9,349	スクウェアエニックス	8,538
17	アサヒ飲料	8,565	ダイハツ工業	8,527	大正製薬	8,412
18	エイベックス	8,502	スズキ	8,262	東宝	8,378
19	スズキ	8,410	日産自動車	8,211	ウォルトディズニージャパン	8,263
20	アサヒビール	7,923	本田技研工業	8,034	スズキ	7,975

注)社名表記は資料に基づく
資料)日経広告研究所『広告白書』/ビデオリサーチ

　テレビとインターネット広告が市場をけん引する両輪となりつつある中、それらの効果(出稿量)を一括して測る共通指標を求める声が高まった。こうした環境変化を受けて、日本アドバタイザーズ協会(JAA)は、消費材メーカーが新商品などの取引量や棚割りの商談を流通企業と行う際に判断材料となる新指標「流通企業との商談用 TVとデジタルの共通指標」を開発、会員社に対して推計値を算出するサービスを2018年からオンライン上でスタートしている。テレビCMの出稿計画量の単位であるGRP(延べ視聴率)をデジタル広告で使われる「何人に、何回表示するか」という指標に換算し、デジタル広告の出稿量と合算して「延べCM表示回数」として推計する。流通企業との商談のみに利用できるものと限定されているが、デジタル広告のような明確な到達

レベルでの指標をテレビへも求めたと受け止めることができ、統合指標のかたちを具体的に示した初めての例と思われる。

一方、関東地区のテレビスポット取引で使う指標が2018年4月に、約30年ぶりに改定された。新指標は「P+C7(ピー・プラス・シーセブン)」といい、「リアルタイム番組枠平均視聴率」(P)に、「放送後7日以内に再生されたCM枠平均視聴率」(C7)を加えたものだ。「P」は「前4週平均」が従来通り用いられるが、従来の「世帯」ではなく「個人全体」の視聴率をもとにする。「C7」も同じく「個人全体」を使用し、録画の、放送後7日以内のCMの延べ視聴率である。それらを足し合わせたもので、世帯単位の視聴ではなく個人として何人(GRP何%)が見ていたかを、タイムシフト視聴も加えて示すことになる。広告主企業への周知とともに、スポット広告の料金は新指標によって決められるようになる見通しだ。

インターネットでの番組配信に対する広告出稿も、過渡期にある。消費者が情報接触するデバイスの多様化から、放送局はインターネットによる動画配信サービスを拡充している。広告型無料配信サービスとしては、2014年1月から日本テレビが開始した「日テレ無料!(TADA)」がさきがけで、以降「TBS FREE」「FOD見逃し無料」「テレ朝キャッチアップ」「ネットもテレ東」と、在京キー局がそろって同様のサービスを提供するようになった。また、2015年10月から、民放5社共同による無料見逃し配信サービス「TVer(ティーバー)」がスタートしている。

「TVer」にはその後、在阪3社が加わり、2017年12月にはアプリのダウンロード数が累計1000万を超えた。さらに2016年4月に、テレビ朝日とサイバーエージェントが共同で、"無料で楽しめるインターネットテレビ局"「AbemaTV(アベマティーヴィー)」をスタートした。テレビと同じように24時間編成の番組を、スマートフォン、タブレット、パソコンで無料で見ることができる。約20のチャンネルを開設し、オリジナルコンテンツ、大型の企画

番組づくりを積極的に行っている。開局から約2年後の2018年5月に、スマートフォンアプリのダウンロード数が累計3000万を突破した。このような配信サービスにおける広告は、人気の番組やライブ、リアルさを特徴とする特別番組などで、なかでも出稿需要があるようだ。視聴スタイルとして定着し、計測データが標準化すれば、広告媒体としての成長に結びつくだろう。

ラジオ広告 ── 下げ止まりの様相を見せる

　電通「日本の広告費」によると、ラジオ広告の近年の市場規模は約1300億円で、媒体別の構成比は2％程度となっている。長く低落傾向が続いていたが、2014年に前年比2.3％の増加に転じると、2016年に2.5％増、2017年に0.4％増を記録し、歯止めがかかった様子である。

　日本民間放送連盟研究所の「2018年度のテレビ、ラジオ営業収入見通し」で媒体社の財務状況をもとにした長期的な推移を見ても、2011年度頃から下げ止まったとも受け止められるトレンドを表している。2017年度の営業収入は全体で2.2％減、中短波2.4％減、ＦＭ1.9％減の見通しとなっている（図表4-10）。

　ラジオは習慣的に聴かれることが多い、職場や運転中などでも接触される、リスナーと番組・パーソナリティーとの距離が近いといった特性を持っており、広告業種では自動車・関連品や金融・保険、官公庁・団体などで堅調な出稿が見られる。若年層に人気の音楽イベントなど、ライブイベントと連動させたキャンペーンで活用されるといった展開もあるようだ。

　一方、パソコンやスマートフォンで聴くラジオ、「radiko（ラジコ）」が新しい視聴形態として広がっている。2018年3月時点で月間ユニークユーザー数は約1000万人、デイリーユニークユーザー数は約120万人、有料登録制でエリアフリーに聴取できるプ

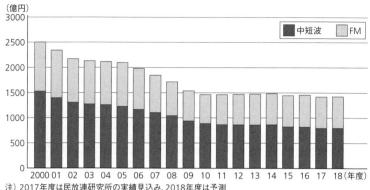

図表4-10 地上波ラジオ営業収入の推移

注）2017年度は民放連研究所の実績見込み、2018年度は予測
資料）日本民間放送連盟研究所「2018年度のテレビ、ラジオ営業収入見通し」

レミアム会員は約47万人が登録している。アプリの累計ダウンロード数は約2000万に上ると見られる。2016年10月には、過去1週間分の番組が聴ける「タイムフリー聴取機能」、気に入った番組を誰かと共有できる「シェアラジオ機能」がスタートした。受信機がなくても手軽に高音質で聴けることから、若者の利用が増えていると思われる。また、2017年はスマートスピーカーの発売が相次いだが、Google Home、Amazon Echo、Clova WAVEそれぞれに、radikoが標準装備されている。2017年10月にはNHKラジオを、radiko上で配信する実験がスタートしたが、2018年4月からは対象を全国に広げて実施されている。災害時における有効な情報伝達メディアであるラジオのインフラ実験をベースとして、ラジオの社会的価値の訴求、また若者に対してはラジオの魅力の訴求を目的としたものだ。

交通広告、屋外広告——デジタルサイネージが普及

交通広告は公共の交通機関の車両や、駅・バス停・空港などの

構内・施設を使って展開される広告をいう。電車やバスの車体外に施す広告は屋外広告として各都道府県条例の適用を受けるが、一般的な認識としては交通広告と思ってさしつかえないだろう。

交通広告の中で最も身近なものは鉄道の広告であろう。その掲出形態は車両、駅それぞれに多様だ。また、広告展開の手法には独特な面もある。車内や駅（の特定空間）を一社のみの広告で占有する"ジャック"と言われる展開、ふだんは掲出されない箇所を利用したりイベントを組み合わせる、立体的な表現物を掲出するといった特殊な展開、また、人々の動線に沿って街の屋外広告にも連動させた掲出を展開するなど、インパクトを高め、話題の喚起につながることが少なくない。交通広告と屋外広告はどちらも外出先で接する広告であり、合わせてOOH（Out of Home）広告やODM（Outdoor Media）広告と捉えることもできる。

中吊り、窓上、駅ばりポスターなどは古くから親しまれている形態の広告だ。ただ、近年は中吊り広告における出版社の利用減少に象徴されるように、苦戦の色が濃い。代わって利用が増えているのがデジタルサイネージだ。関東ではJR東日本を筆頭に車両内、駅構内にデジタル方式でモニターに映像を流す「デジタルサイネージ」の導入が進んだ。面数が増えると接触者の人数、また媒体の認知度が高まり、媒体そのものの価値が向上すると考えられる。広告需要はおおむね好調に推移しており、交通広告や屋外広告の新しい柱として育っている。

CMなど他の映像の流用ではなく、デジタルサイネージ用にオリジナルのコンテンツを放映する場合も多いが、さらにその日の状況や時間などに応じて広告素材を出し分ける例も見られるようになってきた。例えばサントリーコミュニケーションズが桜の開花時期に、地域ごとの名所、開花の程度、その日の気温といったデータに連動するかたちで、開花情報を合わせたビール系飲料「金麦」の広告を出し分けたケース、その日の紫外線量予報を

伝えるとともに、紫外線の程度によって表現を変えてビューティケア製品を訴求したパナソニックのケースなどだ。また、コカ・コーラシステムは2017年夏に、東京・大阪など全国5都市の屋外大型ビジョンを使い、天気や時間、ご当地のイベントなどと連動して150種類以上のメッセージや動画を出し分けて、コカ・コーラのおいしさを伝えるキャンペーンを展開した。いずれの例もインターネット広告のようにデジタル配信の利点を生かし、条件に応じて素早く適切なメッセージを送ったかたちである。インターネット広告において、第三者データを活用するなどしてリアルタイムに最適なコンテンツを出し分ける手法をダイナミック・クリエイティブというが、デジタルサイネージによるOOH（DOOH〔Digital OOH〕）でもそうした動的な広告、Dynamic DOOHを期待する声が挙がっている。

3　インターネット広告の伸長と課題

多様性を増し、拡大したインターネット広告

　第1節「概観」でもふれたが、インターネット広告は誕生以来、急激ともいえる変化と成長を遂げてきた。インターネットの生活への浸透、スマートフォンの普及、消費者による情報発信やインタラクション（交流）の一般化、これらを日進月歩の技術革新が後押しし、広告面でも急速に進化してきた。加えて、インターネット広告は安価な予算でも対応しやすく、スペースや時間の制約がないため、利用する広告主の裾野が広がった。

　市場規模は冒頭の図表4-1に見られるとおりだが、電通「日本の広告費」におけるインターネット広告費は媒体費と広告制作費から成る。2017年のインターネット広告費1兆5094億円は媒体費1兆2206億円と、制作費2888億円に分かれる。

さらに、媒体費の内訳をD2C、CCI（サイバー・コミュニケーションズ）、電通の3社が共同で詳細分析し、広告種別、取引手法別、デバイス別に発表している。それによると、広告種別による構成比はディスプレイ広告が40.9％、リスティング広告が39.6％、ビデオ（動画）広告が9.5％、成果報酬型広告が8.6％、その他のインターネット広告が1.5％となっている。動画広告費1155億円はモバイル広告が77.1％を占め、デスクトップ広告の22.9％とに分けられる。また、媒体費全体の1兆2206億円をデバイス別に見ると、モバイル広告が8317億円（68.1％）であるのに対して、デスクトップ広告は3890億円（31.9％）となっており、スマートフォンやタブレットに向けたモバイル広告が主流であることがわかる。

取引手法別では運用型広告が77.0％、予約型広告が14.4％、成果報酬型広告が8.6％となる。運用型広告はリスティング広告、およびデジタル・プラットフォーム（ツール）やアドネットワークを通じて入札方式で取引されるもので、いわゆるアドテクノロジーの進展とともに急拡大した。予約型広告は純広告（第3章158ページ参照）やタイアップ広告など、非入札方式で取引されるもの。成果報酬型広告は広告を閲覧したユーザーが、あらかじめ設定されたアクションを行った場合に、メディアや閲覧ユー

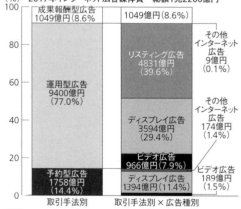

図表4-11　インターネット広告媒体費取引手法別構成比
2017年インターネット広告媒体費　総額1兆2206億円

資料）D2C／サイバー・コミュニケーションズ／電通「2017年 日本の広告費、インターネット広告媒体費 詳細分析」

ザーに報酬が支払われる広告をさす。こうした運用型広告や予約型広告をさらに上記で見た広告種別で分類すると、運用型広告は全体の39.6％に上るリスティング広告や29.4％を成すディスプレイ広告などに分けられる。予約型広告はディスプレイ広告が約8割を占める（図表4-11）。なお、同調査では2018年のインターネット広告費の予測も行っている。2018年は前年比17.9％の伸びを見込み、総額1兆4397億円まで拡大すると予測する。デバイス別には、モバイル広告が前年比25.3％増と大幅に増え、1兆円を超える規模にまで成長すると見ている。

ターゲティングを可能にしたアドテクノロジー

　誕生以来成長を続けるインターネット広告だが、ここ10年ほどに目をやると、利用を推進することとなった大きな要因としてアドテクノロジーの進展と、動画広告などによるブランディング目的での活用を挙げることができよう。

　アドテクノロジーは「インターネット広告の配信および、その最適化に利用される技術の総称」をいうが、なかでも多様なアドネットワークや媒体社の広告在庫を、インプレッション（表示）を基準とした広告枠の単位で取引する市場「アドエクスチェンジ」の出現は進展の足がかりとなった。入札方式で広告取引が行われるようになり、広告枠のインプレッションが発生する度に競争入札によりリアルタイムで単価が決定、最も高い金額で応札した購入者の広告を表示する、RTB（Real Time Bidding）という自動取引のしくみが確立した。また、ユーザーの属性や行動履歴の特徴から「人（を推測できるウェブ上のデータ）」をターゲットとして広告配信することが可能となり、オーディエンスターゲティングの手法、考え方が広まった。

　こうした状況に関して、JIAA（日本インタラクティブ広告協会）

は『インターネット広告の基本実務』2017年度版の中で、「ディスプレイ広告において、近年では様々なテクノロジーを活用し、広告配信の最適化を目指す動きが活発になっている」として、3つのポイントを挙げている。1つ目は「ターゲティング手法のバリエーション」で、アドテクノロジーの進歩により配信先のページは「人」をベースにして、その行動から判断して広告配信する概念が生まれていると指摘している。2つ目はRTBの有効性についてである。単価が固定されるこれまでの取引に比べて、広告スペース枠の需給状況や実際にそのページに出稿されているインプレッション数など複数の要素を検討しながら計画を策定し、出稿金額を入札することでROI（費用対効果）を最適化できるようになってきたとして、出稿側・媒体社側のメリットを挙げている。3つ目はクリエイティブ面でも最適化が図られたとしている。限りないパターンのクリエイティブを自動生成し、配信することができるツールが開発され、実際の運用で効果が上がったクリエイティブを絞り込んで最適化することが可能になってきている。

　これらアドテクノロジーの進展はインターネット広告のターゲティングの精度を大いに高めることとなり、とりわけダイレクトレスポンスをねらった広告の利用増につながったと見られる。eコマースやネット上での契約、資料やアプリのダウンロードなど、コンバージョンを目的とする広告が市場拡大の牽引役となった。

動画広告がブランディング利用を促進

　一方、動画広告などによるブランディング目的での活用は、近年広がってきた動きといえる。上記のようなネット上でのクロージングを目指す場合ではなく、訴求内容、とりわけブランドに対する認知や感情面での変化を求めるものだ。クリックなどの直接測れる反応ばかりでなく、心理的な効果にも注目すべきだとの考

えが強まったことがある。背景にはターゲットを絞り購買頻度を上げる戦略の再考や、ネイティブ広告、動画広告といった手法の拡大がある。掲載メディア、パブリッシャー（媒体社）の性質や世界観になじんだコンテンツを表示して理解を深めるネイティブ広告や、映像で印象度を高める動画広告は、即座にユーザーの反応を求めるよりも認知度や好意度、購入意向などをアップさせる作用が働く。とりわけ動画広告は技術革新により画像の高精細化が進み、スマートフォンの普及、ソーシャルメディアの動画広告商品の充実といった環境も整い、2014年頃から急速に利用が広まった。それまでインターネット広告をあまり利用していなかった業種や、ナショナルクライアントと言われる大手広告主の活用も進み、"デジタルシフト"が叫ばれるようになった。

　動画広告市場については上述の3社共同の詳細分析において、推計値と予測が発表されている。2017年は前年比32.9％増の1155

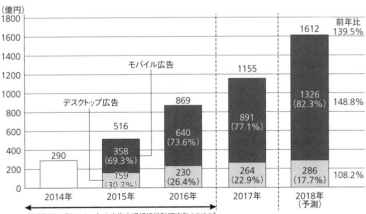

図表4-12 ビデオ（動画）広告市場推移（予測）

〈参考〉2016年インターネット広告市場規模推計調査[D2C/CCI]
注）カッコ内は、ビデオ（動画）広告全体額に占める構成比
資料）D2C／サイバー・コミュニケーションズ／電通「2017年 日本の広告費、インターネット広告媒体費詳細分析」

億円で、うちモバイル広告が77.1％を占める。2018年にはさらにモバイル広告が大幅に伸長し、またデスクトップ広告も着実に伸びることから、全体で39.5％の伸びを見込み、1612億円まで拡大すると予測している（図表4-12）。

インターネット広告費は世界規模で成長を続けており、電通の海外本社「電通イージス・ネットワーク」（本拠地：イギリスのロンドン市）は2018年1月に発表した世界の広告費成長率予測において、2017年のデジタル広告費の伸びは15.0％、2018年は12.6％と2ケタ成長が続くと予測している。総広告費に占める割合も2016年実績の31.8％から、2017年35.4％、2018年38.3％と年々拡大し、2018年にはテレビ広告のシェア、35.5％を上回ると見ている。

また、米国の広告市場では2017年にデジタル広告費がテレビ広告費を上回るだろうと、米国の市場調査会社eMarketerが2016年の時点で予測している。同社は数々の調査レポートを発表しているが、2017年のレポートで米国のデジタル広告市場ではGoogleとFacebookの寡占が進み、2社の広告収入がデジタル広告市場全体（830億ドル）の6割を超えるとの見通しを公表。日本でも話題となった。

さらに、イギリスの広告情報機関WARC（World Advertising Reseach Center）はGoogleとFacebookの2社による2017年の広告売上が、世界のオンライン広告市場の61％、全広告市場の25％を占めるとの予測を発表した。媒体社を対象とした調査をもとに、全体市場を推計し、シェアを割り出しているようである。上記2社は自社でコンテンツを作成するわけではなく、プラットフォーマーであるが、サイトに掲載する広告枠を販売しており（検索連動型広告を含む）、媒体社として見ることもできる。これらへの広告掲載は、少なくとも日本では広告会社を通して出稿することが一般的だ。ただ、広告主が直接取引することもでき、少額の掲載申し込みなど、裾野の広い対象からの集積が売上増につながっ

ている面もあろう。なお、Googleはアドネットワークを通して他のオンラインメディアへも配信しており、広告会社としての性格も有している。

信頼性、透明性に課題も

　一方で近年、デジタルメディア、インターネット広告の信頼性や透明性が問われ始めている。広告の面では2017年1月に米国で開催されたネット広告業界団体IAB（Interactive Advertising Bureau）の世界的な年次総会「IAB Annual Leadership Meeting 2017」において、P&Gの最高ブランド責任者、マーク・プリチャードが行ったスピーチが大きな波紋を呼んだ。メディアの信頼性が揺らぐ中、広告の価値を毀損しかねないメディアとは取引をしないとするもので、透明性ある検証基準の採用や、アドフラウドを防止する評議会の設立などを宣言した。また、3月には動画投稿サイトの悪質な動画に広告が表示されることを受けて、掲載を取りやめる企業が相次いだ。こうしたインターネット広告の透明性に関する課題は、ブランドセーフティ、ビューアビリティ、アドフラウドの3点に集約することができよう。日本で広告の掲載を控えたり、取り下げたりするといった問題には至らなかったものの、業界では投稿コンテンツや広告掲載位置の監視体制の強

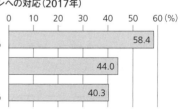

図表4-13 広告主企業のアドベリフィケーションへの対応（2017年）

〈ブランドセーフティに関して〉
信頼性、透明性が高いサイトを指定して、広告を出している　58.4

〈ビューアビリティに関して〉
掲出位置を指定して、広告を出している　44.0

〈アドフラウドに関して〉
信頼性、透明性が高い特定媒体に限定して、広告を出している　40.3

注）調査対象者数は243
資料）日経広告研究所「広告動態調査」

化、不正広告に対する検知技術の開発など、信頼性、透明性の向上に向けて取り組んでいる。広告主企業もブランド毀損につながる重要な問題と捉え、多くの企業が対策を取っている（図表4-13）。

　そうした中、2018年3月にはFacebookの大量の個人データを、Facebook上で使えるアプリの開発者が不正に外部提供していた事件が発覚した。同社はターゲティングに効果を発揮する膨大なユーザー情報に強みを持ち、売上高の大半を広告収入が占めるだけに、情報管理の甘さに批判が集中した。アプリ開発者がFacebookの承認なしで入手できる情報を制限する、セキュリティとコンテンツ監視に関わる人員を2018年末までに2万人に増員するといった対策を発表しているが、偽ニュースを通じた選挙介入疑惑やデジタル広告市場における支配力の強さもあり、この事件を「無視できない」とする声は強い。とりわけ、5月に個人情報の利用を制限する「一般データ保護規制（GDPR）」が施行される欧州では、規制適用を求める声の広がりも想定される。一方、Googleは4月に、傘下の動画投稿サイト「YouTube」における動画コンテンツを3か月で800万件削除したと明らかにした。GDPRの施行に対しても準備を進めているとしている。

4　SNS、オウンドメディア利用の定着

"トリプルメディア"を活用したコミュニケーションがさかんに

　第1節で、ソーシャルメディアを情報媒体として利用する企業の増加（広告を掲載するのではなく、自社アカウントを使って情報を発信する）や、消費者の間でもソーシャルメディアから企業情報を得ている様子についてふれた。ここではそれらの動向を、もう少し見てみたい。

　インターネットが生活に浸透するとともに、消費者は自身で作

成したホームページやブログを通して関心事や日常生活の出来事を発信するようになった。それらはCGM（Consumer Generated Media）と呼ばれ現在も利用者は多いが、2010年以降になるとTwitter、Facebookといった知人とコミュニケーションを取りながらも広く情報発信していくツール、SNSが急速に普及した。さらにメッセージアプリのLINEや動画投稿サイトのYouTube、写真投稿アプリのInstagramなど多様な手法が登場し、無料で利用できることもあり消費者の一般的な接触メディアとして定着している。自社では記事などのコンテンツを生成せず、配信や閲覧の基盤を提供するにとどまるため正しくは"プラットフォーム"であるが、利用者の発信する情報がそれらのウェブサイト上で伝えられることとなり、実質的にはメディアの役割を果たしている。ソーシャルメディアと総称されるが、こうした形態のプラットフォームは早稲田大学の根来龍之が位置づける「プレイヤーグループ内やグループ間の相互作用の場（仕組み）を提供する製品やサービス」である「媒介型プラットフォーム」の、コミュニケーション媒介（コミュニティの役割）を果たすタイプに当てはまる。

　一方、企業もこれらソーシャルメディアを広告を掲載するメディアとしてだけでなく、アカウントを設けて情報を発信するコミュニケーションメディアとして活用している。基本的に無料であり、広報や顧客とのリレーションシップの実践といった意味合いでの使い方も多い。

　こうした企業によるソーシャルメディアの使い方、および消費者の反応を受け、また、従来の広告メディアとの比較を踏まえて"トリプルメディア"という考え方が広告、マーケティング関係者の間で認識されるようになった。広告出稿により利用できるペイドメディア（Paid Media）と、自社が所有する媒体であるオウンドメディア（Owned Media）、自社の評判や信用を獲得するアーンドメディア（Earned Media）の総称だが、拓殖大学の田嶋規

雄によると、「日本では2010年に横山隆治が、この3つのメディアをトリプルメディアと呼び、マスメディアの役割が以前に比べて限定的になり、企業も消費者も自身でメディアを持てるようになった今日、この3つのメディアの連携が必要である旨を示唆した」としている。この頃からデジタルメディアをマーケティングに取り入れる中でも、消費者が独自に情報を拡散したり評判をコメントするネット上の口コミ、いわゆる"バズ"の重要性が認識され出したようである。

　日経広告研究所では先述の「広告動態調査」の中で、広告主企業のソーシャルメディア利用について広告媒体としての利用と、情報媒体としての利用を分けて聞いている。7つ挙げたソーシャルメディアに対して、「(料金を払う) 広告メディアとして利用している」割合と、「情報メディアとして利用している」割合はそれぞれ図表4-14に示すとおりであった。Facebook、YouTube、Twitterが上位に並ぶが、情報メディアとしての利用が広告利用

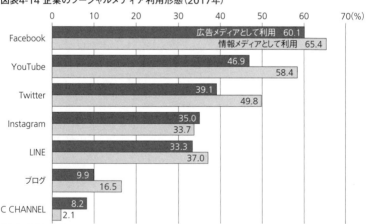

図表4-14 企業のソーシャルメディア利用形態（2017年）

注）調査対象者数は243
資料）日経広告研究所「広告動態調査」

を大きく上回り、スコア自体も決して低いものではない。自社ホームページ以外にこうしたアカウントを"オウンドメディア"として利用する企業が多いことがわかる。また、デジタルメディア上の情報が起点とは限られるわけではないが、"アーンドメディア"へと拡散されるように期待を込めた使い方もあるだろう。

　オウンドメディアについては自社が保有する媒体を意味することから、店舗や自社ビルの看板、車両、紙袋や包装紙など、様々なオフラインの広告的機能を果たすものが含まれるとの解釈が成り立つ。ただ、インターネットの浸透を受けて自社サイトやアカウントといったオンラインメディアを指してオウンドメディアと語られることも多い。なかでも自社の事業や商品、ニュースリリースを紹介するといった広報としての役割を果たすホームページではなく、商品カテゴリーにまつわる知識や生活回りのお役立ち情報などの読み物やキャンペーン情報、ユーザーからの投稿などを掲載する"コミュニティサイト"を表す場合も少なくないようだ。消費者との関係性を強め、ファンづくりのために、こうしたコミュニティサイトを開設、運営する企業が増えている。売上や商品理解に直結するわけではなくとも、企業との接触機会の増加や好意の形成が先々の購買などにつながりやすい。消費者同士の交流の場、データの取得・蓄積、あるいは需要喚起によるカテゴリー全体の活性化といった目的もあると見られる。具体的には日本ハム「BBQ GO!」、森永乳業「Newの森」、森永製菓「エンゼルPLUS」、ライオン「Lidea」、資生堂「ワタシプラス」、サッポロビール「北海道Likers」、コクヨ「WORKSIGHT」、サイボウズ「サイボウズ式」、大王製紙「けあのわ」など多彩な例が挙げられる。ほかにも長く継続して運営されている有名サイトなどもあり、多くの企業が生活者との接点の1つとして重視している様子がうかがえる。運営には相当の手間やコストがかかるとも言われるが、信頼や評判といった無形の資産を生んでいると思われる。

5　広告産業への新規参入

デジタル広告分野で躍進するコンサルティング会社

　米国の広告・メディア専門誌『アドバタイジング・エイジ（Advertising Age）』が2018年4月30日号で発表した世界の広告会社ランキングの上位にはAccenture Interactive、IBM iXといったコンサルティング系のデジタル広告会社が並ぶ。これらがWPPやOmnicomグループなどの大手グループに迫りランクインするのは近年の傾向で、今回のレポートではCognizant Interactiveが登場したことにより、ベストテンの下の半分をコンサルティング系広告会社が占めることとなった。また、この5社はデジタル領域でエージェンシーとして上位を独占している。デジタルでの売上が全体の売上とおおむね同額であることから、5社の存在感や市場全体におけるデジタル広告の大きさが見てとれる（図表4-15）。

　コンサルティング系の企業群は独自にデジタル広告会社機能を充実させ、市場参入を果たす一方で、積極的な買収戦略で規模を拡大してきた。もともと戦略系のコンサルティング会社はクライアントの経営戦略を俯瞰的に支援し、IT系のコンサルティング会社は基幹業務システムを統合

図表4-15 世界の広告会社上位10社

順位	会社名	Worldwide revenue 2017（単位:10億ドル）
1	WPP	19.7
2	Omnicom Group	15.3
3	Publicis Groupe	10.9
4	Interpublic Group of Cos.	7.9
5	Dentsu Inc.	7.8
6	Accenture's Accenture Interactive	6.5
7	PwC's PwC Digital Services	5.1
8	Deloitte's Deloitte Digital	4.1
9	Cognizant's Cognizant Interactive	3.9
10	IBM Corp.'s IBM iX	3.5

資料）*Advertising Age, April 30, 2018*

的にサポートするといったように、企業との接点や対応する領域は異なっていた。ただ双方とも、顧客企業をトータルにサポートする場合、マーケティング事業に対する支援強化は欠かせない、デジタルマーケティング領域が成長のキーファクターとなるとの認識があるようだ。

図表4-16 国内主要広告会社売上高ランキング（連結決算）

社名	売上高(億円)	決算期
電通	51873	2017年12月期
博報堂DYホールディングス	13350	2018年3月期
サイバーエージェント	4195	2018年9月期
アサツー ディ・ケイ	3529	2017年12月期
D.A.コンソーシアムホールディングス	2083	2018年3月期
JR東日本企画	1160	2018年3月期
東急エージェンシー	1047	2018年3月期
オプトホールディング	826	2017年12月期
セプテーニ・ホールディングス	724	2018年9月期
アドウェイズ	415	2018年3月期

資料）日本経済新聞電子版および各社資料

　日本ではこういった"地殻変動"は今のところ起こってはいない。2016年のアクセンチュアによるIMJ株式の過半取得、2017年には投資ファンドであるがベインキャピタルによるアサツー ディ・ケイ（ADK）の買収といった大きなニュースはあったものの、広告会社の売上や扱い先にかかわる激しい変化は見受けられない。従来の広告会社とコンサルティング系広告会社でそれぞれの得意とする領域がある、クリエイティブやメディアバイイングなどの分野で総合広告会社は強みを持っている、プランニングにおけるデジタルシフト進展度の米国との違いといった点で、日本では協業や共闘のようなかたちでビジネスが進んでいくとの見方もあるようだ。とはいえインターネット広告の伸びがこれからも見込まれる中、メディアやプラットフォームとともに広告会社の動向からも目が離せないといえるだろう（図表4-16）。

6 広告へのAI（人工知能）活用の期待

　広告業界においても、AIがもたらす影響や活用の仕方は大きな関心事だ。デジタル広告を中心に、適用が始まっている。

　取り組まれている領域で挙げられる1点目はクリエイティブだ。デジタル広告ではこれまでも複数案のクリエイティブを出し分けて、効果が高いものを選びながらプランを進めていくといったスタイルが取られてきたが、測定や表現の生成にAIを生かし、自動化する動きが進んでいる。広告のタイプとしては、受け手の反応をクリックやランディングページ内の行動などで把握する、ダイレクトレスポンスを期待した広告で使われる。Googleの検索連動型広告は、その代表的な例だろう。国内ではサイバーエージェントが2016年に、AIをアドテクノロジーに活用するための研究組織「AI Lab（エーアイ ラボ）」を立ち上げたのが先駆け的で、2017年には同組織と連携しながらクリエイティブの自動生成ツールの開発・提供を行う「AIクリエイティブセンター」を設立した。DAC（デジタル・アドバタイジング・コンソーシアム）やオプトといった広告会社、メディアレップも開発や他のAI開発機関との連携を進めており、クリエイティブの生成、あるいはチャットボットの機能を生かした企業とユーザーとのコミュニケーション支援に役立てている。

　一方、動画広告やテレビCMへのAIの活用は、まだ途上といった感がある。広告で扱われるブランドに対する認知度や好意、購買意向といった心理的な変容の測定結果を反映することが求められるが、そうしたデータを取得することが難しいからだ。ただ、表現要素の認識、判定データを蓄積し、心理変容でなくともクリックやサイト訪問数といった反応データと結びつけるといった作業にAIが生かされていくのではないかと思われる。また、クリエイティブディレクションの提示やコピーライティング支援といっ

た作業領域では、既にAIが生かされている。AIが表現に取り入れるべきモチーフやトーンを指示したり、いくつものコピーを作成する。マッキャン・ワールドグループの「AI‐CD β」や電通の「AICO」といったAIツールがそれで、作業軽減によりクリエイターは時間や能力を他のプロセスに振り向けることができる。

　AIの適用が見込まれるもう1つの領域は、デジタル広告の運用や配信だろう。これらも自動化に向けた取り組みが進んでいるが、部分的な適用の段階であるようだ。インターネット広告の中で運用型の広告はそもそも配信の条件を満たす先に自動的に掲出されるものだが、そうした最適な条件をAIが常に更新し、設定していくイメージだ。配信作業面においては上述のサイバーエージェント「AIクリエイティブセンター」が、AIによるインフィード広告の配信予測システムをリリースしている。インフィード広告に特化して、AIが新規クリエイティブの配信効果を予測し、予測結果が良好なクリエイティブを優先して自動配信を行う。検索連動型以外の運用型広告の入札作業においても、Googleのシステムのように、効果をフィードバックしながら自動化ツールが効率的な入札を繰り返していく仕組みが一般化するかもしれない。

〔土山誠一郎〕

第5章
映画・音楽

1　概　観

　映画を見たり、音楽を聴くことで、私たちは喜び、悲しみ、笑い、怒り、楽しさ、恐さ、癒しといった感覚や感情を得るが、そのことは映画や音楽に接する大きな動機となる。実際、日々の生活の中で映画や音楽の鑑賞を楽しむ人は多い。日本の余暇活動をまとめた『レジャー白書2018』によれば、2017年に参加者が多かったものとして観光や外食、読書、ドライブ、ショッピングなどと並んで「映画」と「音楽鑑賞」はそれぞれ5位（3420万人）と7位（3190万人）となっている。さらに、映画や音楽ライブがタイトルの多くを占めるであろう「ビデオ鑑賞」も12位（2660万人）である。10年前の2007年に映画は9位（4010万人）、音楽鑑賞は10位（3800万人）、ビデオ鑑賞は5位（4240万人）となっていたことから、参加者の数は過去10年で減少しているとはいえ、映画や音楽の鑑賞は日本に定着しているレジャーと考えられる。

　このように映画や音楽が多くの人にとって身近なものとなり得たのは、20世紀以降、複製技術の高度な発展に伴い、作品がフィルムやビデオテープ、DVD、あるいはレコードやCDなどに収められ、様々なメディアを通して、あるいは商品として販売されることで、不特定多数の観衆や聴衆に届けられてきたことと不可分である。また、映画作品・音楽作品ともに量的のみならず質的にも拡大しており、私たちがその時々の気分や目的に合った映画や音楽を選択できるのは、それだけ多様な作品が世の中に溢れていることの現れとも言える。そこには芸術的な作品や教育的な作品

も存在する一方で、娯楽性の強い作品が数多く生み出され、日本における大衆文化の担い手としての役割を果たしてきた。

大衆文化の中には市場経済と強く結びつき、商品として大量消費されるものも多い。今日、映画や音楽の多くも採算性に基づくビジネスベースで企画され、生産され、流通する。従って、作品を製作・発売する企業にとって「売れること」は非常に重要な課題である。それでは、映画や音楽の供給者と需要者によって形成される市場の規模を見てみよう。『デジタルコンテンツ白書2018』は、2017年の日本の動画市場はテレビ放送関連を除けば約9000億円、音楽・音声市場は約1.3兆円と推計している。しかし、2007年にはそれぞれ1兆円、1.6兆円程度だったことを考えると、いずれも過去10年間で市場は縮小していることになり、先に見たような映画や音楽鑑賞者の減少との相関も考えられる。

重要な点として、近年では映画や音楽の鑑賞者数のみならず、鑑賞のためのメディア利用にも大きな変化が起きている点が挙げられる。映画は、映画館での鑑賞という伝統的な方法は健在であるものの、DVDやブルーレイディスク（BD）などのパッケージ製品を手に取る人は減っており、そのことは音楽CDにも当てはまる。しかし一方で、デジタルデータ化された作品がネットワーク経由で配信され、それをパソコンあるいはスマホやタブレットなどのモバイル端末で視聴する人は増えている。このような作品鑑賞の環境変化の結果として、パッケージ製品の消費は落ち込み、配信サービスは成長している。

映画や音楽作品がデジタルデータ化されるにつれて、「コンテンツ」という概念が広く知られるようになった。コンテンツは元々、インターネットの普及とともに、そこで流通する「情報の内容」を指すものであったが、その範囲は拡大し、今日ではメディアによって伝えられる著作物全般が含まれうる。コンテンツの特徴の1つとしては、複数のメディアで活用される自由度の高さが

挙げられる。実際、デジタル技術やインフラの進化によって、コンテンツとしての映画や音楽はメディア横断的に流通するものとなっており、著作権者はそれらを活用することで収益最大化を目指している。

2　映画メディアの変遷

現　状

　図表5-1にあるように、日本の映画入場者数は1972年に2億人を下回って以来、2017年まで1億人台が続いている。もっとも、その間も増減は見られ、1990年代は1996年に戦後最低（1億1957万人）を記録するなど、全体的に不調だったが、2001年以降は東日本大震災が起きた2011年を除けば毎年1億5000万人に達し、1990年代にしばしば耳にした「映画離れ」という言葉も聞かれなくなった。震災の翌年からは5年連続で前年比プラスが続き、2016年には1億8018万人で1974年以来42年ぶりに1億8000万人を超えるとともに

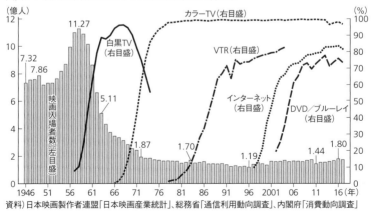

図表5-1 映画入場者数およびテレビなど映像機器の普及率

資料）日本映画製作者連盟「日本映画産業統計」、総務省「通信利用動向調査」、内閣府「消費動向調査」

今世紀最高を記録した。

映画鑑賞者を『レジャー白書2018』に従って3400万人程度と仮定すれば、1人あたり年間5回程度映画館で映画を見ることになるが、当然個人差はあるだろう。そこで、行為者が過去1年間に映画館で鑑賞した本数を見ると、2〜4本が4割程度を占める一方で、5本以上という人も約3分の1に達している（図表5-2）。映画を鑑賞する方法が多様化し、DVD・BDや配信サービスによっ

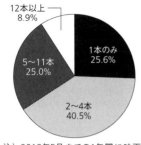

図表5-2 直近1年以内に映画館で見た映画本数

注）2018年5月までの1年間に映画館で映画を見た全国10〜70代の男女が対象。調査対象者数は1,140
資料）NTTコム リサーチ「『映画館での映画鑑賞』に関する調査」

て上映スケジュールに縛られることなく映画が見られるようになっても、年に数回は映画館へ足を運ぶ人が一定数存在することがわかる。新作をいち早く見られる、高画質・高音質、空間自体の魅力など、映画館での映画鑑賞に、その他の方法では得難い特別な価値を見出している人は少なくない。

しかし、映画産業は100年以上におよぶ歴史の中で常に順風満帆であったわけではなく、むしろ絶頂期と低迷期を経て、近年再び活気づいている状態にある。以下では、これまでの日本映画産業の変遷を、他メディアとの関わりを視野に入れつつ概観する。

誕生と発展

フランスのリュミエール兄弟によって動画の撮影および映写機である「シネマトグラフ」が発明され、1895年12月28日にパリで世界初の映画興行が行われた。それ以前にも、アメリカでトーマス・エジソンが発明した「キネトスコープ」のように1人で箱を覗き込むような形の動画再生機は存在したが、映像をスクリーン

に映し出し、入場料を払った観客に共同鑑賞させたのは初めての試みだった。その後、シネマトグラフは日本にも輸入され、1897年2月15日には国内初の映画興行が大阪で行われている。同年、シネマトグラフとともに来日したフランス人技師の手によってフィルムに収められた日本の人々の姿や風景は、国内で撮影された初の映画作品と考えられる。

　当時「活動写真」と呼ばれた映画は日本人の手でも作られ始め、劇映画作品が登場すると大衆の高い人気を集めるようになる。年号が大正に変わった1912年には、映画産業の活性化を目指す国家当局に促される形で最初の映画会社である日本活動写真株式会社（現・日活）が設立された。1920年になると松竹キネマ合名社（現・松竹）が誕生し、映画の製作・配給に乗り出すとともに俳優養成学校を設立し、多くの看板俳優を輩出することとなる。

　しかしその後、日中戦争や太平洋戦争の始まりを受け、映画にも戦争の影が忍び寄る。戦意高揚を目的とした国策映画が多く生産される一方で、外国映画の輸入制限や映画法施行によって脚本の検閲などが行われた。フィルムは軍需品として厳しく使用が制限され、企業統制によって映画会社が整理統合される中、映画産業の規模は縮小して行った。1940年に518本を数えた日本映画の公開作品数は敗戦を迎える1945年には44本に落ち込み、また、空襲によって513の映画館が焼失しており、日本の映画産業は崩壊状態にあった。

　戦後、日本を統治した連合国軍総司令部（GHQ）内に設置された民間情報教育局によって日本映画は管理・検閲されることになった。しかし、日本の主権が回復する1952年に検閲制度が廃止されると、占領下では制限されていた戦争映画や封建的と見なされた時代劇も製作され始めた。ちょうどその頃、黒澤明や溝口健二らの監督作品が国際映画祭で高評価を受けたこともあって、日本の映画産業は活気づいた。映画製作は量産体制に入り、1955年

前後には年間500本程度にまで増大し、映画館入場者数も1958年には11億2745万人（国民1人あたり年間12.3回）を記録した。戦後10年余りで映画は絶頂に上り詰め、「娯楽の王様」というべき地位に君臨するに至った。

　ところが隆盛は長く続かなかった。1963年の映画館入場者数は5億1112万人と、5年前の半分以下に落ち込んだ。この急激な減少の要因の1つと考えられるのが、1953年に始まったテレビ放送である。当初、映画産業は新興メディアであるテレビを「電気紙芝居(しばい)」と揶揄(やゆ)・敵視し、劇場用映画の放映許諾や所属俳優のテレビ番組出演を拒否したが、テレビ放送の勢いは止まらなかった。実際、1950年代末から1960年代前半にかけてテレビが日本の家庭に急速に浸透して行くのとは対照的に、映画館から客足が遠のいたことは、図表5-1からも読み取ることができる。

　やがて映画産業は対応策の1つとしてテレビとの共存を模索し始め、劇場用映画の提供を解禁するのみならず、テレビ局への出資やテレビ放送用映画製作に乗り出して関係を深めて行った。また、不振に陥った映画興行では入場者数の減少を補塡(はてん)すべく入場料金の値上げが断続的に行われ、1958年には平均64円だったものが1963年には152円、そして1968年には262円に上昇した。このような値上げによって興行収入は確保できたものの、さらなる入場者数の減退を招くという悪循環に陥るようになる。

　映画は「斜陽産業」と呼ばれ、1970年代初頭には入場者数は全盛期の5〜6分の1程度にまで落ち込んだ。この時期以降、衰退の度合いは緩やかになるものの、映画産業にはいくつもの激震が走った。1971年には大手5社（東宝、松竹、東映、大映、日活）のうち、経営難に陥った大映が倒産し、日活は低予算のポルノ映画に路線変更した。残りの3社も自社の資金だけで映画を製作することが困難になり、独立プロダクション作品の配給・興行に力点を置くようになる。その一方で1976年には角川書店が映画製作

に進出し、自社が発行している小説作品を次々と映画化することで相乗効果を模索するメディアミックス戦略を展開した。角川映画は大規模な宣伝でも話題となり、これ以来、映画の宣伝費が増大した。

　1970年代中盤から日本映画はアメリカの大作映画に押され始め、年によっては国内配給収入で邦画が洋画に抜かれるようになった。洋画優位が固定化される1980年代中盤を経て、1990年代になると両者の差は圧倒的になり、1998年には邦画のシェアは30%にまで落ち込んだ。そのように低迷する日本映画の中で注目されたのがアニメ映画で、宮崎駿や高畑勲らの監督作品はそれまでの「アニメ映画は子どものもの」という固定観念を覆し、広い客層の支持を得た。1990年代末まで映画興行市場で見られた「洋高邦低」という傾向も、やがて2000年代に入ると邦画が低迷から抜け出すことによって変化していくことになる。

　一方、図表5-1にあるように1980年代には家庭用VTRの普及が進み、1990年になると普及率66.8%で約3分の2の世帯に行き渡っていた。映画館で上映された作品が2次利用され、ビデオ製品として販売されたり、レンタルされることが一般化し、そのような形での映画鑑賞が定着することになる。さらに、VTR以降も衛星放送やケーブルチャンネルの発展による放送の多チャンネル化やDVD・BDといったパッケージ製品の進化、ネット配信が実現することになる。劇場公開された映画は、それら新しいメディアにも登場し、共存することに成功してきた。新しく登場したメディアが多くのユーザーを惹きつけ、普及して行く上で、映画コンテンツの持つ力は不可欠だったと言えよう。

3 映画産業

好調な映画興行

　図表5-3は、1952年から2017年までの映画興行収入（映画館での入場料総額）の推移をまとめたものである。1960年代から映画入場者数が劇的に落ち込む中でも、断続的に入場料金を値上げすることで、興行収入の激減は避けられてきたことがわかる。

　今世紀に入ってからは概ね1900億〜2000億円台を維持してきたが、その原動力となっているのは日本映画で、後述するような製作委員会方式が定着する中で作品への出資増加やマーケティング戦略が功を奏している。邦画28作品が興行収入で10億円を超えた2006年は、21年ぶりに市場シェアで洋画を抜いたことが大きく取り上げられ、邦画復活が印象づけられた。2011年は震災の影響を受けて落ち込んだものの、その後は回復し、2016年には国内映画史上最高額の2355億円を記録している。興行収入はヒット作の有無などによって年ごとに増減が生じると考えられるが、近年の

図表5-3 映画興行収入

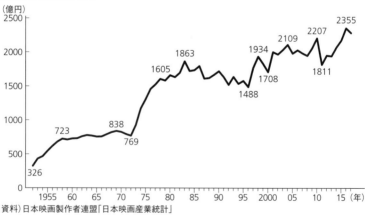

資料）日本映画製作者連盟「日本映画産業統計」

安定した興行収入からは、集客力のあるヒット作が生まれ続けていることがわかる。

映画産業構造

　図表5-4にあるように、映画産業は伝統的に「製作」、「配給」、「興行」の3部門によって構成され、それぞれ一般製品における「製造」、「流通」、「販売」に相当すると考えられる（ただし、映画コンテンツは映画館以外での鑑賞も一般化しており、鑑賞者へ届けられるメディア形態に応じて「配給」と「興行」の部分は「テレビ放送」や「パッケージ販売・レンタル」、「動画配信」などに変わりうる）。

　日本の映画産業における特徴の1つとして挙げられるのは、大手映画会社3社（東宝、松竹、東映）が同一資本内で製作から配給、そして興行に至るすべての事業を行う垂直統合モデルを展開してきた点である。かつて大手映画会社は直営の映画館を数多く所有し、それら以外にも全国各地に契約している映画館があり、自社製作・配給作品が途切れることなく上映されていた。今日、そのような系列化は弱まっているとはいえ、いくつかの映画興行会社は上記の大手映画会社3社の完全子会社やグループ企業である。一方、それら3社以外にも多くの企業が映画製作に参加しており、また、制作会社や配給会社、興行会社も多く存在し、映画産業を形成している。

　映画産業における古典的かつ代表的なカネの流れにおいては、まず観客が映画館で支払う入場料総額（興行収入）の概ね40～50%が興行会社の取り分となる。残りのうち、配給会社によって宣伝費やプリント費、配給手数料が控除された額が最終的に製作に払われる。

　しかし現実には、映画作りにかかった費用をカバーするだけの

図表5-4 映画産業構造と主な関連企業

注1）製作委員会参加企業名は、2017年の興行収入上位邦画作品の中から抽出した
注2）興行会社のスクリーン数は2017年11月のもの。なお、共同経営のサイトのものは含まない
注3）松竹MS＝松竹マルチプレックスシアターズ

金額さえ製作者に戻らないケースも多い。従って、製作者にとっては作品の2次使用料収入で損失を埋め、利益を出すことが極めて重要になる。映画製作および配給事業者の収入内訳をみると、主業である映画製作や配給での収入に加え、テレビ放送やビデオ化、商品化などによる権利収入が一定の割合を占めていることがわかる（図表5-5）。

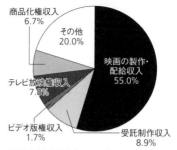

図表5-5 映画製作・配給業の収入内訳（2017年、総額2647.7億円）

資料）経済産業省「平成29年特定サービス産業実態調査」

製　作

　映画の製作とは、作品を企画し、資金を集め、実際に制作する（あるいは制作させる）ことである。かつて日本の映画会社は自社の撮影所で専属俳優やスタッフらの手によって、いわば「自前で」映画を作っていた。その後、映画市場が低落して行く中で、採算性が低く、リスクが高い制作部門を縮小させ、それら映画会社は作品の配給・興行に注力するように変化した。

　1社による単独での映画製作が困難になるにつれて、製作委員会方式が採用されることが増えた。「製作委員会」とは、映画の製作や利用を共同で営むため組成されるもので、典型的には映画会社、テレビ局、出版社、新聞社、広告代理店、芸能事務所などの企業が参加し、出資する。それら企業は実際の映画作りを制作会社に委託する一方で、資金提供者として作品の著作権を共同保有する。初めて製作委員会方式が採用されたのは1984年のアニメ映画『風の谷のナウシカ』で、徳間書店と博報堂が参加した。図表5-4の網掛け部分の企業は、2017年の興行収入上位邦画作品の

製作委員会メンバーとなった企業の一部である。

　製作委員会方式の利点はいくつか考えられる。まず、数社が出資し合うことで、比較的大きい映画製作費の拠出が可能になるとともに、各社にとっては当たりはずれの差が大きい映画ビジネスにおいて1作品への集中的な投資を避け、リスクを分散することができる。もちろん、映画がヒットすれば出資比率に応じて利益が配分される。

　しかし、それだけでは本来映画ビジネスと関わりがない企業にとって出資の誘因としては弱いだろう。興行成績が振るわず、赤字に終わる可能性も低くないからである。むしろ、より大きなメリットとして、映画コンテンツで個々の業態に即したビジネスを展開できる点が挙げられる。つまり、委員会方式において出資企業は各々の事業領域に応じて、放送、ビデオ化、ネット配信、出版、商品化など、特定利用の権利を取得し、それらの窓口となって事業を行い、利益を上げることができる。これら個別の事業が幾層にも重ねられることで、映画コンテンツをメディア・事業横断的に活用するビジネスが実現するわけである。

　製作委員会において最大の出資を行い、幹事としてプロジェクトの主導権を得ることが多いのが、資金力、企画力、宣伝力を併せ持つテレビ局である。2017年の興行収入上位邦画30作品のうち22作品にテレビ局が出資していた。歴史的に見ると、テレビ局製作の映画で初めて大成功を収めたのは1983年のフジテレビによる『南極物語』で、興行収入110億円はその当時、邦画の歴代最高記録となった。その後、自局で放送している人気テレビドラマやアニメシリーズからの派生作品や続編を製作し、ヒットを記録する傾向があったが、近年では、実写作品に関しては映画独自の企画への出資が目立つ。

　自社製作の映画作品の公開日が近づくと、番組内でPRが繰り返されるとともに特別番組や前作が編成・放送され、公開前日や

当日には出演俳優が番組に登場するのは、いまや馴染みの光景である。実際、ある映画作品がテレビで繰り返し取り上げられているのを見ているうちに、その作品への興味が高まる視聴者は少なくないだろう。テレビ局をはじめ、出版社や新聞社などのメディア企業が製作に関わる作品の興行成績が相対的に良い一因は、自社メディアを使ったマーケティング戦略の成果が数字となって現れているからとも考えられる。

配　給

「配給」は、自社が上映権を保有する作品を映画館に貸し出す業務で、製作と興行を結ぶ役割を果たす。東宝、松竹、東映、KADOKAWAの4社は自社内に配給部門を持っている。特に、近年の日本映画の大ヒット作は東宝の配給作品が圧倒的に多く、共同配給も含めれば、2017年の興行収入上位邦画30作品のうち21作品が東宝配給作品で占められた。その他にも独立系配給会社や外資系配給会社（アメリカの大手映画会社の日本支社）があり、それらの中にはアスミック・エースやワーナー　ブラザース　ジャパンなど、積極的に製作委員会に参加する企業もある。

独立系配給会社は独自のルートで洋画を買い付ける必要があるが、契約に際して海外の権利元から劇場配給権以外の諸権利の保有が許諾されることがある。例えば、ビデオ化権が与えられれば、当該の配給会社がDVDやBDの発売元となってビデオメーカーなどに販売を委託する。このように許諾される諸権利の多くは期限が限定されており、契約が満了した際には権利元へ戻される。

さらに、宣伝や広報活動を通して映画を広く認知させ、人々の作品に対する関心を喚起し、見る気にさせることも配給会社の任務の1つである。実際、プロモーションの方法は多岐に亘り、テレビCMや新聞広告はもちろん、パブリシティやSNSの活用、劇

場用予告編やポスターの製作、試写会や会見といったイベントも配給会社が取り仕切る。ただし、製作委員会方式の場合は、委員会が広告宣伝を担当することも多い。

興　行

　映画の「興行」とは、配給作品を映画館で上映し、観客に見せることによって興行収入を得る業務であり、映画館を経営する興業会社は作品を上映する権限を持つ。日本映画製作者連盟（映連）によれば、映画館数は1960年の7,457館をピークとして約30年間にわたって減り続け、1993年には1,734館で最少を記録した（図表5-6）。しかし、その後、1つの施設に複数のスクリーン（一般的には5スクリーン以上）を持つ複合型映画館、いわゆる「シネマコンプレックス（シネコン）」が全国各地に誕生する。

　シネコンによって、それまでの「1映画館に1スクリーン」という原則は崩れ、映画上映の環境は一変した。シネコンの登場以降、

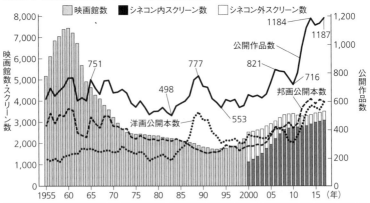

図表5-6 映画館数およびスクリーン数と公開作品数

注）下記の資料では1999年までは映画館数、2000年以降はスクリーン数が集計されているので、厳密には1999年までと2000年以降のデータに連続性はない
資料）日本映画製作者連盟「日本映画産業統計」

従来型の映画館が逓減して行く一方でスクリーン数は増え続け、2002年にはシネコン内スクリーン数がシネコン外スクリーン数を抜いた。2010年頃からはシネコンの飽和とともにスクリーン数はマイナスに転じたが、2013年から再びシネコンは微増傾向にある。2017年の全国3,525スクリーンの内訳を見ると、シネコン内の3,096に対してシネコン外は429と大きく差がついている。

　1960年代から1990年代初頭まで映画館数は減少して行ったが、公開作品数は、ヒット作品の有無に影響されたこともあり、概ね500本台から700本台の間で増減を繰り返していた。その後、スクリーン数が漸増する2000年以降になると、公開作品数も増加を見せることになる。2006年に821本で史上初めて800本を超えた後は逓減したものの、2012年から驚異的に伸び始め、2014年の1,184本まで毎年公開作品数の最高記録を塗り替え、それ以降も1,100本以上を記録し続けている。また、1987年から2005年まで邦画の公開本数は洋画を下回っていたが、2006年に逆転し、それ以降、邦画の公開本数が多い状態が続いている。

　このように、近年の傾向として、スクリーン数の増加が穏やかになった一方で、公開作品数が大幅に増加している点が挙げられる。多種多様な作品が公開されるようになったとすれば喜ばしいことだが、作品ごとの公開規模には大きな偏りがあるのが実情だ。2017年に興行収入が10億円を超えた作品は邦画・洋画合わせて62作品あったが、全公開作品数の5%を占めるに過ぎないそれらの作品が、全興行収入の約71%にあたる1618億円を稼ぎ出していた。このことからも、一部の人気作品によって多くのスクリーンが占められていた状況が推測される。

　近年の公開作品数増加の要因の1つと考えられるのが、映画のデジタル化である。デジタル技術の発達によって映画制作費の低廉化が進んだ結果、巨額の予算を組まなくとも作品制作が可能になったが、それら低予算作品の公開は小規模に留まることが多く、

大作映画が大規模公開されるのとは対照的である。映画の公開規模は両極化が進んでいると言えるだろう。

さらに映画のデジタル化は映画館のあり方も変えつつある。今日では国内のほとんどの映画館にデジタル設備が備わっており、音楽コンサートや舞台演劇、スポーツなどの収録作品や中継といった、いわゆる「非映画コンテンツ（Other Digital Stuff／ODS）」の上映にも利用されるようになった。映連によると、2016年のODS関連の興行収入は前年比6.6%増の163億円弱に達しており、エンターテインメントを広く体験できるレジャー施設への転身という映画館の試みは現在のところ成功している。

4 　映画コンテンツの展開

ウィンドウ戦略

映画は古くから同一作品が様々な場所・形式で繰り返し公開されてきた。かつて映画館は一番館、二番館と区分されており、そのような等級の高低で同一作品の公開時期が異なることは一般的であったし、海外市場への輸出や国際線機内での上映も長い歴史がある。さらに既述のとおり、映画はマルチユースされ、その時々に新しく出現する映像メディアでも視聴されてきた。長年にわたって地上波テレビ局は映画を放送してきたし、映画専門の有料チャンネルも多く誕生した。さらに、映画作品がパッケージ化されたビデオやDVDは販売店やレンタル店の目玉商品であり続けたし、今日ではインターネット上で作品を購入してダウンロードしたり、動画配信サービスで視聴することも定着しつつある。

このように、映画コンテンツで収入を得る方法は何通りも存在する。映画製作者が1つの作品を異なるメディアや市場で何度も繰り返し利用することによって、映画コンテンツという資源を最

大限に有効活用する戦略は、各メディアを窓＝ウィンドウに見立てて「ウィンドウ戦略」と呼ばれ、コンテンツビジネスの基本戦略の1つとなっている。換言するなら、ウィンドウ戦略とは、ある映画作品を様々なメディアおよび市場で（つまり、様々なウィンドウで）、需要を勘案しながら順々に公開し、作品あたりの総収益の拡大を目指すものである。

　この戦略において重要なのは、各メディア間での公開時期と価格の差異化である。公開時期に差があるのは同時公開による利益相反を避けるためで、いずれのメディアも独占的排他権を行使する中で、「この作品はここでしか見られない」と謳うことは重要なマーケティング文句となりうる。一方、価格に差があるのは、「先に高く」から「後に安く」まで様々な鑑賞条件を用意することで、より多くの人が自分の関心の度合いに応じて作品にアクセスできるようにするためである。

　2000年代中盤までの映画コンテンツのウィンドウ展開を振り返ると、劇場公開された作品がビデオ・DVD化されるまで半年以上かかることが一般的だった。さらに、その後の展開となるテレビ放送はWOWOWなどの有料放送で1年以上、無料の地上波放送であれば2年近く後だった。ところが近年、ウィンドウ展開にネット配信が組み込まれることで、展開の順序に大きな変化が生じている。加えて、海賊版や違法動画対策、さらには作品の鮮度が高いうちに資金を回収したい製作側の意向を反映し、各ウィンドウが開くタイミングは早期化し、互いに接近する傾向にある。

　図表5-7は、2016年の主な興行収入上位作品の劇場公開後に各ウィンドウが開かれるまでの日数をまとめたものである。邦画の場合、早ければ5か月程度でネット配信とDVD・BDの発売が同時に開始されている。また、テレビ放送に関しては、テレビ局が出資している作品であれば当該局で1年後に放送されることもある。しかし、その一方でネット配信やパッケージ販売までに1年

図表5-7 映画コンテンツのウィンドウ展開

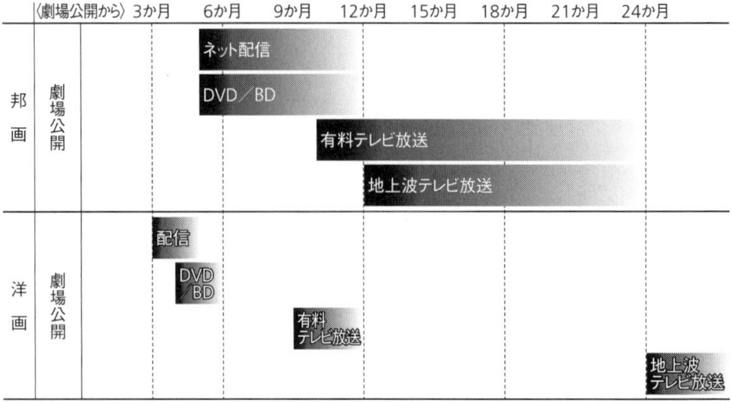

		〈劇場公開から〉3か月	6か月	9か月	12か月	15か月	18か月	21か月	24か月
邦画	劇場公開		ネット配信 DVD／BD		有料テレビ放送 地上波テレビ放送				
洋画	劇場公開	配信 DVD BD		有料テレビ放送					地上波テレビ放送

注）2016年の邦画・洋画興行収入上位10作品ずつを抽出し、それらの劇場公開後のウィンドウ展開をまとめた

近くかかっている作品もある。概して、邦画のウィンドウ展開は作品ごとの差異が大きく、権利を保有する製作側をはじめ関係者らによって独自の戦略が採られていることがわかる。

一方、洋画のウィンドウ展開は邦画のそれとは様相が異なる。劇場公開から3〜4か月の間にネット配信が始まり、それより数週間遅れてDVD・BDの販売とレンタルが始まることが概ねパターン化されている。また、有料放送への登場は公開後1年以内であることが多いのに対して、地上波放送はかなり後位に置かれており、2年以上経って放送されることが一般的である。参照した洋画は全てアメリカ映画であり、本国アメリカにおけるウィンドウ展開のルールに準じていると推測される。

パッケージと配信

図表5-8にある通り、DVDやBDといった映像パッケージ製品のセルおよびレンタルの2017年の市場規模は約3700億円であり、約

6700億円であった2005年に比べると55%程度に縮小している。従来、映画産業の収支構造においてはパッケージ市場への依存が高かっただけに、この落ち込みによる打撃は大きい。その一方で、ブロードバンドが普及し、高速化・大容量化が進む中でインターネットの動画配信は成長を遂げ、さらに近年では配信サービスの充実も見られるようになった。動画配信の市場は2013年の597億円から2017年には1510億円へと、4年間で2.5倍に増加している。

　図表5-8からは映像コンテンツの市場がパッケージ製品の購入・レンタルから動画配信へとシフトしていることが実感できるものの、実際には、前者の落ち込みを補うまでに後者は成長していない。パッケージと配信を合わせた映像コンテンツの2017年の市場規模は2005年の8割弱に留まっており、単純にDVDなどのパッケージが配信に移行しているわけではないことがわかる。パッケージ全盛期に比べて映像コンテンツの鑑賞者数が減っているとも、あるいは鑑賞に支払われる対価が減っているとも推測される。

　それでも、映画ビジネスにおいて以前は取るに足らないサービスと軽視されていた動画配信の重要度が高まっていることは、映

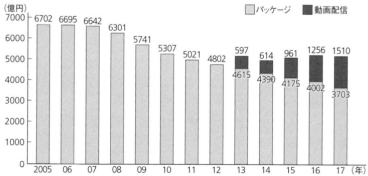

図表5-8 映像コンテンツ市場規模

注）「パッケージ」は映像作品のDVD・BDのセルおよびレンタルの合計。下記の資料では、動画配信市場規模の推計は2013年から開始されている
資料）日本映像ソフト協会「映像ソフト市場規模及びユーザー動向調査」

画コンテンツのウィンドウ展開における配信の位置が相対的に高まっていることからも窺える。図表5-7にあるように、今日では洋画の新作映画は早ければ3～4か月で、DVDやBDの販売よりも早いタイミングで配信が開始されるようになっている。

なお、動画配信にはいくつかのサービス形態があるが、ここでの配信は、「ダウンロード販売（Electric Sell Through ／ EST）」と「都度課金型動画配信（Transactional Video on Demand ／ TVOD）」を指す。ESTは動画データのファイルを購入・所有する形であるため、従来のDVD・BDの購入に、そしてTVODは視聴期間が決まっているため、DVD・BDのレンタルに相当すると考えられる。しかし、わざわざ店舗に足を運ばなくても好きな場所で視聴でき、在庫切れとも無縁という点において、DVDやBDの購入やレンタルよりも利便性は高い。AppleのiTunes StoreやGoogle PlayなどがESTとTVODを提供する代表的なサービスである。

定額制動画配信サービス

動画配信にはもう1つ、「定額制動画配信（Subscription Video on Demand ／ SVOD）」と呼ばれるタイプがあり、NetflixやHulu、Amazon Prime Video、dTV（ESTやTVODもあり）などが有名である。作品ごとに課金されるESTやTVODとは異なり、SVODは一定金額を払うことで決められた期間内は作品を見放題である。料金が高めに設定されるESTやTVODのユーザーがコアな映画ファンを中心に限定される傾向があるのとは対照的に、時間・料金を気にせずに動画を好きなだけ視聴できるSVODは広い層のユーザーに受け入れられやすい。

しかし、映画のウィンドウ展開において、単価が安いSVODはESTやTVODよりもかなり後位になることが一般的であり、劇場

公開後2年以内に配信される作品は稀有である。そこで各SVODサービスが他との差別化要素として重視し、実際にユーザーにとって特定サービス加入の誘因となってきたのがオリジナル作品だった。ドラマ・シリーズが中心ではあるが、全世界に約1億2500万人の契約者（2018年5月現在）を持つNetflixなどは潤沢な資金力を活かして映画製作にも乗り出し、独占配信を行うことでSVODの契約者数拡大に結びつける戦略を採る。

　Netflixはオリジナル作品を公開する際、劇場公開と自社サービスでの配信を同時に開始することで、映画のウィンドウ展開に変革を起こそうとしているようにも見える。しかし、ネット配信開始の早期化という動きに対しては、映画産業で依然として大きな力を持つ興行会社などを中心に、劇場公開へのマイナスの影響を懸念する声も多い。映画が映画館以外でも見られるようになって久しいが、それでも作品公開が映画館からはじまることは、これまで常識であり続けた。今後、映画のネット配信がさらに成長する中で、劇場公開とどのような形で共存して行くのか、そして映画のウィンドウ展開方法がどのように変容するのか注視する必要がある。

5　音楽メディアの変遷

現　状

　音楽消費の特徴的な点は、楽曲というコンテンツが記録されているレコードやCDなどのディスク（＝メディア）と、それを再生して聴くための機器（＝デバイス）の両方をユーザーが購入・準備しなければならない点にあった。新聞や雑誌、書籍は記事や写真などのコンテンツが印刷された出版物（＝メディア）を購入するだけで、読むためのデバイスは不要であるし、放送の場

合、それを受信するためのデバイスは必要だが、放送というメディア自体は購入するものではない。ところが近年になって音楽消費もディスク不要の時代を迎えつつあり、またパソコンやスマートフォンなどといった音楽再生専用以外の機器も用いられるようになっている。

　図表5-9は、主な音楽聴取手段に関して2017年8月に実施された調査の結果である。実に多様な方法で音楽が聴かれている実態が見て取れるが、インターネット調査の結果とはいえ、目を引くのはYouTubeやニコニコ動画などの無料動画共有サイトが多くの人によって利用されている点であり、無料聴取層が多いという実態が浮かび上がる。一方、同じようにオンラインで逐次再生するストリーミング型とはいえ、定額制音楽配信の利用者はまだ少ない。

　今日、音楽を聴く方法は確かに多様化しており、リスナーが個々の用途や目的に合わせて選択できるようになっている。しか

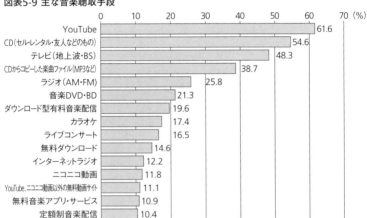

図表5-9 主な音楽聴取手段

注）2017年8月に全国12〜69歳の男女を対象にインターネットで行ったアンケート調査の結果。調査対象者数は1,441
資料）日本レコード協会「2017年度音楽メディアユーザー実態調査」

図表5-10 オーディオ・音楽機器の普及率

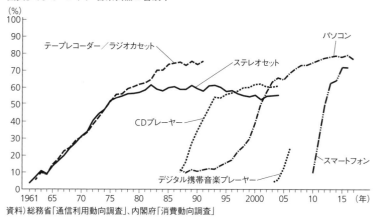

資料）総務省「通信利用動向調査」、内閣府「消費動向調査」

し、これまでもオーディオ技術の進化に合わせて様々な機器が発明され、人々の間に普及してきた。1980年代半ばまではレコードやカセットテープが主流であり、それらを再生するためのステレオセットやテープレコーダー、ラジオカセットが多くの家庭に浸透していた（図表5-10）。その後、CDやインターネットが新たな音楽メディアとして登場するのに歩調を合わせ、それらに対応するプレーヤーがオーディオ機器として利用されてきた。

誕生と発展

音楽産業がオーディオ機器における技術革新とともに発展してきたことは上記の通りだが、その端緒は140年ほど前に遡る。16世紀以降、音楽は楽譜として印刷・出版されるようになったが、それでも誰かが生で演奏して初めて聴くことができるものだった。そのような状況を変えたのは録音・再生機器であり、1877年にはトーマス・エジソンがシリンダー式蓄音機「フォノグラフ」を、そして1887年にはエミール・ベルリナーが円盤式蓄音機「グラモ

フォン」を発明した。実用性に勝るグラモフォンは音楽再生機器として標準規格化され、その録音媒体として円盤式レコードが登場する。レコードはその後、1980年代にCDが実用化されるまで、100年近く音楽メディアの主流であり続けることになる。

　1889年には蓄音機やレコードが日本で輸入販売されるようになり、1907年になると日米蓄音器商会（後の日本コロムビア）の前身である日米蓄音機製造株式会社が設立され、まもなく国産の蓄音機とレコードの製造・販売を開始した。日本のレコード産業が大きな転換を迎えるのは1927年のことで、世界最大のレコード会社であるコロムビアをはじめ、ビクターやポリドールが日本に進出し、業界再編が進んだ。これら欧米の大手レコード会社の日本進出の真意は、自分たちの有力商品である蓄音機を売ることにあったが、そのためには人々が聴きたくなるようなレコードが不可欠だった。音楽の商品化は進み、西洋音楽の影響を受けた流行歌を収録したオーディオレコードが生産されるようになった。

　しかし戦争の影が忍び寄る中で、音楽産業も受難の時代を迎えることになる。当局によって歌詞は検閲され、外資は撤退、アメリカやイギリスの音楽が取り締まりの対象となる中、戦意高揚のための国民歌や軍歌が多く流れるようになった。レコードは贅沢品とされ、高率の特別税が課せられたが、やがて生産材料にも事欠くようになる。空襲でレコード工場は消失し、終戦を迎える1945年に日本蓄音器商会（当時の社名は日蓄工業）の工場で生産されたレコードは10万枚に留まった。

　戦後、日本のポピュラー音楽の総称として「歌謡曲」という用語が広く使われるようになる。大衆に歌謡曲を届けたメディアはラジオで、後にテレビがそこに加わる。日本が経済復興の道を歩み、各種家電製品の普及が高まる中、ステレオセットに代表されるオーディオ機器も家庭に浸透して行き（図表5-10）、それに応じて音楽市場も大きくなって行った。1960年代の日本の大手レコー

ド会社としてはコロムビア、ビクター、ポリドール、キング、テイチク、東芝の6社があり、音楽作品の制作、その作品を録音・編集し、音として磁気テープなどに固定することによる原盤（マスター音源）の制作、そして原盤をレコードとして商品化し、その宣伝・販売・配給までを行った。

　一方、洋楽に関しては、日本のレコード会社は欧米のレコード会社が所有する原盤使用のライセンス契約を結んだ。1960年代後半の日本のレコード市場は、欧米のポピュラー音楽の隆盛を反映して洋楽の比率が高く、1968年には45％を占めるほどだった。世界第2位の音楽市場となった日本への本格的進出を狙う欧米の大手レコード会社は1960年代末以降、外資規制緩和の動きを受けて日本の大手レコード会社との合弁会社設立を進め、CBSソニー、東芝EMI、ワーナー・パイオニアなどが生まれることになる。

　1950年代以降、レコーディング方法の主流となっていた磁気テープは、1960年代後半にはテープとリールがカートリッジに収められているコンパクト・カセットテープが登場し、一般家庭でも使われるようになる。図表5-10でも明らかなように、テープレコーダーやラジオカセットは1970年代中盤以降、ステレオセット以上の普及の高さを見せたが、カセットテープの出現は人々の音楽との関わりに大きな変化を与えた。1979年にソニーから発売された携帯型カセットプレーヤーのウォークマンは爆発的な人気を集め、音楽を楽しむ場を家庭外へと拡張させた。また、カセットテープによって音楽の私的録音が広まり、1970年代にはFMラジオ局で流れる音楽を録音する「エアチェック」が、さらに1980年代になると全国各地に誕生したレンタルレコード店で借りたレコードを録音することが広まった。

　1970年代から収録において実用化されてきたデジタル技術は、やがて再生にも適用されるようになる。こうして1982年に販売開始されたCDは、レコードに比べると小型・軽量かつ高音質であ

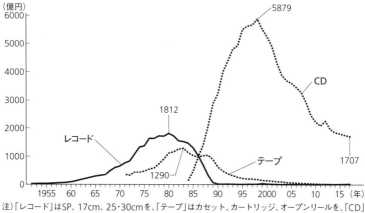

図表5-11 オーディオレコード製品生産金額

注)「レコード」はSP、17cm、25・30cmを、「テープ」はカセット、カートリッジ、オープンリールを、「CD」は8cm、12cmを含む
資料)日本レコード協会『日本のレコード産業2018』

り、劣化・ノイズも少なく、利便性が高いことから急速に普及する。1984年に144億円だったCDの国内生産金額は1987年にレコードを上回り、1991年には4000億円弱にまで増大するなど、登場からわずか数年でレコードやカセットテープに取って代わり、音楽メディアの主役となった（図表5-11）。

CDの生産金額はその後も1990年代を通して右肩上がりで成長した。最盛期を迎える1998年には約5879億円に達し、28枚のアルバム、20枚のシングルが売上100万枚以上の「ミリオンセラー」となっている。それまでレコードの生産金額は最も高い1980年でも1812億円、カセットテープは1983年の1290億円程度であり、1990年代のCDの売れ方はそれらを遥かに凌駕していたことがわかる。

1990年前後には音楽ファンの世代ごとの細分化が加速し、それまで様々なタイプのポピュラー音楽を茶の間に届け、老若男女問わず、幅広い音楽ファンから支持されてきた人気音楽番組が

相次いでテレビから姿を消した。一方、東京のJ-WAVEや大阪のFM802など、大都市圏に第二の民間FMラジオ局が誕生し、独自の選曲基準に基づき、センスの良い洋楽を集中的に流した。やがて、それらの局で洋楽と並べて流しても違和感のない日本製ポップスは、「J-POP」と呼ばれるようになる。1990年代に入り、CD市場が右肩上がりで成長し続ける中、J-POPという呼称は世の中に定着しただけでなく、それが含む範囲も拡大し続け、日本のポピュラー音楽の総称のようになっていく。

　また、1990年代のレコード産業は右肩上がりの市場の発展を背景に大きな再編の波を迎える。ワーナー・ミュージックやBMGといった外資の大手レコード会社が次々と合弁事業を解消し、100%出資の日本法人を設立した。1988年にCBSを買収したソニーはソニー・ミュージックエンタテインメントとして世界的なレコード会社となり、国内ではBMGジャパンを傘下に収める。一方、日本独自のレコード会社としてはエイベックスが次々とメガヒットを生み出し、急成長を遂げた。

　IT時代が到来する1990年代中盤以降は、デジタル技術の発展によってCDの複製が容易になり、さらにはインターネット経由で音楽をダウンロードしたり、パソコン間で音楽ファイルを共有することが可能になった。デジタル技術やネットワーク技術の進展は、音楽産業にとっての新たなビジネス・チャンスを確かに広げたが、その一方で、海賊版や違法配信などの問題が浮上してくる。そして、これらの違法サービスが浸透するにつれて、ユーザーの間に「インターネット上では音楽が無料で手に入る」という認識が広まり始め、時を同じくしてCD市場は不振に陥っていく。1998年に約5879億円でピークを迎えたCDの生産金額はその後、減少し続け、2017年には約1707億円とピーク時の3分の1以下となっている。

　2000年代になると、大量の音楽データを取り込み、持ち歩く

ことを可能にしたデジタル携帯音楽プレーヤーが人気を集める。特にAppleのiPodは、同社が運営するコンテンツ配信サービス・iTunes Store（当初はiTunes Music Store）でダウンロードした音楽を持ち運ぶという、従来にないビジネスモデルを音楽産業に持ち込んだ。2005年にiTunes Music Storeが日本でのサービスを開始したことに刺激され、それまで振るわなかった国内のパソコン向け音楽配信サービスの環境も整っていくことになる。

6 音楽産業

音楽産業構造

図表5-12は音楽産業の構造をまとめたものである。音楽ビジネスで収益をあげる代表的な方法として、楽曲利用にかかる著作権使用料、楽曲を収録したオーディオレコードの売上および印税、そして放送事業者やレンタル事業者によるオーディオレコードの2次使用料を記している。なお、音楽著作物の「著作者」は創作者である作曲家と作詞家、「著作権者」は著作権を譲渡された音楽出版社である。一方「著作隣接権者」とは、楽曲という著作物の創作者ではないものの、著作物の伝達に重

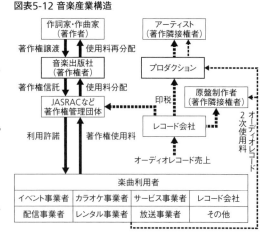

図表5-12 音楽産業構造

要な役割を果たしているアーティストと原盤制作者のことであり、オーディオレコードの2次使用料を受け取る権利を有する。

　音楽ビジネスの中心に位置するのは、楽曲を収めたCDなどのオーディオレコードを制作・販売するレコード会社、アーティストの所属事務所（プロダクション）、著作権者として楽曲を管理・プロモーションする音楽出版社の3者である。新たに楽曲をレコーディングして販売する際には、レコード会社を中心にしてプロダクションや音楽出版社との共同作業で企画が進められることが多い。

　一方、今日ではレコード会社が音楽出版社を傘下に持つばかりかアーティストのプロダクション業務まで行うことや、あるいは、プロダクションがレコード会社や音楽出版社を立ち上げ、音楽制作に乗り出すことも珍しくない。例えば、大手レコード会社のエイベックスは同じグループ内にプロダクションと音楽出版社を持つ。また、大手プロダクションのジャニーズ事務所は、ジャニーズ・エンタテイメントやジェイ・ストームといったレコード会社、ジャニーズ出版といった音楽出版社を関連企業として持っている。

　さらに音楽産業において注意したいのは「原盤制作者（レコード製作者）」の存在である。「原盤」とは楽曲をスタジオなどで録音して作られるマスター音源のことで、その費用を負担した者が原盤制作者である。かつて原盤制作を行うのは専らレコード会社だったが、1960年代になるとプロダクションや音楽出版社も行うようになり、1990年代以降は発売されるオーディオレコードの5割以上の原盤が、発売元であるレコード会社以外によって制作・保有されるようになっている（共同で原盤制作に当たることも多い）。

　原盤制作者は「複製権」という権利を有し、その許諾なしに第三者が原盤をコピーすることはできない。しかし一方で、原盤はオーディオレコード化されなければビジネスにならない。そこで

原盤の複製権がレコード会社に譲渡され、レコード会社はマスター音源からオーディオレコードを製造・販売し、複製権譲渡の対価として売上の15%程度を原盤印税として原盤制作者に支払う。原盤制作者にとって、こうした印税収入は原盤制作費を回収するうえで非常に重要である。

レコード会社

今日の最大手レコード会社であるエイベックス、ソニー・ミュージックエンタテインメント、それにユニバーサル ミュージックの3社の売上は日本の音楽パッケージ市場の4割近くを占める。レコード会社の傘下には通常、音楽ジャンルや志向などに応じて複数の「レーベル」がある。各レーベルは音楽アーティストと専属実演家契約を結び、実際にオーディオレコードの企画・制作・製造・発売を行い、その販売・流通をレコード会社に委託する。

オーディオレコード売上の一般的な配分を、CDを例に見てみる（図表5-13）。まず、レコード会社から売上の13～15%が原盤印税として原盤制作者に、1～3%がアーティスト印税としてプロダ

図表5-13 CD売上の配分

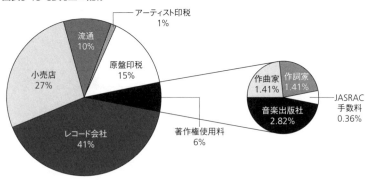

資料）安藤和宏『よくわかる音楽著作権ビジネス基礎編』

クションに支払われる。著作権者へは6%がJASRAC（日本音楽著作権協会）などの著作権管理団体に払われ、管理手数料（著作権使用料の6%）を差し引かれた後、音楽出版社と作曲家・作詞家間で分配される。3者間の分配率は図表5-13では2：1：1となっているが、実際には契約による。さらに小売や流通などといった物品販売に伴うコストが発生し、それらを支払った残りからCD製造費、管理費、広告宣伝費などを差し引いた分がレコード会社の利益となる。一方、音楽配信の場合であれば、CDにかかる製造や流通、管理などのコストは削減でき、小売店の代わりに配信事業者へ一定額が販売手数料として払われることになる。

プロダクション

ここでの「プロダクション」とは、所属契約を結んだ音楽アーティストのマネージメントを行う会社を指す。プロダクションはレコード会社からアーティストの契約金や育成費、さらにプロモーションやライブコンサートの補助金を得ることが一般的であるが、これはメディア露出やイベント出演、ライブコンサートがオーディオレコードの販売促進につながると考えられるからである。一方、前述の通り、プロダクションがレーベルを立ち上げてオーディオレコードを制作し、レコード会社に販売や流通を委託することも珍しくない。その他にもプロダクションの活動は多岐にわたり、アーティストのグッズを制作してイベント会場や自社サイトなどで販売したり、ファンクラブを運営する。

音楽出版社と著作権管理団体

音楽制作の第一歩は、レコード会社（レーベル）が作曲家と作詞家に楽曲を依頼するところから始まる。作曲家と作詞家は楽曲

を創作した著作者であるが、通常、著作権を音楽出版社に譲渡し、利用に応じて、著作権使用料のうち、契約で定められた比率分を受けることになる。一方、著作権者となった音楽出版社は楽曲を所有し、利用者への売り込みなどの宣伝や利用促進活動を行う。

音楽出版社には、レコード会社系やプロダクション系のみならず、テレビ局系や映画会社系もあり、例えば主題歌に起用するなどのタイアップなどにより、グループ全体の収益向上を目指す。レコード会社が「録音されたオーディオレコード」が売れるように宣伝するのとは異なり、音楽出版社は「楽曲そのもの」が利用されるように宣伝することが業務であり、次々と登場してくる新しいメディアや音楽の利用形態の変化に対応しつつ、著作権ビジネスを拡大している。

さらに著作権は音楽出版社から信託を受けたJASRACなどの著作権管理団体で集中的に管理される。そこでは、レコード会社や放送局からイベント事業者、レンタル事業者、サービス事業者など、多岐にわたる楽曲利用者に許諾を与えるとともに、それら利用者から著作権使用料を徴収し、委託者に分配する。

図表5-14はJASRACが2017年度に徴収した著作権使用料の内訳を示したものである。CDなどオーディオレコード製作のための音楽利用による徴収（「オーディオディスク」）は117億円で、2000年度の377億円の約3分の1の規模まで落ち込んでいるのに対して、著作権使用料の総徴収額は1998年度の985億円から2017年度の1096億円へと増えている。過去10

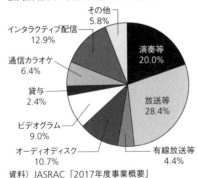

図表5-14 JASRACによる著作権使用料徴収額内訳（2017年度、総額1096.4億円）

資料）JASRAC「2017年度事業概要」

年ほどの間は1100億円前後で横ばいが続いているものの、その間の継続的なオーディオディスクの減少を考慮すれば、他の分野からの徴収が伸びていることは明らかであり、CD市場の急速な衰退ほどに音楽産業全体は落ち込んではいないとも考えられる。特に、順調なライブコンサート市場を反映した演奏等での使用や、2016年度に初めて徴収額が100億円を超えたインタラクティブ配信に関しては、今後さらなる増収も期待される。

7　音楽コンテンツの展開

パッケージと配信

　パッケージ製品の落ち込みは、映像コンテンツ市場のみならず、音楽コンテンツ市場にも共通する現象である。1990年代後半以降、CDが売れなくなっているといった話はつとに知られるし、図表5-15からもオーディオレコードの生産金額の漸減は見て取れる。

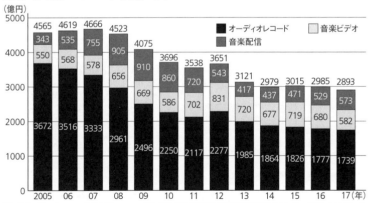

図表5-15 音楽コンテンツ市場規模の推移

注）「オーディオレコード」はCD・レコードなどの総生産金額、「音楽配信」はダウンロード型・ストリーミング型の両方を含む販売実績である
資料）日本レコード協会「生産実績・音楽配信売上実績　合計実績推移」

ここ数年は落ち込みが緩やかになっているが、2005年（3672億円）に比べると2017年は半分以下の約1739億円にまで縮小している。

一方、音楽配信は、2003年頃からKDDIやNTTドコモが始めた携帯電話向けの配信サービスによって牽引されていた。リングトーン（「着うた」など、着信を知らせる楽曲）、リングバックトーン（「待ちうた」や「メロディコール」など、呼び出し中に発信元に流れる楽曲）、そして「着うたフル」に代表されるシングル曲の携帯電話向けダウンロードが人気を呼んだ。それらのような携帯電話向けサービスが音楽配信市場の主流を占めることは世界的に見ても珍しい状況だったが、2010年頃から従来の携帯電話ユーザーがスマートフォンに移行する中で一気に衰退し、音楽配信市場全体の縮小を招いた。2017年の販売実績（573億円）は、最盛期である2009年の6割強に留まっている。

オーディオレコードおよび音楽ビデオの生産金額と配信売上の合計を音楽コンテンツ市場として見た場合、2007年までは伸長が確認でき、オーディオレコードのマイナスを配信がカバーしていると説明できた。ところが2008年以降は、オーディオレコードの縮小が配信の拡大を上回り、市場全体が落ち込み始めた。2017年の音楽コンテンツ市場は約2893億円で、2007年の62％程度に留まっている。オーディオレコードはピーク時に比べて落ち込んでいるものの、いまだに音楽配信の販売実績（573億円）の3倍強の規模がある。一方、音楽配信はオーディオレコードの縮退分を埋め合わせるどころか、携帯電話向けサービスの減少分も補えていないのが現状である。

定額制音楽配信の可能性

2017年の音楽配信の売上は573億円近くに達し、2014年以来、4年連続の前年比プラスを記録するなど、漸増している。リングトー

ンやリングバックトーン、携帯電話向け楽曲ダウンロードが衰退する中、有料音楽配信の主流となったのは、PC・スマートフォン向けダウンロードとストリーミングサービスである（図表5-16）。実際、2008年から2017年の間にダウンロード売上は、携帯電話向けが505億円から3億円に激減する一方、PC・スマートフォン向けは90億円から268億円弱に増加している。

しかし、それ以上に急速な成長を見せているのは、所定の利用料金を支払えば一定期間、音楽を聴き放題で楽しむことができる定額制のストリーミングサービスである。ユーザーにとっては大量の楽曲を廉価で楽しめる点や、好みに合いそうな楽曲を推奨してくれるレコメンドシステムによって未知の音楽に出会える点が魅力的なサービスとして機能している。ストリーミング型配信では、ユーザーは事業者がクラウド上で管理するコンテンツにアクセスし、オンライン再生で視聴するので、CDや音楽のデータを購入するわけではない。このようなビジネスモデルの登場は、音楽の消費スタイルが従来主流であった「購入による所有」から「必

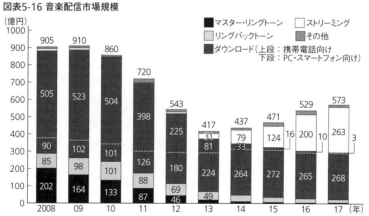

図表5-16 音楽配信市場規模

注）「ダウンロード」は携帯電話向け、PC・スマートフォン向けの両方を含む
資料）日本レコード協会『日本のレコード産業2018』

第5章　映画・音楽

要な時だけ利用」へと転換しつつあることを感じさせる。

　Apple MusicやAmazon Prime Music、LINE MUSIC、AWAといった定額制音楽配信サービスが一斉に日本で開始された2015年は、NetflixやAmazon Prime Videoといった定額制動画配信がサービスを開始した年でもあり、「サブスク元年」と呼ばれた（「サブスク」はsubscription=定額制の和製略語）。定額制モデルの隆盛は世界各国の音楽市場で起きていることであるが、他国に比べて、音楽市場におけるパッケージ売上の割合が依然として高い日本で音楽配信サービスをどの程度まで底上げするのか、注目したい。

ライブコンサートの隆盛

　過去10年間でCDの生産金額が半分程度の規模にまで縮小したのとは対照的に、音楽ライブコンサート市場は堅実に伸びており、動員数は1.8倍、チケット売上は2.3倍に拡大している（図表5-17）。

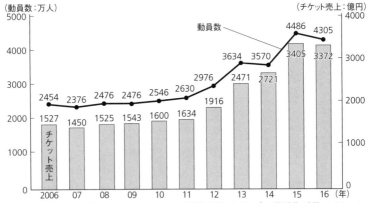

図表5-17 音楽ライブコンサート市場規模

注）一般に対して開催情報の告知を行い、チケット販売を行ったポップス、歌謡曲・演歌、クラシック、ジャズ、民族音楽などのコンサートを対象とする
資料）ライブ・エンタテインメント調査委員会『2016および2017ライブ・エンタテインメント白書レポート編』

これは、ロックフェスティバルや大規模会場での開催増加とともにチケット単価が上がった結果、1公演あたりの動員と売上が伸びたことなど、いくつかの要因が考えられる。

2016年は大規模会場の相次ぐ改修のため前年比マイナスを記録したものの、音楽産業におけるライブビジネスの重要度は衰えていない。元来、音楽産業ではレコードやCDなどの売上が最優先であり、ライブコンサートはアルバムのプロモーション活動のための場と位置づけられることが多かった。レコード会社からコンサート開催に助成金が出されていたことが、そのことの証左である。しかし今日では、アルバムはファンにコンサートへ足を運ばせるための導入に過ぎないという捉え方もあり、CDとライブコンサートの主従関係が逆転しつつある。CDは買わないが、コンサートには行くという若者も増えている。

ファンにとってライブコンサートは音楽を生で体験することによる臨場感、そしてアーティストや他の聴衆と同じ空間での一体感を得られる貴重な場である。『ライブ・エンタテインメント白書レポート編』によれば、「その場、その時にしか経験できない臨場感」、「思い出として残る」、「束の間の非日常感にひたることができる」など、ライブコンサートに独特な経験価値を見出す人は少なくない。音楽の楽しみ方がCDなどのパッケージ製品購入からライブコンサートでの体験へ、つまり、モノからコトへと移行しつつあることが感じられる。

一方、音楽産業にとってもライブコンサートの重要性は増すばかりである。複数のリスナーによって聴き回しされる可能性がある音源と異なり、観客1人1人が高いコンサート代を払うため収益性が高く、さらに会場でのグッズなどの販売にも期待できる。ライブコンサートはアーティストとファンの絆を強めるだけでなく、ファンのアーティストに対するロイヤルティを高める場としても機能すると考えられる。

〔大場吾郎〕

第6章

ケータイからスマホへ

1 概　観

携帯電話普及の現状

　わが国の携帯電話のシステムは、1979年にスタートした自動車電話にまで遡ることができる。その後、1985年にショルダーフォン、1987年に携帯電話が提供されるようになった。この間、1985年にはいわゆる通信の自由化により、電電公社（日本電信電話公社）がNTT（日本電信電話株式会社）という民間企業へと変わり、電電公社によって独占的に提供されてきた電気通信サービスに他の企業も参入し、競争が行われることとなった。当初は、NTTと複数の新規参入事業者が多様な競争を展開していたが、現在は1992年にNTTから独立したNTT移動通信網（現NTTドコモ）と、KDDI（au）、ソフトバンクの3社を中心とする競争が展開されている。

　KDDIは、2000年にKDD（国際電信電話）・DDI（第二電電）・IDO（日本移動通信）が合併して誕生したが、その成立過程については、従来国際通信を独占的に行ってきたKDDだけでなく、トヨタ自動車系のIDO、京セラ系のDDIが参入しており、多様な業種がNCC（New Common Carrier：新規参入事業者）として競争に参画している。一方ソフトバンクは、大まかには2001年にJ-フォンをボーダフォンが買収し、これをさらにソフトバンクが2006年に買収することで今日に至っている。

　こうした競争を経てわが国の携帯電話は普及の一途をたどっ

てきており、TCA（電気通信事業者協会）のデータによれば、2018年3月時点の契約件数は約1億6844万に至っている（図表6-1）。このうち、最大のシェアを有するのがNTTドコモ（約7637万件）であり、au（約5228万件）、ソフトバンク（約3979万件）と続いている。このほか、近年ではBWA（Broadband Wireless Access：広帯域の無線アクセス）によるものも増加しており、UQコミュニケーションズ（後述）の契約件数は約2933万件に達している。

図表6-1 携帯電話の契約件数（3社、2018年3月）

ソフトバンク 39,786,900
NTTドコモ 76,370,300
au 52,282,800

注）ソフトバンクには、ワイモバイルを含む（PHSは含まない）。上記にはMVNO（仮想移動体通信事業者）も含む
資料）TCAホームページ

スマートフォンの普及状況

携帯電話の中でもスマートフォンの普及率が急速に上昇しつつあるが、実際には個人単位、世帯単位、統計のとり方などにより複数の調査データが存在する。例えば、「消費動向調査」によれば2018年3月末時点で総世帯の89.9％に携帯電話が、67.4％にスマートフォンが普及している（図表6-2）。一方、世帯を

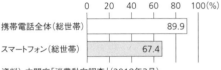

図表6-2 携帯電話・スマートフォンの普及状況（世帯①）

携帯電話全体（総世帯） 89.9
スマートフォン（総世帯） 67.4

資料）内閣府「消費動向調査」（2018年3月）

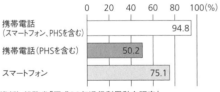

図表6-3 携帯電話・スマートフォンの普及状況（世帯②）

携帯電話（スマートフォン、PHSを含む） 94.8
携帯電話（PHSを含む） 50.2
スマートフォン 75.1

資料）総務省「平成29年通信利用動向調査」

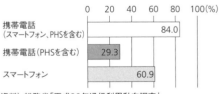

図表6-4 携帯電話・スマートフォンの普及状況（個人）

携帯電話（スマートフォン、PHSを含む） 84.0
携帯電話（PHSを含む） 29.3
スマートフォン 60.9

資料）総務省「平成29年通信利用動向調査」

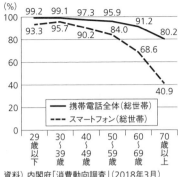

図表6-5 年代別普及状況（世帯①）

資料）内閣府「消費動向調査」（2018年3月）

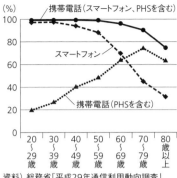

図表6-6 年代別普及状況（世帯②）

資料）総務省「平成29年通信利用動向調査」

対象とした「平成29年通信利用動向調査」によれば、携帯電話全体では94.8％、スマートフォンのみでも75.1％の普及率に達している（図表6-3）。また同じ「通信利用動向調査」でも個人を対象としたものでは、携帯電話全体で84.0％、スマートフォンのみで60.9％となっている（図表6-4）。これを年代別に見ると、世帯単位ではいずれの調査も世帯主の年齢が59歳までは80％以上の普及率を示しているが、それ以上の年代になるほど普及率が下がり、高年齢になるほどスマートフォンの普及率が相対的に低いことが窺える（図表6-5、図表6-6）。

個人については本人が6歳以上について調査されており、12歳までは普及率がそれほど高くないものの、13歳以上になると普及率が上がり、中学生以上は成人と大差なくなることがわか

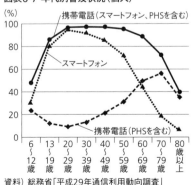

図表6-7 年代別普及状況（個人）

資料）総務省「平成29年通信利用動向調査」

第6章　ケータイからスマホへ　249

る（図表6-7）。

携帯電話端末の国内市場については、全体としては縮小傾向が続いているが、その中で2015年度以降はスマートフォンが携帯電話全体の半数以上を占めるようになっており、出荷状況からもスマートフォンが主役となっていることが窺える（図表6-8）。

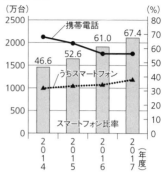

図表6-8 携帯電話・スマートフォン出荷状況（国内）

資料）JEITA「携帯電話国内出荷実績」

スマートフォン利用の現状

急速に普及が進みつつあるスマートフォンであるが、個人が常時持ち歩く情報端末であることはフィーチャーフォン（スマートフォン登場前の携帯電話の総称）と共通しており、コミュニケーションにおける重要なツールとなっている。近年、ネットを介したコミュニケーションにおいて存在感を増してきているのが、Twitter、Facebook、Instagram、LINEなどのSNS（ソーシャルネットワーキングサービス）であり、スマートフォンはSNSを利用する上で必須のものとなってきている。「平成29年通信利用動向調査」によれば、SNSを利用する際の機器として第1に挙げられているのがスマートフォ

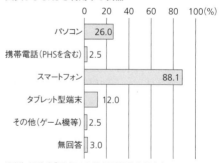

図表6-9 SNSを利用する機器

資料）総務省「平成29年通信利用動向調査」

図表6-10 スマートフォンやタブレットを利用して体験したこと

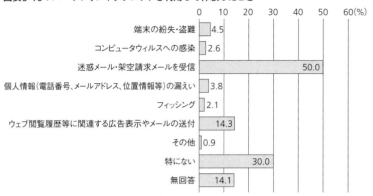

資料）総務省「平成29年通信利用動向調査」

ン（88.1％）であり、第2のパソコン（26.0％）と大差がついており、携帯電話（PHSを含む）からの利用は2.5％にとどまっている（図表6-9）。また、「平成28年情報通信メディアの利用時間と情報行動に関する調査報告書」には、スマートフォン利用者に占めるソーシャルメディア利用者の割合について、全体では93.6％となっていることが示されている。

一方、インターネットに接続可能な身近な情報端末であるスマートフォンでは、ネット利用に際して様々な体験も報告されており、「平成29年通信利用動向調査」によれば、最も多いのが「迷惑メール・架空請求メールを受信（50.0％）」であったほか、「ウェブ閲覧履歴等に関連する広告表示や

図表6-11 スマートフォンやタブレットでのセキュリティ対策（年代別）

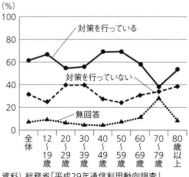

資料）総務省「平成29年通信利用動向調査」

第6章 ケータイからスマホへ　251

メールの送付（14.3%）」「個人情報（電話番号、メールアドレス、位置情報等）の漏えい（3.8%）」「コンピュータウィルスへの感染（2.6%）」となっていた（図表6-10）。こういった事態に対応するために重要となるセキュリティ対策を行っているのは、スマートフォン等を用いてインターネットを利用する者の61.5%に留まっているとのデータが「通信利用動向調査」において示されていた。これを年代別で見てみると（図表6-11）、高齢層で相対的に、対策を行っている割合が低く、「対策を行っていない」や無回答の割合が高い様子が窺われる。

2 自動車電話からスマートフォンまで

第1世代──携帯電話の登場

ここでは、携帯電話の変遷について第1世代から第4世代までの概要についてまとめることにする（図表6-12、図表6-13）。本章の冒頭でも述べたように、わが国の携帯電話のシステムは1979年の自動車電話にまで遡る。当時の電電公社が開始したものであるが、電話機をケーブルではなく電波でつなぐことを可能とするためのセルラー方式が導入された。1つの基地局がカバーするエリア（セル）では同一周波数を複数の目的で使用できないが、隣接するセルでは使用する周波数をずらし、隣接しないセルでは同一周波数を使用することで、電波を効率的に利用することが可能となった。

1985年になると、通信の自由化により電電公社がNTTとなり、他の民間事業者との競争が導入されたこともあり、端末は小型・軽量化が進展していく。1985年にはショルダーフォンが登場し、車でなく人間が持ち歩くことが可能となった。さらに1987年には携帯電話と称される端末が導入され、重量も1kgを下回るようになった。その後、1989年にIDOがハンディフォンを、1991年にNTTが

図表6-12 携帯電話主要3社と郵政省・総務省の施策など関係年表

	年	現NTTドコモ	現au	現ソフトバンク
	1968	7月 電電公社、無線呼び出し(ポケベルサービス)開始		
	1979	12月 電電公社、自動車電話開始		
	1984		6月 第二電電企画設立	10月 日本テレコム設立
	1985	4月 通信の自由化(電電公社が民営化されNTTになり、自由競争時代が始まる)		
第1世代	1985	9月 ショルダーフォン登場	4月 第二電電企画が第二電電(DDI)に社名変更	
	1987	4月 ディスプレイポケベル開始		
	1987	4月 携帯電話サービス開始	3月 IDO 設立 6月 関西セルラー設立	
	1988		12月 IDO、HiCAP方式でサービス開始	
	1989		5月 IDO、ハンディフォン投入(小型化) 7月 関西セルラー、TACS方式でサービス開始	5月 鉄道通信株式会社が日本テレコム(初代)を吸収合併し、日本テレコム株式会社へ社名変更
	1991	4月 mova投入		7月 東京デジタルホン設立
	1992	4月 NTT移動通信網独立		
	1993	3月 デジタルムーバサービス開始		
	1994	4月 移動機(自動車・携帯電話機)売り切り制の導入		
	1994		6月 IDO、PDC方式開始	4月 東京デジタルホン、サービス開始
	1995	7月 PHSサービス開始		
	1996	4月 PHSでSMS(ショートメッセージサービス)開始		
第2世代	1997	3月 パケット通信「DoPa」開始 6月 movaでSMS開始		2月 コミュニケーションネームとしてJ-PHONE採用 11月 スカイウォーカー日本初携帯メール
	1999	1月 携帯電話番号11桁化 11月 道路交通法改正(運転中の携帯電話の使用を禁止)		
	1999	2月 iモード開始	4月 cdmaOne開始。EZweb／EZaccess開始	12月 J-スカイ開始
	2000	4月 エヌ・ティ・ティドコモに社名変更	10月 DDI・KDD・IDOが合併 11月 セルラーグループ7社が合併してau発足	10月 J-フォン東日本、J-フォン東海、J-フォン西日本3社体制へ。日本初携帯電話向けエリア別情報配信サービス「ステーション」開始 11月 カメラ搭載「J-SH04」発売
	2001	1月 iアプリ開始 10月 FOMA開始	4月 KDDIに社名変更 10月 auを合併	6月 Java対応コンテンツ提供開始 10月 Vodafone Group Plc傘下へ
	2002		3月 GPSケータイ発売 4月 CDMA2000 1x開始 12月 着うた開始	12月 3Gサービス開始
第3世代	2003	各社からメガピクセル(100万画素)携帯発売		
	2003		11月 CDMA 1X WIN開始。パケット定額制を初導入。INFOBAR発売	10月 ボーダフォンに社名変更 12月 TV受信可能な端末発売
	2004	11月 道路交通法改正(運転中の携帯電話使用の罰則を強化)		
	2004	6月 パケット定額「パケ・ホーダイ」開始 7月 iモードFeliCa開始	11月 着うたフル開始	11月 パケット定額「パケットフリー」開始

	年	現NTTドコモ	現au	現ソフトバンク
第3世代	2005	12月 ケータイクレジット「iD」提供開始	9月 EZ FeliCa開始 12月 世界初ワンセグ対応携帯電話販売開始	11月 ボーダフォンライブ！、FeliCa開始
	2006	4月 ワンセグ放送開始 10月 MNP開始			
		3月 ワンセグ対応端末発売	1月 au LISTEN MOBILE SERVICE（LISMO）開始	4月 ソフトバンクがボーダフォン買収 5月 ワンセグ対応端末発売
	2007			1月 新料金プラン「ホワイトプラン」開始 2月 全20色の端末発売
	2008	6月 有害サイト規制法成立			
			6月 LISMO Video開始 8月 auまとめトーク（au携帯とKDDI固定間国内通話無料）開始	7月 iPhone 3G日本で発売
	2009		2月 UQ WiMAXの提供開始	
第4世代	2010	6月 総務省「SIMロック解除に関するガイドライン」策定			
		4月 Xperia（Androidスマホ）発売 12月 Xi開始		5月 iPad発売 6月 iPhone 4発売
	2011	7月 SMS事業者間接続開始			
		3月 スマホ向け「災害用伝言板」開始 4月 SIMロック解除実施	3月 スマホ向け「災害用伝言板」開始 10月 iPhone 4S発売	
	2012	8月 災害用伝言板に全社一括検索機能			
			3月 auスマートバリュー（モバイルと固定通信のセット販売）・auスマートパス（アプリ等の定額販売）提供開始 9月 au 4G LTE提供開始。iPhone 5発売 11月 iPad mini発売	1月 「災害・避難情報」開始 2月 AXGP方式提供開始（LTE） 9月 iPhone 5発売 11月 iPad mini発売
	2013	11月 総務省、携帯電話番号に070で始まる番号追加			
		9月 iPhone 5s、iPhone 5c発売 10月 NTTドコモに社名変更	9月 iPhone 5s、iPhone 5c発売	6月 フルセグチューナー初搭載端末発売 7月 米国スプリント買収 9月 iPhone 5s、iPhone 5c発売
	2014	10月 携帯電話とPHSのMNP開始			
		6月 VoLTE（LTEを使った音声通話技術）による音声サービス開始	5月 LTE-Advanced （CA）とWiMAX 2+ダブル搭載スマートフォン発売 12月 au VoLTE開始	7月 新料金サービス「スマ放題」開始 12月 VoLTEによる音声サービス開始。SoftBank Air（高速無線インターネットサービス）提供開始
	2015	5月 SIMロック解除に関するガイドライン改正適用開始に伴い、3社がSIMロック解除を開始			
		3月 LTE-Advanced開始。ドコモ光（モバイルと光のセット販売）開始	1月 三太郎CM開始	
	2017		7月 auピタットプラン開始	

資料）『テレコムデータブック』2017・2007版、『データで読み解くスマホ・ケータイ利用トレンド2016-2017』、NTTドコモ、KDDI、ソフトバンクのホームページ

小型の端末であるムーバ（mova）を投入し、小型・軽量化が進んで行くこととなる。ただし、この時期の携帯電話の普及は極めて緩慢であり、本格的な普及が進むのは第2世代以降になる（図表6-14）。

図表6-13 携帯電話の各世代の特徴

	主な通信規格	アナログ／デジタル	通信速度（目安）	伝達情報	その他、同時代のサービス
第1世代（1G）1979～	HiCAP TACS	アナログ	─	音声	
第2世代（2G）1993～	PDC cdmaOne	デジタル	数kbps～128kbps	音声 データ	1999年　iモード 2000年　写メール
第3世代（3G・3.5G）3G 2001～ 3.5G 2006～	W-CDMA CDMA2000	デジタル	～384kbps	音声 データ （文字、音楽、画像、動画）	2001年　FOMA世界初の3G 2008年　iPhone3G日本発売 2009年　Android端末日本発売 ドコモHT-03A
	HSPA EV-DO	デジタル	～14Mbps		
第4世代（3.9G・4G）3.9G 2010～ 4G 2015～	LTE モバイルWiMAX AXGP	デジタル	100Mbps 伝達情報		2010年　Instagram（日本語アカウントは2014年） 2011年　LINE
	LTE-Advanced WiMAX 2.1 AXGP（CA）	デジタル	100Mbps ～1Gbps		

資料）総務省「日本における情報通信分野の現状と課題」（2016年3月）、「移動通信分野の最近の動向と今後の展望について」（2009年11月）

図表6-14 移動体通信サービス普及の推移

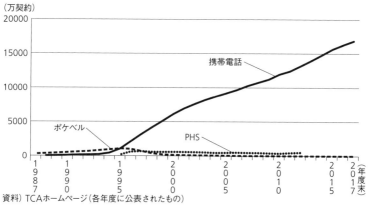

資料）TCAホームページ（各年度に公表されたもの）

第6章　ケータイからスマホへ

第2世代——デジタル方式の登場

　1993年になると、NTT DoCoMoがデジタルムーバサービスを開始し、第2世代が幕を開けた。第2世代の携帯電話は、第1世代がアナログ方式であったのに対してデジタル方式が導入されたことが大きな特色となっている。音質の面では、アナログだと電気的なノイズは音質に直接影響を与えることになるが、デジタル化されることにより、信号に雑音が入りにくくなり音質の向上につながった。また、デジタル方式においては、伝送することのできる情報を音声に限定する必要がなくなったため、その後の様々な技術的発展が可能となった。すなわち、様々なデータを0か1の信号（この最小単位を1ビット〔1bit、1b〕という）で伝送することが可能となり、文字・写真・画像・動画・音楽など多様な情報を携帯電話でやり取りすることに道が開かれることになったのである。

　例えば、音声以外の情報として文字によるコミュニケーションが可能となった。ただし、文字コミュニケーションを実現した移動体通信は携帯電話が最初ではない。もともと、無線呼び出し（ポケベル）に数字を表示する機能が付加された際、数字の語呂あわせで情報を伝達するという新たな使用方法が当時のユーザーによって始められた。例えば、「0840」で「オハヨー」といった具合である。ポケベル自体はアナログの電話システム上で始まったサービスであり、こういった利用方法はサービス提供側が想定していたものではなかったが、当時の高校生をはじめとする若年層に広く支持され、その後数字だけでなく定型文や自由文を伝送することも可能となり、ポケベルの普及が急速に進む事態となった。このころ、新規に開始された移動体通信サービスが当初からデジタル方式であったPHS（Personal Handy-phone System）である。PHSは、端末が小型・軽量であり料金が安価であったこと

から携帯電話と競合するものととらえられていたが、携帯電話に先んじて1996年にSMSを開始した。翌1997年にはJ-フォンとNTT DoCoMoがSMSを始めている。ポケベルではメッセージを受信できても送信には電話が必要であったのに対して、PHSや携帯電話のSMS等では送受信が可能であったこともあり、文字コミュニケーションの主役は急速にポケベルからPHSや携帯電話に移っていった。

携帯電話のサービスのうち、文字コミュニケーション以外にも拡大したのが1999年にNTT DoCoMoにより開始されたiモードである。これは、携帯電話をインターネットに接続することを可能としたものであり、携帯「電話」を電話以上のものに発展させることとなった。iモードでは、EメールのほかにもNTT DoCoMoの用意したコンテンツを公式サイトからダウンロードしたり、ネットバンキングなどのサービスを利用することが可能であった。

第3世代——高速化

NTTドコモが2001年にFOMAを世界に先駆けて導入したことにより、第3世代携帯電話の時代がはじまった。第3世代携帯電話では通信速度は数百kbpsになり、第2世代と比べてかなり高速化されることとなった（bpsはbit per secondの略で1秒間に伝送できるデータ量を示す。1kbpsは1bpsの1千倍）。その結果、従来以上に通話以外のサービスが拡充されるようになり、auが2002年に「着うた」、2004年に「着うたフル」、2006年に「LISMO」、2008年に「LISMO Video」を提供するなど、音楽や映像の配信サービスが展開されるようになった。この時期には、端末自体に付加される機能として、第2世代末期からのカメラ機能、携帯電話での決済を可能とするFeliCa等が続出し、携帯電話は1台で多様な用途に対応できる便利な存在へと進化していく。

2006年になるといわゆる3.5G（Gはgenerationの頭文字で、携帯電話の第何世代に属するかを表す）が始まり、通信速度は10Mbps（1Mbpsは1kbpsの1千倍）を超えるようになり、多様な種類の情報伝送に応える環境が一層整うようになった。この時期に投入されたのがiPhone 3Gである。iPhone 3Gは、日本では2008年にソフトバンクが発売を開始したスマートフォンである。iPhoneの大きな特色は、それまでのボタン操作からタッチパネル操作に変わったことであるが、アプリをダウンロードすることにより、通信事業者が用意するサービス以外の多様な用途に使用できるようになったことも非常に大きな特色であるといえる。

第4世代――ブロードバンド

　わが国では、NTTドコモが2010年12月にXi（クロッシィ）を開始したことにより、第4世代に突入することとなった。Xiは、LTE（Long Term Evolution：〔3Gからの〕長期的な進化〔を目指す通信規格〕）に分類されるものである。第3世代から進化し続けて第4世代につなげるものであり、厳密に言えば第3世代と第4世代の橋渡し的位置づけとなるが、通信速度は100Mbps程度となり、第3世代と比較しても高速化が進んでいる。さらに、2015年にNTTドコモがLTE-Advancedをはじめるなど、通信速度は1Gbps（1Gbpsは1Mbpsの1千倍）の時代になりつつある。この時期になると、LTEやLTE-Advancedなどの携帯電話由来のものだけでなくWiMAX（ワイマックス）などのBWAも加わり、ブロードバンドでのサービスが急速に普及してきている（図表6-15）。

　端末としては、2010年にNTTドコモがXperia（エクスペリア）を投入するなどAndroidスマートフォンも本格的な普及を始める一方、iPhoneについてはソフトバンクに加えてauが2011年に、NTTドコモも2013年に発売している。その後、iPhoneとAndroid

図表6-15 ブロードバンドの普及

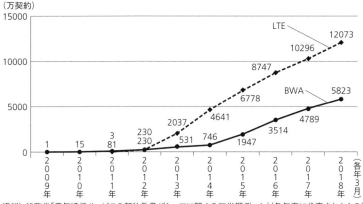

資料）総務省「電気通信サービスの契約数及びシェアに関する四半期データ」（各年度に公表されたもの）

がシェアを競いながらスマートフォンの急速な普及が進みつつある。

携帯電話進化の諸相

　ここでは、自動車電話にはじまりスマートフォンに至るまでの携帯電話の進化について、いくつかの視点から整理してみる。1つ目の視点は、端末の大きさおよび重量である（図表6-16）。1979年に登場した自動車電話は、容積6600cc・重量7000gであり、人が携帯できるようなものではなく自動車に搭載してはじめて利用可能なものであった。その後、通信の自由化により携帯電話各社による競争が始まり、より小型・軽量の端末が開発されていく。1985年にはショルダーフォンが登場し肩からつるして持ち運べるようになり、1987年には携帯電話と称される端末が登場する。このころになると、ようやく重量が1kgを下回るようになり、文字通り携帯することも可能なレベルとなった。1995年にPHSサー

図表6-16 携帯電話端末の小型・軽量化

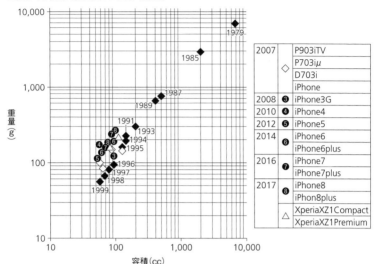

資料）1999年まで：『平成12年版通信白書』、2007年の端末：NTT DoCoMo携帯電話カタログ200704、2017年の端末：NTTdocomo総合カタログ201710、iPhone：Wikipedia、アップルホームページ

ビスが開始されると、小型・軽量の端末を安価な料金で利用できることもあり、急速に加入者が増加していった。これに対抗するために、携帯電話の小型・軽量化も一層進展し、1995年に容積123cc・重量155g、1997年には容積78cc・重量79g、1999年は容積58cc・重量57gに至るまでになる。この1999年はiモードが始まった年であるが、このことにより端末はそれまでとは逆に徐々に大型化し同時に重量もやや増加する傾向となっている。なぜなら、それまでの携帯電話と異なり、iモードでは音声通話だけでなく、メールやコンテンツを画面で見て利用することになるため、端末は一定以上の大きさの画面を有する端末が好まれるようになっていったからである。この傾向は2000年代前半も継続することとなり、端末の一面のほとんどを画面が占めるiPhoneが登場すると、

操作方法がボタンからタッチパネルへと変わる斬新さも相まって、スマートフォンの普及が急速に進んでいく。スマートフォンも、2008年のiPhone 3Gでは88cc・133gであったものが、iPhone 4では63cc・137g、iPhone 5で55cc・112gにまで小型・軽量化していくが、その後はできるだけ大きな画面とするためか、iPhone 7が66cc・138g、iPhone 8が68cc・148gと、微増となっている。ただし、片手で操作するうえでは無制限に大きくすることはできないためか、Android端末も含めて、一定のサイズにまとまってきている。

　2つ目の視点は、端末多機能化とサービス多様化である。携帯「電話」の端末に通話以外の機能が付加されたのは、文字コミュニケーションの機能が最初である。先述したように、ポケベルの数字表示機能を応用した語呂合わせから始まった移動体端末での文字コミュニケーションは、PHSや携帯電話のSMSとして取り入れられていった。携帯電話やPHSの多様な事業者が競合する中で、通話以外の機能を付加したことは当時の競争において有利に作用したと考えられる。携帯「電話」の他（多）機能化が競争において有利に作用するという傾向はその後も続き、NTT DoCoMoが1999年に開始したiモードはインターネットにつながることにより、SMSだけでなくEメールやコンテンツを利用することが可能となり、他2社も同様のサービスを同年中に開始している。その後第3世代になっても、iアプリ、着うた、着うたフルなど、音声以外の情報を配信し、それを利用できる端末を、3グループが相次いで提供を開始している。こういったサービスの利用を促進するうえで利用料金の定額化は重要であり、2003年にauがパケット定額制を導入すると、2004年にはNTTドコモとボーダフォンも相次いで同様の定額制を導入している。第3世代途中からはスマートフォンが急速に普及し、音声通話はもちろん、文字、音楽、画像、映像などの情報を送受信したり、多様なサービスを実現する端末として位置づけられるようになっていくが、移動体通信事業者が用

意するサービスとしてではなく、ユーザーを含む多様な者がアプリを開発・提供し、ユーザー各自がこれをインストールすることで利用可能となるという点において、従前とは様変わりしている。

この他にも、端末自体に付加されてきた機能がある。2000年にJ-フォンが携帯電話端末に初めてカメラを搭載し、撮影した写真を送受信できるようになると「写メール」といった用語が広く使われるようになった。2004、2005年にはFeliCaを搭載した端末を各社が提供開始し、携帯電話で支払いができるようになった。さらに、2006年にワンセグ放送（移動体向けの地上波デジタルテレビ放送）が開始されると、これを受信できる端末も発売されるようになり、その後日本メーカー製の携帯電話やスマートフォンにはほぼ標準装備されるようになり、携帯「電話」がテレビの受信端末としての機能も併せ持つようになった。

3つ目の視点は、通信速度である。前掲の図表6-13には、各世代の主な通信規格と通信速度の目安を記載した。同じ世代でも通信規格によって速度が異なっていたり、同じ通信規格でも技術の向上により速度が速くなっていたりするため、通信速度はおおよその目安であるが、第1世代から第4世代へと、通信速度は格段に早くなってきていることが窺える。通信速度とはいっても、実際には同一時間に伝送できる情報量のことである。通信速度が速くなるということは、一度に多くの情報を伝送できるようになるということであるが、これによって上述した多様な情報の送受信が可能となってきた。例えば、写真の画素数が増えればそれだけ情報量は増え、さらに動画となれば一層多くの情報を伝送することが必要となる。音声以外の様々な情報の伝送には多くの情報を送る必要があり、通信速度が速くなることによって、音声、音楽、写真、動画などを送ったりダウンロードしたりするサービスが現実のものとなりえたのである。

3　政策や制度の推移

通信の自由化

　1985年、電気通信事業法が施行されると、それまでの日本電信電話公社は民間企業の日本電信電話株式会社（NTT）となり、新たな電気通信事業者の参入が認められることとなった。これがいわゆる「通信の自由化」であり、これを契機に日本の電話は競争時代へと突入することとなった。NTT以外にも移動体通信事業に新規参入する事業者（NCC）が続出したが、現在はNTTドコモ、KDDI、ソフトバンクの3グループにまとまっている。

　この間の推移については、『平成29年版情報通信白書』の図表6-1-6-6にまとめられており、ここでは主としてこの図に基づきながら3グループの現在に至るまでを紹介する。まずNTTドコモは、1992年にNTTからNTT移動通信網が独立し、その後の商号変更により2013年から現在の名称となっているが、単独の事業者として現在に至っている。

　これに対してKDDIは、2000年にKDD・DDI・IDOが合併して誕生している。このうち、KDDは国際電気通信事業を手掛けてきた事業者であるが、IDOは日本高速通信・トヨタ自動車・東京電力・中部電力を中心に設立された事業者、DDIは京セラ・三菱商事・ソニー・セコムなどの出資で設立された事業者であった。高速道路沿いの光ファイバーを活用する通信事業者として設立された日本高速通信、自動車電話を搭載する車のメーカーであるトヨタ自動車、など直接的間接的に携帯電話事業に関連する企業もあれば、商社やメーカーなど異業種からの参入もあり、多様な業種がNCCとして競争に参画していたことが特徴的である。また、この3社も合併に至るまでにさらに他の企業との合併や提携を繰り返しており、多くの事業者が多様な競争を経て、KDDIに収束

していったということも特徴の1つである。さらにKDDIグループは現在、ジュピターテレコム（ケーブルテレビ事業者）、UQコミュニケーションズ（データ通信事業者）を擁しており、携帯電話以外の通信事業にも布石を打っている様子が窺える。

　一方、携帯電話事業者としてのソフトバンクのルーツは、通信の自由化が既定路線となりつつあった1984年に、当時の日本国有鉄道（現在は民営化されJR）が線路沿いの光ファイバーを活用した通信事業をにらみ三井物産、三菱商事、住友商事等の出資も得て設立した日本テレコム株式会社にまで遡る。日本テレコムは、携帯電話事業に参入するため1991年に東京デジタルホンをはじめとするデジタルホングループを立ち上げたが、東京デジタルホンが1997年にコミュニケーションネームとしてJ-PHONEを採用すると、グループ各社はJ-フォンを企業名として使用するようになっていった。J-フォンの親会社にあたる日本テレコムは様々な新規参入事業者との合併等を繰り返していくが、英国のBT（British Telecom）やC&W（Cable & Wireless）、米国AT&Tなどからの出資を受けている。そして、2001年には英国ボーダフォンが当時の日本テレコムへの出資比率で過半を占めるに至り、J-フォンも海外資本の傘下に入ることとなった。2006年には、これを当時のソフトバンクが買収し、同年10月にソフトバンクモバイルという社名になった。これにさらにソフトバンク系の数社が合流し、現在のソフトバンク社に至っている。ここまでの経緯では、移動体通信ということで鉄道会社からの参入で始まったこと、その後の競争において多様な事業者の離合集散を繰り返してきたこと、その過程で海外の資本も交えた競争が行われてきたことなどが特徴的である。

競争を促進する施策

　通信の自由化以降、NTTを含む通信事業者は様々な面において競争を展開しているが、これを促進する制度改革も折に触れ行われてきた。ここでは主なものとして、端末売り切り制度、MNP、SIMロック解除を取り上げる。

　まず端末売り切り制度であるが、通信の自由化が導入されても、移動機（携帯電話の端末）はレンタルにより提供されるものに限られていたが、1994年になって売り切り制度が導入された。ユーザーは端末を所有できるようになり、他の商品と同じように消費者が自分の好みに合うものを選んで購入することができるようになった。これにより、より魅力的な端末を提供することが事業者間の競争においても重要な意味を持つようになった。端末の小型・軽量化が競われ、急速に進展したことは前述したとおりであるが、これも端末としての魅力を増すための競争の一面である。また、INFOBARのような個性的デザインの端末や、端末に豊富なカラーバリエーションが用意されたことなども端末の魅力を増すことにつながり、こういった競争は事業者間だけでなく、端末を提供していたメーカー間でも展開されるようになっていった。

　また、携帯電話にカメラ機能を搭載したことは、端末に新しい機能が付加されたという意味でも端末の魅力を増すことになったが、この魅力を享受できるのも撮影した写真を自分が所有する端末に保存できるからである。着うたやLISMOなどのような音楽等の配信、アプリや音楽・画像・動画のダウンロードなどは、サービスを提供するためのシステムを事業者が用意する必要があり端末だけの問題ではないが、事業者からレンタルしていずれは返却しなくてはならない端末では配信された音楽やダウンロードした素材を十分に楽しむことはできなかったのではないかと思われる。

　このように、端末の売り切り制度（ユーザーにとっては買い取

り制度）が導入されたことにより、ユーザーは自分にとってより魅力的な端末を真剣に選び購入するようになり、事業者やメーカーによる競争が促進されていった。

次にMNP（Mobile Number Portability：番号ポータビリティ）であるが、これは通信事業者を変更しても電話番号を変えずに済むようにするというものであり、2006年から導入された。2005年度末の携帯電話契約件数は9000万を超え、MNPが導入された時点では1億件に近づきつつあった。このころになると、契約件数が総人口に迫るようになり、新規加入者の獲得競争だけでなく他社からの契約変更による加入者獲得という競争も重要になってきた。電話は、お互いが電話番号を知っていることで相互に連絡をとることができ、自分の電話番号が変わる場合は相手に新番号を知らせる必要がある。携帯電話ユーザーは、この面倒ゆえに、他社の料金や端末やサービスが気に入っても乗り換えにくいという側面がある。MNPはこの障壁を低くし、各事業者による競争を促進することが期待された。携帯電話会社各社も、MNPに対応して、他社からの乗り換えにキャッシュバックや低料金などのキャンペーンを展開し、他社ユーザーの獲得を図るようになった。一方、MNPでは電話番号は変更されないが、Eメールアドレスについてはドメインネームは変わらざるを得ない。このため、他社に乗り換えるとEメールアドレスは必然的に変更され、知人への周知は必要となる。また、有料コンテンツを継続利用しにくい、長期継続利用による料金の割引は1年目に戻る、などの課題もある。なお、当初携帯電話事業者間のみであったMNPは、2014年には携帯電話とPHS間でも可能となっている。

最後は、SIMロック解除について述べる。SIMカード（Subscriber Identity Module Card）は、携帯電話の加入者を特定するための情報が記録されたICカードであり、現在の携帯電話はこのカードを端末に装着することにより利用可能となる。従来、国内の移動体

通信事業者は、自社で販売した端末では自社と契約したSIMカードしか使えないようにロックをかけていた。このため、ユーザーは通信事業者と端末をセットで選択するしかなかったが、総務省は2010年に「SIMロック解除に関するガイドライン」を策定した。しかしながら現実にはSIMロック解除に向けた動きは活発にならなかったため、総務省は同ガイドラインを改正し、2015年5月以降に発売される端末についてSIMロック解除が実現されることとなった。これにより、SIMロック解除に対応した端末については、それを購入した事業者とは異なる事業者のSIMカードも使用可能となり、いわゆる格安SIMでの使用にも道が開かれたことになった。

携帯電話をめぐる規制

携帯電話が普及するにつれ、問題点も表面化するようになっていった。ここでは、「道路交通法」の改正と、「青少年が安全に安心してインターネットを利用できる環境の整備等に関する法律」の制定について紹介する。

まず、道路交通法の改正であるが、1999年と2004年に改正されている。携帯電話は文字通り持ち歩くものであり、「ながら」使用も容易であるが、その操作をするために注意力が散漫になりがちになる。自動車の運転中に携帯電話で通話したり端末を操作することは、運転への注意力を削ぐことに他ならず、危険であることは論を待たない。1999年はiモードがスタートした年であるが、それ以前からSMSなど画面を見ながら端末を操作するといった利用が浸透していた時期である。法改正の内容は、「①携帯電話等を手に持って通話のために使用すること、②携帯電話等の画面に表示された画像を注視することにより、交通の危険を生じさせた場合に懲役や罰金が科される」というものであり、携帯電話を操作する行為そのものが取り締まり対象というわけではなかった。

これに対し、2004年の改正では上記①ないし②の行為を行った時点で取り締まり対象となるというものであった。携帯電話がインターネットにつながり、画面を見ながら操作するといった利用が増えたことも問題の一因として考えられるが、本来ユーザー自身が危険性を認識し、危険を伴う利用は控える必要があろう。さらに、スマートフォンを利用するようになると、ボタンではなく画面のタッチにより操作するため、従前以上に画面から目を離して操作することは困難となり、「ながら」利用の危険性を増すことになる。特に最近では自転車に乗りながらのスマートフォン使用が問題となり、自治体によっては既に罰則規定付きの規則を運用しているところもある。

青少年が安全に安心してインターネットを利用できる環境の整備等に関する法律は、有害サイト規制法などとも称されているものであり、2008年に制定された。携帯電話が普及し、大人だけでなく子供も持つようになると、子供が様々なサイトを利用できるようになる。そういったサイト中には、出会い系等様々な有害サイトもある。子供がネットリテラシーを十分獲得していない場合、犯罪に巻き込まれる危険性もあり、この法律制定には18歳未満の青少年を保護する目的がある。実際には、当該年齢の利用者ないし申込者には、原則として有害サイトへのアクセスができないようフィルタリング機能を適用するというものであった。

4　ユーザーとメディアの関係性の変遷

文字コミュニケーションの活性化

　携帯電話やスマートフォンは、多くの技術革新、事業者や端末メーカーの競争、競争を促進するための制度変更、等によって進化してきた側面があるが、その進化にユーザーも関わりを持つこ

図表6-17 携帯電話・ポケベル・PHSの競合

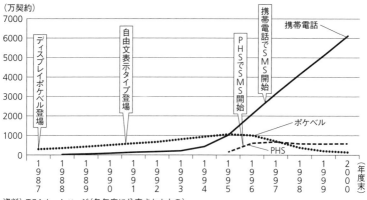

資料）TCAホームページ（各年度に公表されたもの）

とがある。例えば、携帯電話で文字コミュニケーションを行うのは当たり前の機能であるが、携帯する端末で文字コミュニケーションを行うことのニーズが存在することを示したのは初期移動体通信のユーザーであった。端末の多機能化の項で前述したように、ポケベルに数字表示機能が付加された際、数字の語呂合わせでメッセージを送ってみせ、それを楽しんでいたのは当時の若者であった。やがて定型文や自由文で文字自体が送れるようになり、プッシュボタン式の公衆電話を使って当時の女子高生がメッセージを送っている光景は日常茶飯事となっていった。こういった若者のニーズを反映して、一時はポケベルの契約が急増する時期があったが、ポケベルではメッセージの受信しかできないという制約があった。ちょうどその頃、1995年にPHSが登場し、翌1996年にはSMSが開始された。これにより、1台の端末で文字メッセージを送信することも受信することも可能となった。さらに1997年には携帯電話でもSMSが開始され、文字メッセージを送受信する環境が整えられていった。この時期を境に、ポケベルは急速に契約者が減り、携帯電話の普及が加速していった（図表6-17）。携帯電話の普

及はそれだけが原因ではないが、文字コミュニケーションをポケベルや携帯電話で楽しみ、搭載された文字コミュニケーション機能を活用してみせたユーザーの関与は大きかったと考えられる。

ユーザーの参加を前提とするサービス

　携帯電話やスマートフォンは、ユーザーが常に持ち歩くものであり、1つの端末で写真を撮ったり、情報を発信したり、検索や受信をする。そのため、その普及に伴い、ユーザーが携帯電話やスマートフォンを利用する際には無数の情報が生み出されており、これを前提としたサービスも数多く出現している。

　1つ目の例としては、ウェザーニューズ社の「さくらCh.」「ゲリラ雷雨Ch.」などのサービスを挙げることができる。ユーザーが常に持ち歩く携帯電話にはカメラが付いており、ユーザーから提供される写真を組み込むことで、全国のその場所の状況を集積し、共有するというサービスが提供されるようになった。2004年から開始されたさくらプロジェクトでは、特定の桜の木のつぼみから葉桜までの写真とレポートを共有することができる。また、2008年に開始されたゲリラ雷雨防衛隊というプロジェクトは、ゲリラ雷雨発生が予想される地域の登録隊員（レポーター）から提供される上空の雲の写真やレポートを予測に反映させるというものであり、雷雨発生の危険性について「ゲリラ雷雨メール」での配信や「ゲリラ雷雨Ch.」での表示などが行われている。

　この他にも、インターネットには多様なユーザー参加型サービスがある。2001年にスタートしたWikipediaは、オンライン参加型百科事典と称されるもので、ユーザーが誰でも編集に参加できるものである。YouTubeは2005年に開始された動画投稿サイトであり、個人でも動画を全世界に向けて発信できるようになった。また、2000年代中盤以降になると、相次いでSNSがスタートして

いる。Facebook（一般向け）とTwitterは2006年に、Instagramは2010年にサービスが開始されている。これらのSNSではユーザーがメッセージや写真を投稿することができ、そのこと自体がユーザーの目的を満たしているという面もあるが、他方ではユーザーによっ

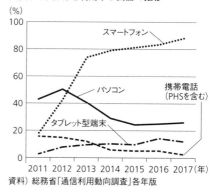

図表6-18 SNSを利用する機器の推移

資料）総務省「通信利用動向調査」各年版

て投稿されたメッセージや写真を他のユーザーが見たり検索するといった利用も多くなされており、個々のユーザーの参加がサービス全体の価値を上げることにつながっていると考えられる。こういったSNSはパソコンでも利用可能であるが、今日ではスマートフォンからの利用のほうが主となってきている（図表6-18）。一方、スマートフォンから利用可能なインターネットのサービスの中で、ユーザーが主体的に参加していないものの、ユーザーがネット上でどのような行動をとったかという情報を収集してサービスに組み込んでいるものもある。Amazonのレコメンド機能にはユーザーの履歴が集積され、以降のユーザーへのレコメンド（おすすめ）に反映される。Googleでは、ホームページのリンクやユーザーの履歴も検索結果に影響を与える。これらのサービスは、ユーザーにとっても便利だという側面がある一方で、ユーザーがどれだけ意識的にこれらのサービスに関与していくか、ユーザー自身にとっても課題であると考えられる。

複合的メディア端末としてのスマートフォン利用

　これまで述べてきたように、スマートフォンは携帯電話の発展形であるだけでなく、多様なサービスを享受することができ、その多様性は拡大の一途をたどっている。パソコンに代替しえるものとしては、インターネットの端末として検索やSNSを利用できるほか、パソコンの文章作成や表計算ソフト等のスマートフォン版アプリも提供されており、ネットショッピングなどにも用いられている。また動画については、YouTubeなどの動画共有サービス以外にもテレビ局等が提供する動画サイトも出現しているほか、地上デジタル放送を受信できる端末もある。スマートフォンでは、こういった多様なメディア機能の利用が進捗しつつある。

　図表6-19は、「平成29年通信利用動向調査」においてスマートフォンの利用方法を複数回答で尋ねた結果である。全体では、「ソーシャルメディア・メール送受信（パソコンの代わり）」

図表6-19 スマートフォンの利用方法

(%)	ソーシャルメディア・メール送受信（パソコンの代わり）	ネットショッピング（パソコンの代わり）	インターネットの検索等（TV、新聞、パソコンの代わり）	動画・音楽視聴（TVやパソコンの代わり）	万歩計や血圧測定等（ウェアラブル端末）	カード・電子マネー等（現金の代わり）	情報家電の操作等（センサー）	決済・送金サービスフィンテック等	無回答
[全体]	75.7	41.9	74.7	51.4	10.9	7.2	1.4	3.2	8.2
6〜12歳	11.6	1.7	15.9	22.9	—	—	—	—	68.2
13〜19歳	74.8	30.8	71.5	80.7	0.8	0.6	—	0.6	6.9
20〜29歳	77.1	56.2	79.3	72.5	6.1	6.4	0.8	4.7	6.7
30〜39歳	79.4	58.4	80.3	60.7	10.7	10.4	2.1	4.6	5.6
40〜49歳	82.9	49.8	82.3	52.7	10.5	10.7	1.7	2.7	3.5
50〜59歳	81.3	34.1	77.8	34.7	12.7	7.2	1.8	3.9	4.6
60〜69歳	65.9	18.4	65.8	26.5	19.8	4.7	1.3	2.1	12.8
70〜79歳	64.7	12.5	54.3	10.9	29.9	3.0	0.6	0.7	12.2
80歳以上	45.1	3.8	25.9	6.5	22.5	—	—	—	42.2

資料）総務省「平成29年通信利用動向調査」

(75.7％)、「インターネットの検索等（TV、新聞、パソコンの代わり）」（74.7％）が多く、その次に多いのが「動画・音楽視聴（TVやパソコンの代わり）」（51.4％）となっている。これらは、パソコンの代わりというだけでなく、テレビや新聞など既存の様々なメディアの代替としてもスマートフォンが活用されていることを示している。年代別では、「13～19歳」「20～29歳」の「動画・音楽視聴（TVやパソコンの代わり）」利用が他年代よりも高くなっており、若者の年代において変化が進みつつあることが窺える。ユーザーがこのような複合的メディア端末としてのスマートフォン利用を拡大していくことが、今後のスマートフォンにどのような進化をもたらすのかに引き続き注目していく必要がある。

〔古川良治〕

第7章
ネットメディア

1 概　観

インターネットの黎明

インターネットとは、「世界中のすべてのコンピュータをつなぐコンピュータ・ネットワーク」（村井純『インターネット』）である。大学や職場のパソコンはもちろん、個人が持つスマートフォンやタブレット端末もコンピュータである。それぞれの端末がインターネットに接続することで、互いに情報のやりとりを実現する。世界中で何台のコンピュータがインターネットに接続しているかを把握するのは、もはや困難である。

インターネットの技術的起源は、1967年に研究が始まったARPANETと呼ばれる、アメリカ国防総省高等研究計画局（Advanced Research Projects Agency：ARPA）のネットワークに遡る。1969年には、同国内の大学と研究所4拠点（カリフォルニア大学ロサンゼルス校、同サンタバーバラ校、ユタ大学、スタンフォード研究所）を結んで運用された。

1981年には、ARPANETに接続できない研究所などのために、CSNET（Computer Science Network）が作られ、1986年には、研究所などの相互接続と資源共有の実現を目的とした全米科学財団（National Science Foundation）によるNSFNETの運用が開始された。

いずれのネットワークも、学術的な要求から構築され、インターネットが研究用技術から商用技術へと移行する初期の段階で、通

信規約（TCP/IP）の策定をはじめとした、インターネットの基礎技術を確立するうえで重要な役割を果たした。

ARPANETは1990年、NSFNETは1995年に正式に運用を終了し、現在のインターネットの原型と称されている。

日本で初めてコンピュータ・ネットワークが構築されたのは1984年である。JUNET（Japan University NETwork）と呼ばれ、東京工業大学（当時）の村井純が、慶應義塾大学と東京工業大学、東京大学をネットワークで結んだ。1986年には、JUNETが初めての海外接続としてCSNETにつながった。

JUNETの実験は、その後、広域ネットワークであるWIDE（Widely Integrated & Distributed Environment）へと引き継がれ、1994年に運用を終えた。

当時の郵政省が日本のインターネットの商用利用を許可したのは1993年である。インターネットは学術研究以外にも利用が広がり、インターネット接続サービスの提供が各地で始まった。株式会社インターネットイニシアティブ（IIJ）が国内で初めてインターネット接続サービスを始め、日本電信電話株式会社（NTT）が「日本の新着情報」として、インターネット上のホームページ紹介を始めたのもこの年である。

1994年以降、InfoWeb、ベッコアメ・インターネット、ASAHIネット、hi-hoといったインターネット接続事業者（ISP）が続々と登場した。当時のインターネット接続方法は、ダイアルアップ接続と言った。指定されたアクセスポイントに機械（モデム）が電話を掛け、電話線を通じてインターネット回線に接続するサービスであった。

インターネットの商用利用を加速したのは、ホームページや電子メールといったコミュニケーションツールである。インターネットという"大海"を波から波へとサーフィンするかのようにリンクをたどり、ホームページを閲覧することを「ネットサー

フィン」と言った。現在では、Microsoft EdgeやGoogle Chrome、Safari等が用いられるが、ホームページの閲覧ソフトウエア（＝ウェブブラウザ）の起源は、1993年の「モザイク（Mosaic）」に求めることができる。これが画期的であった。文字情報と画像情報を同じ画面に表示でき、しかも文書と文書を電子的に関連づけるハイパーテキスト（いわゆるリンク）が扱えたからである。今ではwww（World Wide Web）として定着しており、これは、欧州原子核研究機構（CERN）のティム・バーナーズ＝リーが考案したものであった。画像やテキストは常にカラーで掲載でき、新聞とは比較にならない表現と利便をインターネットが提供したのである（以下、次ページの図表7-1参照）。

紙からネットへ──爆発的に増える情報

通信インフラストラクチャーは、このように急激に拡大していったが、インターネットの一般的な普及を決定づけたのはパソコン用のOS「Windows 95」であろう。英語版は1995年8月に、日本語版は11月に発売された。それまで、インターネットの接続はUNIXのような学術用途で使われるオペレーティング・システム（OS）で行われていたが、家庭用のパソコンでインターネットが利用できる環境を実現したのがWindows 95であった。

このOSにより、輪転機や放送設備を持たない者でもインターネットを使って情報発信ができるようになった。政府やメディア、一般企業、そして個人までもが次々とホームページを通じて情報発信を行い始めた。共同通信は1993年にホームページを立ち上げた（成田康昭研究代表『インターネット・ニュースサイトのジャーナリズム機能に関する日韓比較研究（1）』）。首相官邸は1994年8月に、朝日新聞社は1995年8月にホームページを開設している。インターネット接続事業者もホームページ開設スペースを設け、企業や個

図表7-1 インターネットとIT業界、メディアをめぐる事項年表

年	ネットワーク ハード	IT業界の動き	伝統メディアの インターネット展開	ネットメディアの動き （ネットネイティブ）
1993	2月 Mosaicベータ版発表	日本でのインターネット商用利用開始		
1994	6月 富士通のISP InfoWebスタート			
1995		11月 Windows 95 日本発売	8月 asahi.com開設	
1996		4月 Yahoo! JAPANサービス開始	7月 毎日新聞・ロイター通信、Yahoo! JAPANに配信開始	
1997		9月 ジオシティーズ サービス開始		8月 J-CAST設立
1998		7月 Yahoo!ニューストピックス開始		
1999	2月 iモード サービス開始	5月 2ちゃんねるサービス開始		12月 ZDNet Japan（現 ITmedia）設立
2000	12月 NTTがADSLを本格提供	8月 Googleが日本語（β）サービス開始 11月 Amazonが日本版サービス開始	12月 NHKがニュースのネット配信を開始	
2001	9月 Yahoo! BB商用サービス開始			
2003		12月 livedoorブログ サービス開始		2月 JANJAN創刊
2004		2月 GREEがサービス開始 3月 mixiがサービス開始	4月 MSN毎日インタラクティブ開始	8月 ライブドアがニュース報道部門設置を発表
2005		4月 YouTube最初の投稿		2月 PJニュース創刊
2006		1月 堀江貴文ライブドア社長が証券取引法違反容疑で逮捕 7月 Twitterサービス開始 9月 Facebook 一般へ開放	6月 産経新聞izaスタート 12月 47NEWSスタート	7月 J-CASTニュース スタート 8月 オーマイニュース日本版創刊
2007	1月 iPhone発表		9月 MSN毎日インタラクティブ終了 10月 MSN産経ニューススタート	1月 ニコニコ動画（β）サービス開始
2008	7月 iPhone 3G日本発売	5月 Facebook日本語版サービス開始	1月 あらたにすサービス開始	
2009	7月 NTTドコモ、日本初のAndroidスマホ発売	10月 BLOGOS開設 7月 NAVERまとめ サービス開始		4月 オーマイニュース（当時オーマイライフ）閉鎖
2010	1月 iPad発表 12月 NTTドコモ、Xi（クロッシィ）サービス開始		3月 日本経済新聞電子版創刊	3月 JANJAN閉鎖
2011		6月 LINE、サービス開始	5月 朝日新聞デジタル創刊	
2012		6月 スマートニュース設立	2月 あらたにす終了	
2013		7月 LINE NEWS開始		5月 ハフィントンポスト日本版スタート 5月 THE PAGEスタート 9月 NewsPicks提供開始

年	ネットワーク ハード	IT業界の動き	伝統メディアの インターネット展開	ネットメディアの動き （ネットネイティブ）
2014		10月 BuzzNews閉鎖	6月 withnewsサービス開始 10月 MSN産経ニュースが産経ニュースに 10月 iRONNAオープン	
2016		12月 WELQ事件でDeNAが謝罪		1月 BuzzFeed Japanサービス公開 4月 AmebaTVサービス開始
2017		フェイクニュース問題		

注）ネットネイティブとは、電波や紙を持たず、ネット発でコンテンツを生産するメディアを指す

人のネット上における情報発信を促進した。

　この頃のインターネットユーザーは、FTPクライアント（ファイルの送受信を行うソフトウェア）によりサーバーに接続し、HTML（ウェブページを作成するための言語）で作成した文書や画像をアップロードすることで、ホームページによる情報を発信できるようになった。やや専門的な知識を必要とするため、ホームページを公開できるのは、企業や一部の個人ユーザーに限られていた。

　1997年には、FTPクライアントを必要としない米国の無料ホームページ作成サービス「ジオシティーズ」が日本でサービスを開始し、門戸を広げた。1996年に日本法人「ヤフー株式会社」が設立され、4月に検索サイトYahoo! JAPANのサービスを開始した。1999年には、ネット掲示板「2ちゃんねる」（現・5ちゃんねる）が登場し、誰もが発言を書き込むことができるようになった。

個人による情報発信

　個人の情報発信を促進したのは、2003年頃から普及し始めたブログである。ブログが画期的だったのは、情報発信するにあたり、HTMLやFTPの専門的な知識が不要だったことである。livedoorブログやAmebaブログといったサービスを個人だけでなく、芸

能人らが積極的に利用し、日々の活動や日常を発信した。総務省が2009年に公表した「ブログの実態に関する調査研究」では、2008年1月現在で公開されている国内のブログは全体で約1690万件、記事数は約13億5000万件と推計され、情報量が爆発的に増えた実態が報告された。

さらに2006年には、TwitterやFacebookがアメリカでサービスを開始し、徐々に日本でも普及を始めた。これらは当初「マイクロブログ」とも呼ばれた。ブログのようにタイトルを付けず、かつ短文を気軽に投稿できることや、フォローやリツイート、シェアと呼ばれる拡散力が特徴であり、メディア企業でない一般企業や個人の情報発信力を強化したのである。

2018年現在では、コミュニケーション・サービスであるLINEや米国Facebook傘下の写真投稿SNS、Instagramも人気を博している。ICT総研によると、日本のSNS利用者は2017年末に7216万人となった（図表7-2）。

こうした一般ユーザーが発信したコンテンツはUGC（User Generated Content）やCGM（Consumer Generated Media）と呼ばれ、メディア企業が発信するコンテンツとは峻別されるようになった。さらに、ユーザー間のコミュニケーションネットワークの側面を有するサービスは、SNS（ソーシャル・ネットワーキング・サービス）として認知されている。

一般市民のSNSへの参加を促したのは、スマー

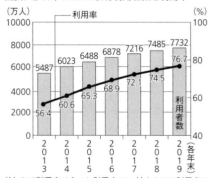

図表7-2 日本におけるSNS利用者数と利用率

注）SNS利用率はネット利用人口に対するSNS利用者の割合（2016年末のネット利用人口は9977万人）
資料）ICT総研「2017年度SNS利用動向に関する調査」

トフォンの普及である。総務省によると、スマートフォンの個人保有率は、2011年に全体で14.6％であったが、2016年には56.8％と5年間で4倍に達した。年代別でみると、40代が18.3％から79.9％、50代が9.3％から66.0％であるのに対し、20代の保有率は44.8％から94.2％、30代は28.9％から90.4％とどちらも9割を超える成長となっており、若者世代への普及が見て取れる結果となっている（図表7-3）。

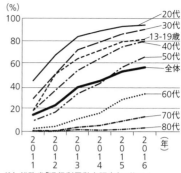

図表7-3 スマートフォンの個人保有率

注）総務省「通信利用動向調査」に基づく
資料）総務省『平成29年版情報通信白書』

同白書は、LINE、Facebook、Twitterなど代表的な6つのサービスを利用しているユーザーの割合もまとめている（図表7-4）。2012年には全体で41.4％であったが、2016年には同71.2％にまで成長しており、SNSがスマホ利用の中心となっていることがわかる。

なかでもLINEの成長は著しく、同サービスの利用率は20.3％（2012年）から67.0％（2016年）にまで伸長した。一世を風靡したmixiは16.8％から6.8％に、Mobageは12.9％から5.6％へと減少しているのと対照的である。

2017年11月にニールセン デジタルが発表した「スマートフォンのアプリ利用状況」によると、アプリからの利用時間はウェブブラウザからの利用時間の約5.5倍に及んでおり、全体の85％を占めている。時代は、ウェブブラウザからアプリへと移行したのである。

LINEは韓国、Facebook、Twitterは米国といったように、外国資本のサービスが日本において成長著しいことが見て取れる。また、2017年の新語・流行語大賞の年間大賞に「インスタ

映え」が選ばれたように、Instagramも広く普及している。同サービスは、2017年に日本国内での月間アクティブユーザー数（MAU）が2000万人を突破したと発表している。

Windows 95の発売から20年余。この時間をかけて、我々は、時間や場所に縛られず「いつでも」「どこでも」「だれもが」インターネットに接続できるインフラストラクチャーを手に入れた。新しい情報社会構築に向けたスタートラインに立ったのである。

どんなサービスが利用されているか

2016年のインターネット利用者数は1億84万人となった（『平成29年版情報通信白書』）（図表7-5）。端末別で見ると、パソコン（58.6%）をはじめ、スマートフォン（57.9%）やタブレット型端末（23.6%）の利用も活発である。人口1億2656万人（2018年2月現在）の日本において、インターネットはまさに現代人のツールとして

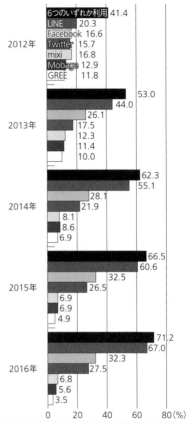

図表7-4 代表的SNSの利用率の推移（全体）

注）総務省情報通信政策研究所「情報通信メディアの利用時間と情報行動に関する調査」に基づく。調査対象者数は全年で1,500
資料）総務省『平成29年版情報通信白書』

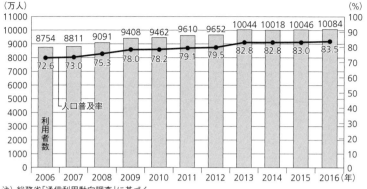

図表7-5 インターネットの利用者数および人口普及率の推移

注）総務省「通信利用動向調査」に基づく
資料）総務省『平成29年版情報通信白書』

隅々にまで行き渡ったと言えよう。

　コミュニケーションの進化は重要である。インターネットが出現するまでのコミュニケーションは、新聞やテレビが一方的に情報を発信してきたが、インターネットにおいては双方向性が実現され、ユーザーはニュース記事に直接、論評を加えることが可能になった。また、電話や手紙のコミュニケーションは、1対1が基本であったが、電子メールやインターネット掲示板、SNSにおいては、これまで新聞やテレビでしか実現できなかった1対多のコミュニケーションを可能にし、個人の情報発信への参加を大いに促したのである。

　インターネットの利用者は、どのようなサービスを利用しているのであろうか。ニールセン デジタルが2017年12月に発表した「インターネットサービス利用者数ランキング」によると、パソコンからの平均月間利用者数は、1位はYahoo! JAPAN（3377万人）である。2位はGoogle（2392万人）、3位はMSN/Outlook/Bing/Skype（2122万人）となっている（図表7-6）。スマートフォンからの利用者数はGoogle（6048万人）が1位であった。2位は

図表7-6 日本におけるパソコンからの利用者数がTOP10のサービス（2017年1〜10月）

ランク	サービス名	平均月間利用者数（万人）	対昨年増加率（%）
1	Yahoo! JAPAN	3377	−1
2	Google	2392	8
3	MSN/Outlook/Bing/Skype	2122	18
4	Microsoft	1850	2
5	YouTube	1812	7
6	Rakuten	1714	0
7	Amazon	1679	0
8	FC2	1454	−7
9	Wikipedia	1200	−2
10	livedoor	1125	−6

注）例えば「毎月平均3377万人がYahoo! JAPANを訪問していた」と読む。「Nielsen NetView 家庭および職場のPCからの利用 2歳以上の男女 Brandレベル」に基づく
資料）ニールセン デジタル「インターネットサービス利用者数ランキング」（2017年12月）

図表7-7 日本におけるスマートフォンからの利用者数がTOP10のサービス（2017年1〜10月）

ランク	サービス名	平均月間利用者数（万人）	対昨年増加率（%）
1	Google	6048	13
2	Yahoo! JAPAN	5631	11
3	LINE	5235	16
4	YouTube	4688	20
5	Rakuten	4375	16
6	Facebook	3898	11
7	Amazon	3532	8
8	Twitter	3507	11
9	Hatena	2705	31
10	Ameba	2570	−1

注）「Nielsen Mobile NetView ブラウザとアプリからの利用 18歳以上の男女 Brandレベル」に基づく
資料）図表7-6に同じ

Yahoo! JAPAN（5631万人）、3位はLINE（5235万人）であった（図表7-7）。アプリの利用者数は、1位がLINE（4968万人）、2位がGoogle Maps（3299万人）、3位がYouTube（3162万人）であった。

　このことは同時に、我々が理解している「ニュースメディア」というセグメントは、検索やショッピングサイトなどを含む広い意味での「インターネットメディア」全体の一角を占めるに過ぎないことを示している。

　こうした構造は、インターネットが本格的にスタートしてからまだ20年余りしか経っていない時間軸の中で組み立てられてきた。我々が伝統的に理解してきた報道としての「ニュースメディア」の現在地はどこにあるのであろうか。本編においては、日本のインターネットメディアを、とりわけ新聞やテレビといった伝統メディアとの対比において概観する。

広告型ビジネスモデルが主流

　電通が毎年発表している「日本の広告費」によると、2017年の総広告費は6兆3907億円であり、うちインターネット広告費は1兆5094億円（制作費含む）であった。新聞、雑誌、ラジオ、テレビメディアを合わせた「マスコミ四媒体広告費」は微減している一方（ラジオは微増）、インターネット広告費は2014年以来、2桁の成長を続けており、インターネット広告の需要が年々高まっていることを裏づけている（広告については第4章を参照）。

　インターネットの広告は、紙媒体の広告とは違って、広告を見るユーザーを指定できるのが大きな特徴である。紙媒体も、その雑誌が男性向けなのか女性向けなのか、若者向けなのか中高年向けなのかといった読者層に応じてクライアントは広告を出すことができるが、インターネット広告の場合はさらに細かく指定できる。

　今その記事を読んでいるユーザーは、過去にどういう単語で検索をしたのか、年収はいくらであるのか、どこからアクセスしているのかといった情報に応じて適切な広告を出すことが可能である。たとえば、女性向けのインターネットメディアを男性が読んでいる場合であっても、その男性に合致した広告を表示できるテクノロジーで運営されており、紙媒体よりも効果的に商品やサービスをユーザーに訴求できるのである。

　記事が多く読まれれば読まれるほど、広告の露出機会が増え、メディア運営者の売上に直結するため、中身のないコンテンツを量産する「ページビュー至上主義」などが問題となっている。これについては3節で詳述する。

2 伝統メディアに対するインパクト

ネットメディアとは、インターネット上に展開される情報源である。新聞社やテレビ局、出版社といった、いわゆる伝統メディアが掲載する情報源はもちろん、一般企業や政府・官公庁、ひいては個人や団体がインターネットに掲載する情報源も等しくネットメディアと呼べよう。

インターネットが登場するまでは、新聞紙や雑誌、放送波といった情報発信手段を保有したメディア企業のみが情報発信を行えた。しかし、インターネットの登場によって、この景色が一変した。巨大な輪転機や放送設備といった、多額の資本を必要とする情報発信手段を持たずとも、万人が情報を広く発信する手段を獲得したのである。

マルチメディア性

インターネット以前の時代において、新聞は紙であり、テレビ番組は放送波であった。しかし、インターネット時代において、我々が日常的に目にするニュースは、新聞紙やテレビだけではなくスマートフォンのアプリやパソコンのウェブブラウザを通じて伝達されている。インターネットをはじめとした情報技術革命は、メディア産業に大きな構造転換を迫ることになった。

1995年、マサチューセッツ工科大学メディアラボの創設者ニコラス・ネグロポンテは、著書『ビーイング・デジタル』において、「製品やサービスをデジタル形式に直すことが可能かどうかによって、その業界の未来はほぼ100パーセント決まってしまう」と論じた。

情報をデジタル化する恩恵は計り知れない。もともとインターネットはマルチメディアを包含しており、テキストだけでなく、写真や動画、音声も同じインターネットメディアの上で扱うこと

ができる。新聞紙上で動画が扱えなかったり、テレビが長文を読むのに適していなかったりすることとは対照的である。

コンテンツはアトム（物質）からビット（情報）に変容することで、どのようなメリットが享受できるのか。ここでは、アトムである「新聞紙」を例として取り上げ、ビットである「インターネットメディア」との機能を対比する。

新聞紙は、朝夕刊合わせても1日2回の発行でしか読めないが、インターネットメディアは、常にコンテンツが更新されており、いつでもアクセス可能である。また、新聞紙は職場か家庭かなどで閲覧する場所を選ぶが、インターネットメディアはスマートフォンがあればどこでもアクセス可能である。新聞紙上では動画は扱えないし、記事の検索もできない。新聞紙の場合、記事の長さは紙幅の都合で短くなるが、インターネットメディアでは制限がない（図表7-8）。こうした特性は、新聞だけではなく、雑誌記事、テレビやラジオのニュース番組も同じであり、紙や放送波といった伝統的なメディアの情報は、ビットとなってインターネットのマルチメディアに誘引されていくのである。

インターネット時代のメディアは、テキストだけでなく、写真や動画も扱えなくてはならない。テキストと写真を扱う新聞社、動画を扱うテレビ局といった分け方はすでに時代に合わなくなってきている。

インターネットメディアで扱われるニュースは、当初は新聞社のコンテンツが多かったことから、テキストと写真が中心であると認められるが、テレビ局がビット化を進めていくことに合わせ、動画を中心としたニュースもテキスト

図表7-8 新聞（紙）とネットメディアの違い

	新聞（紙）	ネットメディア
速報性	1日2回	今すぐ
オンデマンド性	NO	いつでも
場所	職場、家庭	どこでも
写真	白黒メイン、小さい	カラー、大きい
動画	NO	YES
検索	NO	YES
ソーシャル	NO	コメント、シェア
長さ	短い	制限なし

などと同じくインターネットで等しく扱われるようになるであろう。

　代表的な事例は、2016年4月にサービスを開始したインターネットテレビ局「AbemaTV（アベマティーヴィー）」である。テレビ朝日とサイバーエージェントが設立した、放送法に縛られない"テレビ局"であり、テレビ朝日報道局が制作を請け負う「AbemaNewsチャンネル」など約20チャンネルで構成している。2018年5月時点で、アプリのダウンロード数は3000万を超えたという。ヤフーは、2017年4月、日本テレビからコンテンツ提供を受け、動画ニュースを24時間ライブ配信するサービスを始めている。新聞社と比較して、テレビ局のインターネット対応は遅れているといえるが、進化の方向は不可避であると言えよう。

生産と流通の分離

　新聞やテレビといった伝統メディアを巡るニュース事業の環境変化はどうであろうか。自社が生産するニュース記事を自社のホームページで発表することは自然であるが、情報技術（IT）革命は、伝統メディアがあわせ持っていた生産と流通の仕組みを分解し、両者に大きなインパクトを与えた。

　黎明期においては、インターネットが世の中を変革するほど大きなテクノロジーであるという認識を持っていた者は多くなく、流行として見られていた向きもあった。新聞社においては、インターネットによる情報発信は、主力の新聞紙の発行事業に付随するサービスとして位置づけられた。

　しかし、情報技術革命により、新聞社は市場への影響力において、新興インターネットメディア企業の後塵を拝することになった。「マスコミ」として選ばれた者だけが情報発信できた時代は終わり、誰もが情報発信できる時代へと変化した。併せて時代は

「紙」から「インターネット」へと進化することを求めた。その後の流れを方向づけたのは、ポータルサイトの誕生であろう。

ポータルサイトのポータルとは、「入口」や「玄関」を意味する英語である。インターネットの黎明期において、ユーザーがインターネットにアクセスする際、最初に開くサービスを指した。

インターネット時代より前は、ニュース事業者は、自社の記者が取材をし、記事を書き、印刷をして、販売店を通じて紙面を読者に届けるという形で成立してきた。

しかし、もともとニュース事業を行ってこなかったインターネット事業者が、ニュース記事の配信を受けてニュースサービスを提供することは、ニュースサービスの生産と流通を分離させるという、新しいニュース配信の形を生んだのである。こうした事業者の構図として、日本では記事を提供する側をパブリッシャー、ニュースを買い集める側をメディア・プラットフォーマーと呼ぶことがある。FacebookやTwitterもSNSにおけるプラットフォーマーである。

アトムの世界では、多くの読者が1社の新聞紙を有料購読しているが、ビットの世界では、インターネットを通じて新聞社のホームページに掲載されている記事を無料で読めるようになった。インターネット事業者であるポータルサイトは、複数の伝統メディアが生産した記事を買い求めることで、新聞社1社の記事に留まらない複数社の記事を提供できるようになったのである。

複数のニュース事業者の記事を1カ所に集約して提供するサービスを「ニュース・アグリゲーション」と言う（図表7-9）。複数の新聞社の記事が1カ所で読めるという

図表7-9 ニュース・アグリゲーションの概念

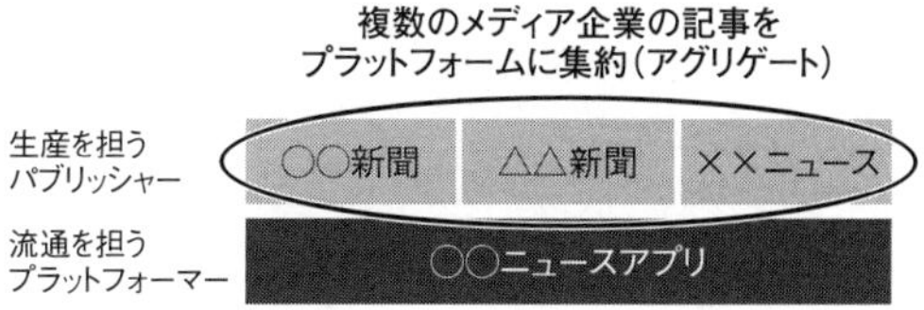

複数のメディア企業の記事を
プラットフォームに集約（アグリゲート）

生産を担う パブリッシャー	○○新聞	△△新聞	××ニュース
流通を担う プラットフォーマー	○○ニュースアプリ		

サービスは、圧倒的な利便を提供し、その意味で革命的であった。いまやニュース・アグリゲーションは、パソコンでは「アグリゲーションサイト」、スマートフォンアプリでは、「ニュース・アグリゲーションアプリ」などと呼ばれ、ポータル系のインターネットサイトやアプリにおいて、当然のニュースの提供方法となっている。

アンバンドリング

インターネットにおけるメディアの機能として、伝統メディアが流通の要衝を押さえることができず、生産と流通の2つに大きく分かれたことは、インターネットで提供されるニュースの価値づけの変化を促した。

新聞紙の場合、新聞社が重要と考える記事は、新聞の1面トップに大きく掲載される。しかし、ポータル系のニュースサービスに、新聞社から記事が配信される際、どの記事が1面で扱われたかという価値づけは、新聞社とポータル系サービスでは同じとは限らない。すなわち、新聞紙面のように記事の一本一本が価値づけも含めた紙面パッケージとして配信されるのではなく、記事の一本一本が新聞社の価値づけとは切り離されてバラバラに配信されてくるのである。これをニュース記事の「アンバンドル化」と呼ぶ。

したがって、ポータルサービスにおいて集約（アグリゲート）された記事が提供される際には、新聞社の記事の価値判断とは関係なく、ポータル系サービスにおいて価値づけが再構成（リバンドル）されることになる。また、複数の新聞社から記事の提供を受けるため、ある新聞社が重要だと考えた記事が最重要であるとは限らないのである。

集約された記事の中から、流通側の編集者が「おすすめの記事」をピックアップすることを「キュレーション」と呼ぶが、こ

のことは、公共性の高いニュース記事を1面に掲げてきた新聞社と、スキャンダルなどを含む趣味性の高いニュース記事を「キュレーション」するインターネット事業者との間に、価値判断を巡る大きな認識の差を生んでいる。

固定デバイスからモバイルへ

2007年のiPhone発表を境にし、パソコン時代からスマートフォン時代への進化に苦悩したのは、パソコン向けポータルサイトを提供する古参の事業者であった。アプリを作るためには、そのための技術を持ったエンジニアを確保する必要があっただけでなく、ウェブブラウザで大きな売上を立てていた事業者にとって、当初、規模の小さかったスマートフォン市場に移行する意義が十分に見出せていなかったのである。結果として、スマートフォンアプリに最適化したサービスを提供する「LINE」「スマートニュース」「Gunosy（グノシー）」といった新興のインターネットメディア事

図表7-10 モバイルニュースアプリの利用率

注）有料アプリか無料アプリかを問わず質問した

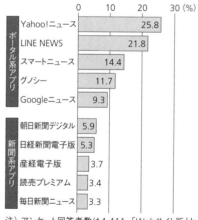

注）アンケート回答者数は4,411。「Webサイト版」と「アプリ版」の両方あるものについては、「アプリ版」について質問した。「Googleニュース」は「Googleニュース＆天気」と「Google Playニューススタンド」の合計。「読売プレミアム」は専用アプリではなくブラウザからログインするサービス
資料）ICT総研「2017年モバイルニュースアプリ市場動向調査」

業者が台頭するのである。

　ICT総研が行った「2017年モバイルニュースアプリ市場動向調査」では、利用率が最も高かったニュースアプリは、Yahoo!ニュースの25.8％、LINE NEWSの21.8％、スマートニュースの14.4％が続くが、いずれもポータル系＝アグリゲーションアプリである。新聞社系のアプリで最も利用率が高かったのは朝日新聞デジタルの5.9％、続いて日経新聞電子版の5.3％、産経電子版の3.7％であった（図表7-10）。このように、インターネットのユーザーの支持が多いのは、圧倒的にインターネット事業者がキュレーションするアグリゲーションサービスなのである。

3　インターネットがジャーナリズムにもたらした課題

ページビュー至上主義

　インターネットメディアでは、記事の閲覧数をページビュー（PV）と言う。多くの場合において、政治や経済にかかる政策などのハードニュースよりも、芸能人の不倫や政治家の不祥事といったスキャンダル、陰惨な事件事故の方がページビューが多い。

　ページビューが稼げるほど、多くの売上が見込めるのであるから、事業者は自社のサービスにおいて、ハードニュースよりもスキャンダルを、読者の目に留まるように目立たせがちになる。テレビ業界では、視聴率を重視するあまり、番組の低俗化が指摘されているが（視聴率至上主義）、同じことがインターネットメディアでも起きているのである（ページビュー至上主義）。

　視聴率至上主義にも似たページビュー至上主義が市場を席巻し始めると、伝統的なニュースの概念や定義が揺らいだだけではなく、剽窃や害悪を生みかねない記事も流通し始めるのである。

後述する藤代裕之がトップニュースの取り扱い調査を実施した同じ2009年に、米国のブログメディア「TechCrunch」は「安かろう悪かろうを極限まで推し進めるレースが始まっている。ここではコンテンツの品質に少しでもこだわる者は敗者となる」と指摘した。記事では、剽窃が横行していることや、「安っぽい屑のような記事の山」が生産されることに警告を発した。

　ページビュー至上主義が行き着いた象徴的な出来事として、BuzzNews閉鎖（2015年）やWELQ（ウェルク）問題（2016年）が挙げられる。

　BuzzNewsは、いわゆるバイラルメディアであった。バイラルメディアとは、人目を引く画像や動画などを量産し、SNSの拡散力を利用して、大量のページビュー（PV）を集めることを目的とするメディアである。BuzzNewsは、すでにインターネットで公開されている、おもしろ動画や画像などを盗用することで記事を量産し、大量のトラフィックを集めていた。2014年10月、コンテンツ盗用を追及されたことで「炎上」（非難や中傷が殺到すること）。自身のコンテンツを盗用されたフリーライターらが、弁護士をつけてBuzzNewsの運営会社を相手に「刑事訴訟するか、和解するか」と迫り、2015年2月に閉鎖に追い込んだのである。コンテンツを盗用した運営者が、閉鎖に追い込まれる事例であった。

　WELQは、IT企業大手のDeNAが運営していた10のサイトのうち医療情報を扱っていたサイトである。同サービスは、インターネットで公開されていた写真を無断使用した記事や、健康に害を及ぼしかねない記事が批判を浴びた。それだけでなく、医療関係の用語が検索されると、自サービスのサイトが検索サイトの上位に表示されるようSEO（検索エンジン最適化）を過剰に施していたこと、コンテンツ制作を相当に低い報酬で外部に委託していたこと、品質をチェックする業務を設けていなかったことなども批判の対象となった。結果、運営継続を断念し、28億円の営業損失

を被った。東証一部に上場する企業が、モラルも体制もなくメディアを運営していたことに、ユーザーらは大きな衝撃を受けたのである。

このことが示すのは、インターネットが登場する以前に「ニュース」と呼ばれていたコンテンツと、インターネットが登場した後に「ニュース」と呼ばれているコンテンツとは、必ずしも同じコンテンツを指し示すものではないということである。

この変化は、比較的早い時期に起きていた。2009年の時点で、当時NTTレゾナント・gooニュースデスクであった藤代裕之（現・法政大学准教授）は「『ニュース』という概念が変化している」と指摘した。

藤代は、goo、Yahoo! JAPAN、livedoor、MSN産経ニュース、asahi.com（朝日新聞）、mixiの6サイトを対象に、トップニュースの取り扱いを調査した（図表7-11）。

図表7-11 トップニュースのジャンル比較

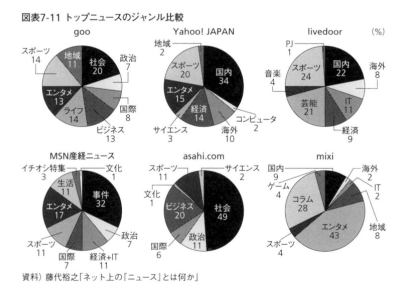

資料）藤代裕之「ネット上の『ニュース』とは何か」

gooやYahoo! JAPANは、配信元の記事に依存する度合いが半分ほどを占めており、伝統メディアである新聞社の記事を中心にピックアップする「従来型」と位置づけた。一方で、livedoorやmixiは「記事の質もまちまちで、新聞社や通信社のような従来『ニュース』と呼ばれていたメディアの常識から考えれば首をかしげるようなものもある」と評価した。

　伝統的なニュースメディアは、取り扱うニュースの価値判断の拠り所として、公共的使命や文化的使命に重きを置いてきた。たとえば2000年に日本新聞協会が制定した新聞倫理綱領は、国民の「知る権利」について「民主主義社会をささえる普遍の原理である」と位置づけ、「自由と責任」「正確と公正」「独立と寛容」「人権の尊重」「品格と節度」に重きを置いてきたのである。したがって、一般紙の1面やニュース番組のヘッドラインにおいて、芸能人の不倫や結婚・離婚、ライフハック（仕事や生活のノウハウ）を取り上げることはほぼしてこなかった。

　しかし、一方で、インターネットのニュースサービスでは、芸能スキャンダルがトップで扱われることは珍しくない。伝統メディアとインターネットメディアでは、違う価値体系でニュースの価値判断が行われているのである。

　非常に大雑把な分け方ではあるが、インターネットメディアに「ニュース」として提供される記事は、伝統的なメディアが公共的価値観によって提供する「ニュース」と、新興メディアがユーザーの好みや興味に応じて提供する「ニュース」の2つが存在する。

　伝統メディアは、日々のニュースの情報源を中央官庁や地方自治体、警察そして企業といった公的機関に求めることが多い。これに対して、新興メディアは情報源として、SNSでの話題、PR会社、個人に求めることが多い傾向にある。もちろん、それぞれに重複する情報源は存在するが、こうした傾向を促進している要因は、伝統メディアにとっても新興メディアにとっても「取材が

しやすいかしにくいか」にあることは無視できない。

　伝統メディアは記者クラブを拠点として取材活動を行うため、記者クラブが取材対象とするテーマを追うが、新興メディアは記者クラブに所属していない。そもそも記者クラブは親睦団体であって、オープンな組織ではなく、基本的に日本新聞協会に所属しているメディア企業のみが所属している。加盟社にはプレスリリースの配布、発表予定の告知などをはじめとした便宜が図られるのが通常である。

　しかし、記者クラブに所属しない（できない）新興メディアは、良くも悪くも独自の情報源を求めて取材することを求められる。取材源としてアクセスしやすいのは、SNSに流れる情報であったり、自社の製品やサービスをPRしたい企業の広報部門や企業が宣伝・広報を委託しているPR会社などである。

　伝統メディアが生産する「ニュース」と新興メディアが生産する「ニュース」をポータルやアプリなどの「アグリゲーション」機能によって統合したのが、流通を担う新興のメディアだったのである。ニュース価値を巡る変化は、インターネットが登場したことにより、ニュースを書いたり（生産）編成したり（流通）する主体の変化がもたらしたと言えるであろう。

　伝統的にニュースに求められていた役割は、「世の中で起きていることを、取材や論評などの活動を通じて、真実を世に知らしめ、公共に資すること」と一般的に理解されている。対して新興メディアが日々供給する「ニュース」は、そうした役割を必ずしも前提としていない。むしろ、伝統メディアがカバーしてこなかった個人の興味や関心を満たし、商業的な成功を達成することに主眼を置いている。そのため、収益の源泉であるページビューを最大化する力学が働くことはなんら不自然ではない。

フィルターバブル

　ニュースのパーソナライゼーションが進んでいる。ここで言うパーソナライゼーションとは、ユーザー個人が好むニュースのジャンルや利用する場所、時間などの閲覧性向をコンピュータが理解し、"最適"な記事をそのユーザーに提示するマッチング技術のことである。インターネットのテクノロジーは、マッチングを得意としている。そう言っても過言ではない。ネット広告は、広告主とユーザーニーズのマッチングであるし、検索エンジンが提供しているのは、検索キーワードで表現される「問い」に対する「答え」のマッチングである。こういったテクノロジーによって、膨大な量の新聞や雑誌のページを繰らなくとも、自身の関心にマッチングする記事に「出会える」のである。

　このパーソナライゼーションにも問題が提起されている。溢れる情報を消化するためには、ある種のフィルターが必要であるが、個人の関心というフィルターが効きすぎた場合、当然、ユーザー個人に関心のある情報のみが集まる（図表7-12）。メディアに接触してから自身の態度を考えて決めるのではなく、自分の態度に合致するかのようにメディアが接触してくるため、知識や考え方が「たこつぼ化」し、他者と関心を共有できない事態が出てくるのである。こ

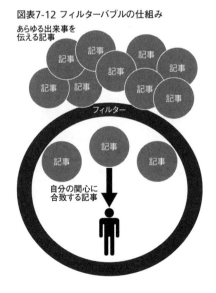

図表7-12 フィルターバブルの仕組み

の「たこつぼ」のように、自分が関心のない情報を遮断するものを比喩的に「フィルターバブル」という（イーライ・パリサー『閉じこもるインターネット』）。もっとも、パーソナライゼーションを利かせていなくても、ユーザーは自分の関心に合致する記事しかクリックして読まないという傾向はある。

　このフィルターバブルに包まれているせいで生じる、好ましくない効果の1つに「エコーチェンバー効果」というものがある。エコーチェンバーとは「反響室」を指し、自分の声が部屋にこだまして、さらに大きくなって返ってくる様子に、SNSでの、価値観が近い者同士での交流をなぞらえた考え方である。たとえば政治においては、社会的に重要な争点が他者と共有できないことで、社会的合意形成が難しくなると言われる。反対意見に耳を貸す機会が少なくなり、かえって敵愾心を持って対立するなど、意見の二極化を招く恐れが指摘されているのである。

フェイクニュース

　2016年の米国大統領選挙でドナルド・トランプが当選を果たした。大統領就任式の聴衆の数を巡って、「史上最大だった」とする大統領報道官と「そうではない」とするマスコミの間で激しい応酬があったが、大統領顧問は「オルタナティブ・ファクト（もう1つの事実）だ」として報道官を擁護した。またトランプ大統領は、自分の主張と相容れないメディアの報道を名指しで「フェイクニュース」、つまり「ウソニュース」であると触れ回った。トランプ大統領誕生と前後して注目された言葉が「オルタナティブ・ファクト」や「フェイクニュース」という言葉であった。

　大統領選挙期間中には、マケドニア共和国から「ローマ教皇がトランプ氏を支持している」などといったフェイクニュースが金銭目的で発信されていた。この問題の根幹は、先に見たページ

ビュー至上主義と基本的に同じである。こうした不正な行いをするサイトに対しては、広告を出さないという広告クライアント側の取り組みも要請されている。

報道に携わる伝統メディアが支配的であった時期においては、その拡散の程度は限定的であったが、誰もが参加できるソーシャルメディアが広く普及することによって、フェイクニュースは拡散力を得たのである。

さらに、フィルターバブルによって、自分の心情と信条に合致する自分に都合の良い情報が集まるようになってくると、拡散の目的が金銭ではなく、政治的な主張となり、世論を分断する恐れも出てくるのである。

4 ネットネイティブなニュースメディア

インターネットメディアが少なくない問題を抱えているとしても、インターネットメディアの登場によって、読者が接する情報の幅が飛躍的に高まった点は革命的な変化であった。

インターネットの黎明期においては、インターネットのテクノロジーについて取材し、インターネットに発表する伝統メディアはほとんど存在しなかった。そもそも伝統メディアがカバーしなかった（しきれなかった）話題を新興メディアが補完したという役割は重要である（図表7-13）。

1999年にはZDNet Japan（現ITmedia）が設立され、積極的にIT業界の動きを報じた。そして、2003年頃のブログブームは、職業的な記者やライター以外の市井の人々がニュース記

図表7-13 伝統メディアとネットネイティブなメディアの関係

インターネットメディア		
新聞社や出版社など伝統メディアが運営	新聞や出版業ではない新興メディアが運営	個人が運営

インターネットの登場で、特別な仕組みがなくてもメディアが持てるようになった。
伝統的ジャーナリズムの役割とは無関係

事を執筆することに希望を持たせた。既存の伝統メディアに対抗する軸としての「市民ジャーナリズム」である。

2003年2月には、元朝日新聞記者で鎌倉市長も務めた竹内謙が編集長となりインターネットニュースサイト「JANJAN」を創刊。2006年8月には、ジャーナリストの鳥越俊太郎が創刊編集長を務め、ソフトバンクが後押しした「OhmyNews（オーマイニュース）」が発足した。2005年2月には、共同通信などで記者をしていた小田光康が中心となって「PJニュース」を創刊、ホリエモンこと堀江貴文が社長を務めていたライブドアの1つのブランドになった。

「PJニュース」のPJは「パブリックジャーナリスト」を意味するが、いずれのサービスも、「記者」のような資格がなくとも、一般市民がニュース報道に携わる姿を模索し、伝統メディアとは異なるスタンスの情報発信を試みた。

さらにライブドアは、2004年にニュースプラットフォームだけでなく、独自取材を行う部署を立ち上げた。伝統メディア出身者は少数で、未経験者らが企業の発表イベントや会見、ゲームショーなどを取材、国会中継を見て政治ジャンルの記事を書いた。動画チームも組織し、テレビ局経験者が技術面の面倒をみながら、60分程度のニュース番組を毎夕ライブ配信するだけでなく、選挙特番にも取り組んだ。

IT企業がコンテンツの生産に進出した先進的な例であったが、2006年1月堀江社長が証券取引法違反容疑で逮捕されたことなどの影響を受け、同社のニュース取材部門は動画サービスも含め、2006年度末までに活動を終了した。

オーマイニュースは2009年4月、JANJANは2010年3月に閉鎖された。失敗の原因は、不採算であったことをはじめ、技術的にはSNSが普及したことで、ブログ以上に気軽に投稿できるようになったこと、ニュース記事が書ける人材の不足が挙げられ、メ

ディアとして必要とされる倫理や政治的信条の中立性、取材の基礎、筆力が足りなかったとされる。

2013年5月には、朝日新聞の関連会社としてアメリカ発のブログメディア「ハフィントンポスト（ハフポスト）」日本版が、またヤフーの子会社としてワードリーフ株式会社がニュース解説サイト「THE PAGE」のサービスを開始した（2018年10月、ヤフーに吸収合併）。翌2014年6月には朝日新聞デジタルのサブブランドである「withnews」が、同年10月には産経デジタルの総合オピニオンサイト「iRONNA」（いろんな）がオープン。2016年1月にはBuzzFeed Japanがサービスを公開するなど、ネットネイティブなメディアの進出は百花繚乱の様相を呈している。

インターネットメディアが隆盛を誇っている現在であるが、インターネットメディアが信頼に足るメディアとして成長していくためには、書き手や編集者、校正者の教育は欠かせない課題である。もはやニュース記事を書くのは新聞社やテレビ局の記者だけではない。インターネットメディアは発信した記事が世の中に対して影響力を持つことも珍しくないことから、かつて伝統メディアの記者や編集者に求められていた取材、執筆、編集、校正といったスキルのほか、職業的な倫理観も身につけなければならないのである。

また、スマートフォンやSNSが普及し、ユーザーが立ち会った事件や事故の現場写真や証言をインターネットでシェアすることができるようになった。ユーザーが1人の「目撃者」になったとしても、その証言に深さや幅を求め、確からしさを深化させるためにも、最後には伝統的なメディアが築いてきた「人に話を聞く」という基本所作、つまり「取材」だけは、なくなってはならないのである。

取材、執筆、編集、校正といった技能は、日々の仕事を通じて習得する、訓練によって得られるものであり、伝統メディアにお

いての教育は、各報道機関でのOJT（On-the-Job Training）の形で行われてきた。これらの技能は、一朝一夕では身につかず、知識として学べるものでもない。このことはまた同時に、経験のない新人をインターネットメディアが積極的に登用し、実践の場を提供していかなければ教育が機能しないことを意味している。

　宣伝会議、日本エディタースクールなど、ライターや編集者を育成する組織もあるが、ジャーナリストを育成する機能にも期待が高まっていくであろう。〔奥村倫弘〕

参考文献

第 1 章
『日本新聞年鑑』日本新聞協会

猪股征一『増補 実践的 新聞ジャーナリズム入門』信濃毎日新聞社、2016 年
河北新報社『河北新報のいちばん長い日』文藝春秋、2011 年
里見脩『新聞統合』勁草書房、2011 年
世界の通信社研究会編『挑戦する世界の通信社』新聞通信調査会、2017 年
高木教典・桂敬一『新聞業界』教育社、1979 年
土屋礼子『大衆紙の源流』世界思想社、2002 年
土屋礼子「新聞」、大澤真幸・吉見俊哉・鷲田清一編『現代社会学事典』弘文堂、p.708、2012 年
日本新聞協会編『日本新聞協会 70 年史』日本新聞協会、2016 年
日本新聞協会『取材と報道』日本新聞協会、2018 年
畑尾一知『新聞販売と再販制度』創英社／三省堂書店、2015 年
畑尾一知『新聞社崩壊』新潮社、2018 年
村上直之『改訂版 近代ジャーナリズムの誕生』現代人文社、2010 年
春原昭彦『四訂版 日本新聞通史』新泉社、2003 年
山本武利「マス・コミュニケーションの成立」、竹内郁郎・児島和人編『現代マス・コミュニケーション論』有斐閣、1982 年
早稲田大学メディア文化研究所『「ニュース」は生き残るか』一藝社、2018 年
Communic@tion Management, *Sixty Years of Daily Newspaper Circulation Trends: Canada, United States, United Kingdom*. Available from http://media-cmi.com/. May, 2011.

第 2 章
『NHK データブック世界の放送』NHK 放送文化研究所
『NHK 年鑑』NHK 放送文化研究所
『NHK 放送文化研究所年報』NHK 放送文化研究所
『情報通信白書』総務省
『日本民間放送年鑑』日本民間放送連盟
『放送研究と調査』NHK 放送文化研究所

『民放』日本民間放送連盟

NHK編『20世紀放送史』NHK出版、2001年
NHK編『放送五十年史』NHK出版、1977年
NHK放送文化研究所編『テレビ視聴の50年』NHK出版、2003年
NHK放送世論調査所編『テレビ視聴の30年』NHK出版、1983年
木村義子・関根智江・行木麻衣「テレビ視聴とメディア利用の現在」、『放送研究と調査』2016年5月号
関根智江・渡辺洋子・林田将来「日本人の生活時間・2015」、『放送研究と調査』2016年5月号
日本民間放送連盟編『民間放送50年史』日本民間放送連盟、2001年
星暁子「データで見るラジオの聞かれ方」、『NHK放送文化研究所年報2016』第60集
三矢惠子「誕生から60年を経たテレビ視聴」、『NHK放送文化研究所年報2014』第58集
諸藤絵美「浸透するタイムシフト視聴の現在」、『放送研究と調査』2012年10月号

そのほか、総務省、NHK、日本民間放送連盟、衛星放送協会、日本ケーブルテレビ連盟、BPO（放送倫理・番組向上機構）、A-PAB（放送サービス高度化推進協会）の各ホームページを参照した。

第3章
『雑誌新聞総かたろぐ』メディア・リサーチ・センター
『出版指標年報』出版科学研究所
『出版年鑑』出版ニュース社
『情報メディア白書』電通メディアイノベーションラボ
『書店経営の実態』トーハン
『電子書籍ビジネス調査報告書』インプレス総合研究所
『電通広告年鑑』電通
「日本の広告費」電通
『マガジンデータ』日本雑誌協会
『出版ニュース』出版ニュース社
『新文化』新文化通信社
『文化通信』文化通信社

赤木洋一『「アンアン」1970』平凡社、2007 年
朝倉治彦、稲村徹元『明治世相編年辞典』東京堂出版、1965 年
印刷学会出版部編『『印刷雑誌』とその時代』印刷学会出版部、2007 年
植田康夫『知の創生と編集者の冒険』出版メディアパル、2018 年
上野隆生「雑誌『太陽』の一側面について」、和光大学共同研究機構委員会編『東西南北』和光大学共同研究機構委員会、2007 年
川井良介編『出版メディア入門　第 2 版』日本評論社、2012 年
『50 年史』編集委員会編『日本雑誌協会　日本書籍出版協会 50 年史 1956 → 2007』日本雑誌協会・日本書籍出版協会、2007 年
阪本博志『『平凡』の時代』昭和堂、2008 年
佐藤卓己『『キング』の時代』岩波書店、2002 年
椎根和『popeye 物語』新潮社、2008 年
清水一彦「「若者の読書離れ」という"常識"の構成と受容」、日本出版学会編『出版研究』出版ニュース社、2014 年
清水一彦「雑誌市場の 2 重構造の変遷」、江戸川大学編『江戸川大学紀要』江戸川大学、2019 年刊行予定
小学館編『学年誌が伝えた子ども文化史　昭和 40 〜 49 年編』小学館、2018 年
庄司浅水『印刷文化史』印刷学会出版部、1973 年
田島悠来『「アイドル」のメディア史』森話社、2017 年
蔡星慧『出版産業の変遷と書籍出版流通　増補版』出版メディアパル、2012 年
日本出版学会編『白書出版産業』文化通信社、2010 年
橋口侯之介『江戸の本屋と本づくり』平凡社、2011 年
浜崎廣『雑誌の死に方』出版ニュース社、1998 年
浜崎廣『女性誌の源流』出版ニュース社、2004 年
細野晋司『グラビア美少女の時代』集英社、2013 年
堀田貢得、大亀哲郎『編集者の危機管理術』青弓社、2011 年
毎日新聞社『読書世論調査 30 年』毎日新聞社、1977 年
吉田則昭編『雑誌メディアの文化史　増補版』森話社、2017 年

そのほか、出版社、ウェブメディア、取次、広告会社、メディア環境研究所、ビデオリサーチ、MM 総研、日本雑誌協会など出版業界団体、総務省統計局、各省庁などの各ウェブサイト、主要新聞社の記事検索データベースを参照した。

第 4 章

五十嵐正毅「『広告』として認識されるメディア」、日経広告研究所編『日経広告研究所報』（vol.292）日経広告研究所、2017 年

岸志津江、田中洋、嶋村和恵『現代広告論［第三版］』有斐閣、2017 年

田嶋規雄「オウンド・メディアに関わる意思決定とマーケティング・マネージメントとの接合」、日経広告研究所編『日経広告研究所報』（vol.298）日経広告研究所、2018 年

Peter D. Bennett, *AMA Dictionary of Marketing Terms*, NTC Business Books, 1995

第 5 章

『映画年鑑』キネマ旬報社
『映像ソフト市場規模及びユーザー動向調査』日本映像ソフト協会
『情報メディア白書』電通メディアイノベーションラボ
『デジタルコンテンツ白書』デジタルコンテンツ協会
『日本のレコード産業』日本レコード産業
『ライブ・エンタテインメント白書レポート編』ライブ・エンタテインメント調査委員会

生明俊雄『二〇世紀日本レコード産業史』勁草書房、2016 年

安藤和宏『よくわかる音楽著作権ビジネス基礎編』リットー・ミュージック、2018 年

大場吾郎「映画コンテンツ公開の変容」、KDDI 総合研究所編『Nextcom』（vol.32）KDDI 総合研究所、2017 年

斎藤守彦『映画を知るための教科書』洋泉社、2016 年

佐藤忠男『日本映画史』岩波書店、1995 年

情報通信学会コンテンツビジネス研究会編『コンテンツビジネスの経営戦略』中央経済社、2017 年

高橋光輝『コンテンツ産業論』ボーンデジタル、2014 年

日本国際映画著作権協会編『日本の映画産業及びテレビ放送産業の経済効果に関する調査』日本国際映画著作権協会、2015 年

みずほ銀行産業調査部編「コンテンツ産業の展望」、みずほ産業調査部編『みずほ産業調査』（vol.48）みずほ銀行、2014 年

第 6 章

『情報通信白書』総務省
『情報メディア白書』電通メディアイノベーションラボ
『ケータイ白書』モバイルコンテンツフォーラム
『スマホ白書』モバイルコンテンツフォーラム
『テレコムデータブック』電気通信事業者協会
江戸川、次世代通信研究会『まるごと図解 最新次世代携帯電話がわかる』技術評論社、2000 年
NTT ドコモ モバイル社会研究所編『データで読み解くスマホ・ケータイ利用トレンド 2016-2017』中央経済社、2016 年
武田晴人編『日本の情報通信産業史』有斐閣、2011 年
松永真理『i モード事件』角川書店、2000 年

そのほか、総務省、e-Stat（政府統計の総合窓口）、TCA（電気通信事業者協会）、JEITA（電子情報技術産業協会）、各通信事業者などの各ウェブサイトを参照した。

第 7 章

成田康昭研究代表、ニュースサイト研究会編『インターネット・ニュースサイトのジャーナリズム機能に関する日韓比較研究（1）』2004-2006 年度科学研究費補助金研究成果報告書、立教大学、2006 年
ニコラス・ネグロポンテ『ビーイング・デジタル』福岡洋一訳、アスキー、1995 年
イーライ・パリサー『閉じこもるインターネット』早川書房、2012 年
藤代裕之「ネット上の『ニュース』とは何か」『ジャーナリズム』2009 年 4 月号、朝日新聞社
村井純『インターネット』岩波書店、1995 年

あとがき

　本書の第1版『図説　日本のマス・コミュニケーション』が刊行されたのは1980年であった。その時の編者は、山本明氏と私であった。私が山本氏と編集意図や構成を討議したのは、1978年後半から1979年の前半にかけてであった。山本氏は京都在住だったので、彼の都合を最優先し、私は山本氏がほかの仕事で上京した折に会うという手順で、話し合いを重ねた。

　打ち合わせの場所はいろいろと変わったが、私の思い出として残っているのは、JR中央線のさる駅付近の小さな日本旅館の一室である。冬近くの季節で、山本氏の都合に合わせるので、夕方近くになっていた。それから深夜にわたる討議である。部屋には炬燵が用意されており、狭い部屋に山本氏と私、そして本書の編集者との3人が炬燵に入って肩をすり合わせて話し合うのだから、本書の若い読者には、まさに昭和時代を思わせる古い情景が浮かんでくるであろう。

　私が本書の志と呼んでいる基本的な方針は、京都と東京と異なる場所でお互いの本務をこなしながら、山本氏が上京する機会をとらえて、本書の構想を腹蔵なく語り合うことから生まれた。いま思い出しても痛快なひと時であった。残念ながら山本氏はその後病に倒れ、彼との共編は第2版までである。山本氏は1999年に他界した。その後は私1人で編者を務めてきた。

　今回は竹下俊郎氏を共同編集者として迎えることになり、肩の荷が軽くなった思いがしている。竹下氏と私の付き合いは、竹下氏が学部学生であった時からで、私が「マスコミ論」を講じたことから、竹下氏は私を先生と呼ぶようになった。まことに拙い師

である。以後、竹下氏は私が信頼し、尊敬している友人となった。竹下氏の参加によって、本書の密度は大きく増し、執筆者に優れた人材を揃えることができた。こうして本書の内容は、かねて考えていた構想をかなり実現することができたと思っている。

　本書が40年にわたって歩み続け、ここに「新版」として版を重ねることができたのは、編者の求めに応じて、各章を担当し、立派な業績を提供してくれた執筆者の方々のご尽力があったからである。お一人お一人の顔を思い浮かべると、それぞれの方の独特の発想法とユニークなスタイルを思い描くことができる。いちいちお名前を列記することはできないが、すべての方々に厚く御礼申し上げたい。なかでも本書のスタート当時から、前回の2012年版まで、長い間にわたってご協力いただいた、川本勝氏（元駒澤大学教授）、清田義昭氏（『出版ニュース』編集長兼代表），川井良介氏（元東京経済大学教授）、村瀬眞文氏（元立教大学教授）には、心より感謝を申し上げたい。

　最後に、長い間にわたって本書を刊行し続けたNHK出版と、各版を担当してくださった諸編集者に感謝申し上げたい。そして最後の最後に、この「新版」の刊行企画を実現するために尽力してくださり、さらに実際の編集作業を熱意をもって遂行して下さった倉園哲氏と黒島香保理氏に、厚く御礼申し上げたい。

　2018年10月

藤　竹　　暁

執筆者紹介

藤竹　暁＊（ふじたけ・あきら）はじめに・本書を読む人のために・おわりに を執筆

竹下俊郎＊（たけした・としお）第1章を分担執筆

松井　正（まつい・ただし）読売新聞専門委員。1962年生まれ、早稲田大学第一文学部卒業。読売新聞東京本社入社後、盛岡支局、電波報道部、科学部、メディア戦略局企画開発部長などを経て現職。著書『超高速・常時接続ネット通信の最新常識』など。第1章を分担執筆

村上聖一（むらかみ・せいいち）NHK放送文化研究所メディア研究部副部長。1970年生まれ、政策研究大学院大学政策研究科博士課程修了。博士（政策研究）。専門は放送制度・政策、メディア史。著書『戦後日本の放送規制』など。第2章を共同執筆

渡辺洋子（わたなべ・ようこ）NHK放送文化研究所世論調査部研究員。1977年生まれ、東京大学農学部卒業。メディア利用調査、視聴者意向調査などに従事。共著『日本人の生活時間・2005』『日本人の生活時間・2010』など。第2章を共同執筆

清水一彦（しみず・かずひこ）江戸川大学メディアコミュニケーション学部教授。1957年生まれ、一橋大学社会学部卒業、朝日新聞社、マガジンハウスなどを経て現職。専攻は出版学。共訳書『フローと再帰性の社会学』。第3章を執筆

土山誠一郎（つちやま・せいいちろう）日経広告研究所主席研究員。1960年生まれ、早稲田大学大学院商学研究科修士課程修了。日本経済新聞社広告局マーケティング企画部、マーケティング調査部、日経広告研究所『日経広告研究所報』編集長、研究部長を経て現職。第4章を執筆

大場吾郎（おおば・ごろう）佛教大学社会学部教授。1968年生まれ、フロリダ大学大学院博士課程修了。Ph.D.。日本テレビ放送網勤務、京都学園大学専任講師、佛教大学准教授などを経て現職。専門はコンテンツビジネス論、メディア産業論。著書『テレビ番組海外展開60年史』『コンテンツビジネスの経営戦略』など。第5章を執筆

古川良治（ふるかわ・よしはる）成城大学社会イノベーション学部教授。1961年生まれ、東京大学大学院社会学研究科修了。成城大学助教授などを経て現職。専攻はメディアイノベーション論、コミュニケーション心理学。共著『個人と社会のインターフェイス』など。第6章を執筆

奥村倫弘（おくむら・みちひろ）東京都市大学メディア情報学部教授。1969年生まれ、同志社大学文学部卒業。読売新聞大阪本社入社後、福井支局、奈良支局、大阪経済部を経て、ヤフー株式会社入社。ネットニュース「THE PAGE」編集長などを歴任。著書『ヤフー・トピックスの作り方』『ネコがメディアを支配する』。第7章を執筆

（執筆順。＊は編著者で詳細は右ページ参照）

© Sato Rui

藤竹 暁（ふじたけ・あきら）

1933年生まれ。東京大学大学院社会学専門課程博士課程修了。社会学博士。NHK放送文化研究所主任研究員、学習院大学教授などを経て、学習院大学名誉教授。専攻はコミュニケーションの社会学。
著書に『現代マス・コミュニケーションの理論』『メディアになった人間』『都市は他人の秘密を消費する』など。

© Sato Rui

竹下俊郎（たけした・としお）

1955年生まれ。東京大学大学院社会学研究科博士課程修了。博士（筑波大学・社会学）。東海大学専任講師、筑波大学助教授などを経て、明治大学政治経済学部教授。専攻はマスコミュニケーション論、政治コミュニケーション論。
著書に『メディアの議題設定機能』、訳書に『アジェンダセッティング』など。

NHK BOOKS 1253

図説 日本のメディア［新版］
伝統メディアはネットでどう変わるか

2018年11月25日　第1刷発行
2020年 4月10日　第3刷発行

編著者	藤竹 暁　竹下俊郎	©2018 Fujitake Akira, Takeshita Toshio
発行者	森永公紀	
発行所	NHK出版	

東京都渋谷区宇田川町41-1　郵便番号150-8081
電話 0570-002-247（編集）　0570-000-321（注文）
ホームページ http://www.nhk-book.co.jp
振替 00110-1-49701

装幀者　水戸部 功
印　刷　三秀舎・近代美術
製　本　三森製本所

本書の無断複写（コピー）は、著作権法上の例外を除き、著作権侵害となります。
乱丁・落丁本はお取り替えいたします。
定価はカバーに表示してあります。
Printed in Japan　ISBN978-4-14-091253-9 C1336

NHK BOOKS

*社会

- 嗤う日本の「ナショナリズム」 —— 北田暁大
- 新版 図書館の発見 —— 前川恒雄/石井敦
- 社会学入門 ——〈多元化する時代〉をどう捉えるか—— 稲葉振一郎
- ウェブ社会の思想 ——〈遍在する私〉をどう生きるか—— 鈴木謙介
- 新版 データで読む家族問題 —— 湯沢雍彦/宮本みち子
- 現代日本の転機 ——「自由」と「安定」のジレンマ—— 高原基彰
- メディアスポーツ解体 ——〈見えない権力〉をあぶり出す—— 森田浩之
- 議論のルール —— 福沢一吉
- 「韓流」と「日流」——文化から読み解く日韓新時代—— クォン・ヨンソク
- 希望論 ——2010年代の文化と社会—— 宇野常寛・濱野智史
- ITが守る、ITを守る ——天災・人災と情報技術—— 坂井修一
- 団地の空間政治学 —— 原武史
- 図説 日本のメディア[新版] ——伝統メディアはネットでどう変わるか—— 藤竹暁/竹下俊郎
- ウェブ社会のゆくえ ——〈多孔化〉した現実のなかで—— 鈴木謙介
- 情報社会の情念 ——クリエイティブの条件を問う—— 黒瀬陽平
- 未来をつくる権利 ——社会問題を読み解く6つの講義—— 荻上チキ
- 新東京風景論 ——箱化する都市、衰退する街—— 三浦展
- 日本人の行動パターン —— ルース・ベネディクト
- 「就活」と日本社会 ——平等幻想を超えて—— 常見陽平
- 現代日本人の意識構造[第九版] —— NHK放送文化研究所編

*教育・心理・福祉

- 不登校という生き方 ——教育の多様化と子どもの権利—— 奥地圭子
- 身体感覚を取り戻す ——腰・ハラ文化の再生—— 齋藤孝
- 子どもに伝えたい〈三つの力〉——生きる力を鍛える—— 齋藤孝
- フロイト ——その自我の軌跡—— 小此木啓吾
- 孤独であるためのレッスン —— 諸富祥彦
- 内臓が生みだす心 —— 西原克成
- 人間の本性を考える ——心は「空白の石版」か——（上）（中）（下）—— スティーブン・ピンカー
- 母は娘の人生を支配する ——なぜ「母殺し」は難しいのか—— 斎藤環
- 福祉の思想 —— 糸賀一雄
- アドラー 人生を生き抜く心理学 —— 岸見一郎
- 「人間国家」への改革 ——参加保障型の福祉社会をつくる—— 神野直彦

※在庫品切れの際はご容赦下さい。